2020 年度山西省高等学校人文社会科学重点研究基地项目成果，项目编号：20200136

关公文化研究院关公“忠义”文化研究项目成果，项目编号：GDZY20220001

关公崇拜中

「义」观念的多重内涵

王崇任

著

光明日报出版社

图书在版编目（CIP）数据

关公崇拜中"义"观念的多重内涵 / 王崇任著 . --
北京：光明日报出版社，2023. 4
ISBN 978 - 7 - 5194 - 7161 - 3

Ⅰ. ①关… Ⅱ. ①王… Ⅲ. ①关羽（160-219）—人
物研究 Ⅳ. ①K825. 2

中国国家版本馆 CIP 数据核字（2023）第 062821 号

关公崇拜中"义"观念的多重内涵
GUANGONG CHONGBAIZHONG "YI" GUANNIAN DE DUOCHONG NEIHAN

著　者：王崇任	
责任编辑：郭玫君	责任校对：房　蓉　张慧芳
封面设计：中联华文	责任印制：曹　诤

出版发行：光明日报出版社

地　　址：北京市西城区永安路 106 号，100050

电　　话：010 - 63169890（咨询），010 - 63131930（邮购）

传　　真：010 - 63131930

网　　址：http: // book. gmw. cn

E - mail：gmrbcbs@ gmw. cn

法律顾问：北京市兰台律师事务所龚柳方律师

印　　刷：三河市华东印刷有限公司

装　　订：三河市华东印刷有限公司

本书如有破损、缺页、装订错误，请与本社联系调换，电话：010-63131930

开　　本：170mm×240mm			
字　　数：220 千字		印　　张：16. 5	
版　　次：2023 年 4 月第 1 版		印　　次：2023 年 4 月第 1 次印刷	
书　　号：ISBN 978 - 7 - 5194 - 7161 - 3			
定　　价：78. 00 元			

目　录
CONTENTS

绪　论

　　从三国至今的千余年来，关公崇拜在中国社会中一直有很大的影响力，这是一个值得注意的文化现象。关羽本是三国时期的蜀汉名将，但自唐宋以来，逐步成为全国各阶层民众共同崇拜的神灵。历代统治者多次加封关公，他的封号从"忠惠公"，一直上升到"关圣大帝"。祭祀关公的庙宇遍布中国大江南北的城市、村镇，总数比孔庙还要多。关公题材的小说、戏曲和传说故事等，在民间广泛流传。明清以来，关公作为神灵受到了各阶层民众的崇拜，他被尊奉为护佑文运的"文衡帝君"、掌管财富的"武财神"、平息水患的"水神"等等。关公文化的影响力不仅限于国内，还广泛地传播到了世界各地。在东亚、东南亚乃至欧美地区华人聚集的地方，都有不少关帝庙，每到重要的节日都会举行隆重的庙会活动。

　　中国古代的名将很多，如卫青、霍去病、李靖、徐达等，他们的战绩、功勋都要胜过关羽。但是，历代名将中能够成为受到全民崇拜的神灵的只有关公一人。中国古代一直是一个多神信仰的社会，民众信奉的神灵不计其数。但是在所有神灵中，关公无疑是影响最大的神灵之一。关公崇拜的出现，似乎是一个很奇特的现象。如果考察一下历史，我们就会发现关公崇拜在中国社会的盛行并非一个偶然。关公这一神灵形象，是中国古代社会中上到帝王和官僚士大夫、下到平民百姓千余年来共同创造的。关公崇拜出现于中国社会环境中、传统文化土壤里，反映的是各阶层民众的思想观念和心理诉求。深入研究关公崇拜这一文化现象,对我们了解中国传统文化、把握古代民众的思想观念都会有很大的帮助。

关公文化自二十世纪二三十年代起就受到了学者们的注意。1929年,容肇祖、夏廷棫先后在《民俗周刊》上发表了《关帝显身图说》《关于〈关圣帝君〉书目》,这两篇文章可以说是关公文化研究的开山之作。不过,之后受多种原因的影响,关公文化研究一直停滞不前。直到20世纪80年代,关公文化受到了越来越多的学者的关注,相关研究逐步繁荣起来。近三十多年来出现了大量的关公文化研究论著,发表的学术论文有两千多篇,出版的学术专著有数十部。这些论著从历史、文学、民俗、宗教、艺术、建筑等多角度来研究关公文化,并取得了不少成绩。目前国内外出现了不少很有价值的、系统研究关公文化的学术专著。如郑土有的《关公崇拜》(1994年),是一部比较早的全面分析关公崇拜现象的著作,对关公崇拜在中国流传的情况、关公崇拜盛行的原因、关公崇拜的各种形式等做了很多探讨。梅铮铮的《忠义春秋——关公崇拜与民族文化心理》(1994年),深入探究了关公崇拜反映出的中国人的民族心理。蔡东洲、文廷海的《关公崇拜研究》(2001年),着重探讨了关公崇拜的形成、发展及对社会生活的影响。刘海燕的《从民间到经典——关羽形象与关羽崇拜的生成演变史论》,细致地研究了小说、戏曲、民间说唱等文学作品中关公形象的演变。胡小伟的《中国文化史研究:关公崇拜研究系列》(2005年),共5卷100多万字,对宋元至明清时期关公崇拜发展演变情况做了全面、深入地梳理,是关公文化研究的重要著作。李新元的《跨越海峡的忠义之神——关公崇拜在台湾》(2008年),比较全面地介绍了关公崇拜在台湾流行的情况。阎爱萍的《关公崇拜与地方生活——以山西解州为中心的个案研究》(2012年),分析了当下关公崇拜对山西运城解州一带居民的影响。靳学义的《经典的传播:关羽形象传播研究》(2014年),探讨了史传、戏曲、小说以及民间传说关羽形象的接受与传播。王志远、康宇的《关公文化学》

（2015 年）对关公文化做了全面的总结，并努力构建了"关公文化学"的体系。宋洁的《关公形象演变研究》（2017 年），探讨了从历史人物关羽到小说和戏曲中的关公形象、信仰世界中的关公形象的演变，提出了不少独到的见解。濮文起的《关羽——从人到神》（2020 年）也是近年来关公文化研究的力作，全书对关羽神化的进程、关帝的诸种神职做了深入探讨。国外也有不少学者十分关注关公文化，俄罗斯学者李福清的《关公传说与三国演义》、日本学者渡边义浩的《关羽：神化的〈三国志〉英雄》、荷兰学者田海的《关羽：由凡入神的历史与想象》都是很有价值的著作。类似的著作还有很多，足可见关公文化研究的繁荣。这些著作对关公形象的演变、关公崇拜兴盛的原因、关公崇拜的影响等都做了深入探讨，使我们对关公文化有了更为全面、深入的了解。

关公文化自三国传承至今，积累了大量的文献资料。近年来很多学者对关公文化相关的文献资料做了大量的整理工作。如濮文起、莫振良编的《关帝文献汇编》（1995 年），张羽新、张双志编著的《关帝文化集成》（2009 年），贠创生主编的《关公全书》，濮文起、袁志鸿主编的《关帝文献续编》（2020 年），王见川、高万桑编的《道藏集成·关帝卷》（2020年）等，这几部著作比较全面地汇集了关公文化相关的古代文献。胡世厚主编的《三国戏曲集成》，共分为元代、明代、清代杂剧传奇、清代花部等八卷，其中收录了大量关公题材的戏曲作品。金秋实的《关帝庙对联集》（1990 年），梁申威、赵淑琴主编的《关庙楹联大观》（2011 年）等，收集了各地关帝庙中的大量楹联。江云、韩致中主编的《三国外传》（1986 年），马昌仪编的《关公的民间传说》（1995 年）等，收集了全国各地流传的关于关公的传说故事。这些著作的出现，为关公文化研究提供了很大的便利。

本书在前人研究的基础上，以关公崇拜中的"义"观念为研究对象，做了一些探讨分析。关公一向以义薄云天著称，清代学者罗贯中称赞关公为"义绝"。中国古代的民众之所以崇拜关公，也主要是仰慕他的"义"。不过，在古代的道德伦理观念中"义"的内涵复杂多变，有道义、忠义、信义、义气、节义、侠义、仁义等多重含义。自宋代以来，在中国社会各阶层的共同塑造之下，关公逐渐成为全民共同崇拜的神灵。关公崇拜中的"义"观念，是在宋代以来的特定历史环境中逐渐形成的，反映了各阶层民众的思想观念，所以它的内涵也非常丰富。如宋代以来历代统治者都大力表彰关公的"忠义"，士人们则认为关公形象彰显了儒家的"春秋大义"，商人们赞扬关公的"信义"，不少底层民众则仰慕他的"义气"。这些含义完全不同的"义"的观念，都包含在关公这一形象中。想要清楚地辨析关公崇拜中"义"观念的内涵，就必须认真探究它产生的历史语境及演变过程。正如马克思所说的："思想、观念、意识的生产最初是直接与人们的物质活动，与人们的物质交往，与现实生活的语言交织在一起的。"[①]

本书的主要目标就是要分析关公崇拜中"义"观念的多重内涵，探究它们的来源、演变及对后世的影响。本书的第一章简要论述了关公崇拜的形成及演变、"义"观念的多重内涵。第二章主要分析三国时期的名将关羽，认为他受到汉末社会风尚的影响，身上体现的主要是一种"节义"观念。第三章至第八章是全书的核心内容，详细地分析了关公崇拜中的"忠义""《春秋》大义""义气""情义""信义""正义"等观念，探究了它们的历史来源，梳理了它们的演变过程及它们所产生的社会影响。比如关公作为"忠义"精神的代表被人崇拜是从宋代开始的。如果我们仔细研究历史就会发现关公之所以在这一时代被塑造为"忠义"的典范，与南宋时期宋金之间的冲突、学术界流行的"蜀汉正统论"有密切的关系。后世的元明清统治者都认识到"忠义"观念在教化民众忠君爱国方面能够发挥重要作用，也都开始大力表彰、加封关公。"忠义"观念在塑造中国人的家

---

① 马克思，恩格斯. 马克思恩格斯选集：第一卷［M］. 北京：人民出版社，2012：151.

国认同、团结民众抵御外侮方面一直发挥着重要作用。其他诸如"义气""信义""正义"等观念，也都是独特时代环境下的产物，反映特定社会阶层的思想，都需要做细致、深入地探究。本书的第九章则探讨了如何批判继承关公文化，使关公崇拜中的"义"观念在当代社会中发挥正面、积极的作用。

关公崇拜中的"义"观念内涵十分丰富，涵盖了中国古代道德伦理的多个方面，既有集体意识如"忠义""正义"，也有个人私德如"节义""义气""情义"等。社会各阶层的思想观念和心理需求，都投射在了关公这一形象上，都包含在了"义"这一观念中。所以，关公崇拜中的"义"是很值得重视的。关公崇拜中的"义"观念产生于中国古代社会环境，其中难免有一些落后、消极的成分，如愚昧的忠君思想、不讲道德原则的"义气"等，这些都是应当受到批判的。但是其中还有许多优秀的传统理念，如爱国、诚信、重情重义等，都是值得珍视的遗产。探讨关公崇拜中的"义"观念，也正是为了更好地认识这一问题，批判继承传统文化，为建设社会精神文明添砖加瓦。

第一章

关公崇拜与"义"观念的多重内涵

　　关羽本来是三国时期的名将，但是宋元以来，他逐步成为全国民众普遍崇拜的神灵。关公崇拜影响力极大，关公题材的小说、戏曲、诗文等文艺作品大批涌现，关帝庙遍及全中国的城镇乡村。在关公崇拜中"义"观念始终占据着非常重要的地位。关公曾被历代统治者赐予神圣的封号，如"义勇武安王""忠义神武关圣大帝"等，其中大多突出一个"义"字。清代学者毛宗岗评点《三国演义》时，将诸葛亮、关羽、曹操三人合称为"三绝"，其中关公被称为"义绝"。后世的民众也常常称赞关公"义薄云天"。从某种程度来看，关公已经成了"义"的化身，关公崇拜也就是一种对"义"的崇拜。中国古代的道德伦理观念中，"义"的内涵却复杂多变，并不十分明确。关公崇拜中的"义"有"节义""忠义""义气""情义"等多重内涵。关公崇拜中的"义"观念，是历经千余年的演变，融合了不同时代、不同阶层民众的心理诉求之后逐步形成的。考察关公崇拜中"义"观念的多层内涵及其成因，对我们理解关公崇拜现象及中国传统文化大有裨益。

第一节　关公崇拜的形成及演变

如果我们梳理一下关公崇拜形成的历史，就会发现关公崇拜的出现似乎是一个很偶然、很奇特的文化现象。清代学者赵翼在《陔余丛考》中说："鬼神之享血食，其盛衰久暂，亦若有运数而不可意料者。凡人之殁而为神，大概初殁之数百年，则灵著显赫。久则渐替，独关壮缪在三国六朝唐宋皆未有禋祀。考之史志，宋徽宗始封为忠惠公。……本朝顺治九年，加封忠义神武关圣大帝。今且南极岭表，北极寒垣，凡儿童妇女，无有不震其威灵者。香火之盛，将与天地同不朽，何其寂寥于前，而显烁于后，岂鬼神之衰旺亦有数耶？"① 赵翼认为凡人死后成为神灵被人信仰，一般是最初的几百年威灵显赫，但时间久了就会渐渐被人遗忘。但是关公在三国至隋唐的几百年间，并没有多少人把他当作神灵来信奉。宋代以后，他的地位才越来越尊崇，至清代而达到顶峰。这在中国民间信奉的众多神灵中，确实是一个很独特的例外。

历史上的关羽本来是东汉末年、三国初期的著名将领。据陈寿《三国志》记载，关羽是"河东解人"（今山西运城市盐湖区解州镇），早年"亡命奔涿郡"②，成为刘备的部下。汉末时局动荡，各地豪强纷纷崛起，刘备是众多豪强中实力较为弱小的一个。刘备早年在豪强混战中多次失败，先后依附公孙瓒、陶谦、曹操、袁绍、刘表等人。在这期间，关羽始终忠心耿耿地追随刘备。建安五年（200年），刘备在徐州战败，关羽被曹操擒获。曹操拜关羽为偏将军，"礼之甚厚"。关羽为曹操斩杀袁绍部下颜良，

---

① 赵翼. 陔余丛考 [M]. 北京：中华书局，2006：756~757.
② 卢弼. 三国志集解 [M]. 上海：上海古籍出版社，2012：2507.

助曹操解白马之围。报答曹操之后,关羽"尽封其所赐,拜书告辞"①,前往河北寻找刘备。后来,关羽又随刘备前往荆州投靠刘表。赤壁之战中,关羽曾在江陵一带与曹军交战。战后,关羽被刘备任命为荡寇将军和襄阳太守。建安十六年(211年),刘备率军入益州,诸葛亮、关羽据守荆州。建安十九年(214年),诸葛亮、张飞、赵云等率军入川,关羽独自镇守荆州。建安二十年(215年),关羽与鲁肃会面,拒绝了东吴索要荆州土地的要求。建安二十四年(219年),刘备进位汉中王,拜关羽为前将军,假节钺。同年八月,关羽率军进攻襄阳,水淹于禁七军,俘杀庞德,"威震华夏"。十月,东吴吕蒙偷袭荆州,关羽被魏、吴两军夹击。十二月,关羽败走麦城,被吴军所俘。年末,关羽与其子关平遇害。历史上的关羽英勇善战,又忠诚于刘备,虽然最终战败被杀,但也不愧为一代名将。不过关羽也有一些明显的缺点,他性格上有一些骄傲自大、刚愎自用,吕蒙认为他"梗亮有雄气,然性颇自负,好陵人"②。陈寿评论关羽、张飞时说:"关羽、张飞皆称万人之敌,为世虎臣。羽报效曹公,飞义释严颜,并有国士之风。然羽刚而自矜,飞暴而无恩,以短取败,理数之常也。"③ 陈寿的评价总体上比较客观、理性。

从现存的史料来看,关羽死后,魏晋南北朝三百多年,他一直被当作英勇善战的将领来赞颂。这一时期虽然有不少史官、文人称赞关羽的骁勇善战,但却只是把他当作历史人物来评价,没有神化的迹象。如《魏书·杨大眼传》记载:"当世推其骁果,皆以为关张弗过也。"④ 和《陈书·萧摩诃传》:"君有关张之名,可斩颜良也。"⑤ 可见,南北朝时关羽、张飞一直被认为是勇将中的佼佼者。唐德宗时关羽作为六十四名将之一从祀于武

---

① 卢弼. 三国志集解 [M]. 上海:上海古籍出版社,2012:2509.
② 卢弼. 三国志集解 [M]. 上海:上海古籍出版社,2012:3294.
③ 卢弼. 三国志集解 [M]. 上海:上海古籍出版社,2012:2534.
④ 魏收,撰. 魏书 [M]. 北京:中华书局,1974:1635.
⑤ 姚思廉,撰. 陈书 [M]. 北京:中华书局,1972:410.

庙，与他同时入选的三国名将还有张辽、周瑜、张飞、吕蒙、陆抗。这也说明在唐代统治者的心目中，关羽只是历史上的名将之一，并无多少特殊之处。

不过，隋唐时期，在关羽遇害的湖北江陵地区也有不少关于他的传说。唐人范摅在《云溪友议》中说："蜀前将军关羽，守荆州，梦猪啮足，自知不祥，语其子曰：'吾衰暮矣！是若征吴，必不返尔。'果为吴将吕蒙麾下所殛，蜀遂亡荆州。玉泉祠，天下谓四绝之境。或言此祠鬼兴土木之功而树，祠曰'三郎神'。三郎，即关三郎也。允敬者，则髣髴似睹之。缁俗居者，外户不闭，财纵横，莫敢盗者。厨中或先尝食者，顷刻大掌痕出其面，历旬愈明。侮慢者，则长蛇毒兽随其后。所以惧神之灵，如履冰谷，非斋戒护净，莫得居之。"① 这段文字中的"关三郎"是不是关羽，学者们一直争论不断。不过范摅在文中先提到"蜀前将军关羽"，又点明"三郎，即关三郎"，说明他认为关三郎即是关羽。从他的描述中来看，当时江陵的百姓是把关羽当作凶神来看待的。刘永华认为："在唐代，关羽崇拜已经在一些地方广为流传，但民间对关羽的印象，多视之为与鬼很有联系的凶神，这一形象应当是受历史上关羽勇武的形象和被东吴擒杀的经历影响。"② 这一看法是很有道理的。

关公能从唐宋时期逐步成为后世广泛崇拜的神灵，首先得益于佛教的宣扬。传说湖北江陵的玉泉寺，是陈代时关羽显灵，帮助高僧智𫖮修建而成。贞元十八年（802年），唐文士董侹在《重修玉泉关庙记》中说："玉泉寺，在覆船山，东去当阳县三十里，叠障回拥，飞泉迤逦，信金人之净界，域中之绝景也。寺西北三百步，有蜀将军都督荆州事关公遗庙存焉。将军姓关名羽，字云长，河东解人，公族功绩，详于国史。先是陈光大中，

---

① 范摅. 云溪友议 [M] //上海古籍出版社，编. 唐五代笔记小说大观：下. 上海：上海古籍出版社，2000：1274.

② 刘永华. 关公崇拜的塑成与民间文化传统 [J]. 厦门大学学报（哲学社会版），1995（2）：79.

智顗禅师者，至自天台，宴坐乔木之下，夜分忽与神遇，云：'愿舍此地为僧坊，请师出山，以观其用。'指期之夕，万壑震动，风号雷虢，前劈巨岭，下堙澄潭，坏材丛木，周匝其上，轮奂之用，则无乏焉。"① 这一故事很有可能是玉泉寺的僧人和佛教信众杜撰的。他们借用江陵当地关于关羽的种种传闻，创造了这样一个关公显灵的说法，目的可能是想为寺庙增添一些神奇色彩。这一传说流传颇为广泛，影响很大。北宋时期张商英的《玉泉寺重建关将军庙记》、南宋释志磐所撰的《佛祖统纪》也都记叙了这一传说，不过描写更为生动、夸张，随着玉泉寺显灵故事的广泛流传，后世传说中关羽逐渐成为佛教寺院护法伽蓝神。

道教在关公成为神灵的过程中也起到了很大的推动作用。关羽的故乡山西解州有著名的盐池，此地的盐业一直是事关国计民生的重要产业。传说北宋真宗年间解州盐池因天灾减产，关羽曾应张天师之召斩杀蚩尤。元代胡琦的《关王事迹》记载："宋大中祥符七年，解州奏盐池水减，亏失常课。上遣使往视，还报曰：'臣见一父老，自称城隍神，令臣奏云，为盐池之患者，蚩尤也。忽不见。'上乃诏吕夷简至解池致祭，事讫之夕，夷简梦神人戎衣，怒而言曰：'吾蚩尤也，主此盐池。今者天子立轩辕祠，轩辕，吾仇也。我为此不平，故绝池水，若急，毁之则已。'夷简还，白其事，王钦若曰：'蚩尤，邪神也，信州龙虎山张天师，能使鬼神，若令治之，蚩尤不足虑也。'于是召天师赴阙，上与之论蚩尤事，对曰：'此必无可忧。自古忠烈之士，没而为神。蜀将军关某，忠而勇。陛下祷而召之，以讨蚩尤，必有阴功。'上问：'今何神也？'对曰：'庙食荆门之玉泉。'上从其言，天师乃即禁中书符焚之。移时，一美髯人擐甲佩剑，浮空而下，拜于殿庭。天师宣谕上旨，答曰：'敢不奉诏。容臣会岳渎神兵，为陛下清荡之。'俄失所在。上与天师肃然起敬。左右从官悉见悉闻，莫不赞叹。忽

---

① 董诰，阮元，等. 全唐文 [M]. 北京：中华书局，1983：7001.

一日，黑云起于池上，大风暴至，雷电晦暝，居人震恐，但闻空中金戈铁马之声。久之，云雾收敛，天色晴朗，池水如故，周匝百里，守臣王忠具表以闻，上大悦，遣使致祭。仍命有司修葺祠宇，岁时奉祀。"① 后世一些文献中还有关公在盐池斩杀蛟龙的传说。如宋元讲史话本《大宋宣和遗事》记载，宋徽宗崇宁五年，蚩尤变为蛟后在盐池作祟，天师张继先召关羽斩蛟除害。《汉天师世家》也记载了类似的传说，不过时间是在崇宁二年。类似的记载还有不少。

从相关记载来看，传说中涉及的帝王有宋真宗和宋徽宗，这两位正好也是北宋时期最崇信道教的帝王。在关公斩蚩尤的故事中，张天师发挥了举足轻重的作用，是他以符箓召来的关公。解州地区一直流传不少关于蚩尤的传说，上古神话中黄帝与蚩尤大战的涿鹿战场传说就在此地。如宋王禹偁的《盐池十八韵》云："涿鹿城虽近，蚩尤血何如？"自注："世相传皆云盐池是蚩尤血。"② 这里又是关羽的故乡，出现关羽斩蚩尤的民间传说并非偶然。这一传说极有可能是宋代的某些道教徒根据河东的民间故事改编而成，目的也是宣扬道教法术之高明。不过，它也在很大程度上助推了关公崇拜的发展。北宋末年自称"道君皇帝"的宋徽宗曾四次晋封关公，先后将他封为"忠惠公""崇宁真君""昭烈武安王"和"义勇武安王"。宋徽宗如此频繁地加封关公，应该是受到了道教的很大影响。

宋元时期，关公崇拜逐渐在全国各地广泛流传开来，这一现象的出现是各阶层群体共同推动的结果。自靖康之变后，南宋与金朝之间的对抗与冲突连绵不断。为了凝聚民心抗击金人，民间出现了一些关公显灵助力抗金的传说。南宋的统治者也开始大力表彰关羽的忠诚、节义，借以团结军民、巩固政权。建炎二年（1128 年），宋高宗加封关羽为"义勇武安王"。

① 胡琦. 关王事迹 [M]. 北京：文物出版社，2015.
② 北京大学古文献研究所，编. 全宋诗：第 2 册 [M]. 北京：北京大学出版社，1991：800.

淳熙十四年（1187年），宋孝宗又加封关羽为"壮缪义勇武安英济王"。元代统治者也大力加封关公，元文宗天历元年（1328年）他被加封为"显灵义勇武安英济王"，加封的主要目的也是为了表彰他的忠义。

同时，宋元时期民间各种三国题材的戏曲、小说等通俗文学作品开始流行。在民间艺人们创作的讲史话本《三国志平话》中，关公故事的一些重要情节，如"桃园三结义""千里独行""古城聚义""单刀会"等都已经开始出现。元代戏曲作家关汉卿、郑德辉等人创作的《单刀会》《西蜀梦》《虎牢关三战吕布》等三国题材的杂剧也在民间广泛传播。这些三国题材的通俗文学大多出自民间艺人及下层文人之手，他们将自己的人生经历融入故事中，把刘备、关羽、张飞三人塑造成出身底层的平民，将他们的事迹改编为平民发迹变泰、建功立业的故事。元末明初出现的罗贯中的《三国志通俗演义》更是三国题材文学的集大成之作。小说中所描写的关公不但英勇善战、忠心耿耿，而且有情有义。这一形象塑造得极为成功，使得关公这一人物得到广大民众的敬仰与喜爱。关公崇拜的盛行，与小说《三国演义》有很大的关系。程树德认为："关羽为三国名将，以曹操之善用兵，乃至议徙许都以避其锐，宜诸葛亮称为'绝伦超群'。但古来名将如关羽者甚多，而关羽独为妇孺所称，则小说标榜之力。"①

明清以后，中国社会各阶层对关公的崇拜越来越热烈。明清的统治阶层都认识到以忠君爱国为内涵的忠义精神，对维护皇帝的政治统治大有帮助。所以，为了宣扬关公的忠义精神，明清的帝王多次对他加封。明万历十一年（1583年）明神宗封关公为"协天护国忠义大帝"，万历四十二年（1614年）又加封为"三界伏魔大帝神威远镇天尊关圣帝君"。自此以后，关羽常被人尊崇为"关帝""关圣帝君"。清朝的统治者也多次加封关羽，顺治九年（1652年），敕封关公为"忠义神武关圣大帝"，后来的清代帝王

---

① 朱一玄，刘毓忱. 三国演义资料汇编［M］. 天津：南开大学出版社，2012：646.

又层层加封，至清末时关公的封号已长达二十六字之多。雍正年间，皇帝还特地下旨尊关帝庙为武庙，又下旨追封关公曾祖、祖父、父亲三代为公爵。雍正皇帝在《追封关帝三代祭文》中说："孔子祀天下学宫，而关帝庙食遍薄海内外。"又说："盖孔子以圣，关帝以神。"显然，他认为关公的地位、影响与孔子是完全相同的。明清时期全国各地都兴建了关庙，其数量之多甚至超过了文庙。正如雍正皇帝所说："自通都大邑，下至山陬海澨、村墟穷僻之壤；其人自贞臣闲士、仰德诵义之徒，下至愚夫愚妇、儿童走卒之微贱，所在崇饰庙貌，奔走祈禳，敬畏瞻依，凛然若有所见。"①清代朝廷每年举行隆重的仪式祭拜关公，各地关庙每年也都有相关的祭拜活动。

明清时期，关公在中国社会各阶层中都产生了极为广泛的影响。传说中关公精通《春秋》，所以士子们尊奉关公为掌管科举的"文衡帝君"，称他为"关夫子"。文人士大夫们创作了大量的碑记、诗歌、对联等，来歌咏关公。大批记载关公事迹、宣扬关公忠义精神的著作，如张宁的《义勇录》、任福的《义勇集》、焦竑的《关公祠志》、张鹏翮的《关夫子志》、张镇的《关帝志》等被编撰出来。大量的关公题材的曲艺作品被创作出来，在舞台上搬演，在街头传唱。民间出现了不少托名关帝的经书，如《三界伏魔关圣帝君忠孝忠义真经》《关帝明圣经》《关圣帝君觉世真经》《关圣大帝返性图辑要实录》《乾坤正气录》等。这些经书大多融合儒道佛三家思想，借关帝之名劝导信众既要忠君爱国、孝敬父母、关爱兄弟，又要施衣舍药、戒杀放生、广积阴功。许多行业的普通民众，如屠宰业、厨业、盐业、理发业等都尊奉关公为行业保护神。中国各地的许多少数民族，如蒙古族、藏族、满族、锡伯族等也都信仰关公。正是在佛道两教、历朝统治者、文人士大夫及民间艺人、民间信众等各种力量的共同推动之下，关公

---

① 胤禛. 世宗宪皇帝御制文集［M］//影印文渊阁四库全书：第1300册. 上海：上海古籍出版社，2012：121.

逐步成为全国各个阶层、各个地区、各民族都普遍信奉的神灵。

第二节　关公崇拜中"义"观念的多重内涵

　　宋元以来，在小说、戏曲、诗文等各种文艺作品中，关公被塑造成了一个特别重"义"的英雄人物。在中国古代思想观念中，"义"属于儒家学派的哲学和伦理范畴，它的内涵非常丰富，具体含义不大容易把握。在先秦的孔子、孟子的思想中，"义"是一个重要的道德原则。孔子认为"义"是立身的重要原则，君子的出处行藏要合乎"义"。《论语·阳货》："子路曰：'君子尚勇乎？'子曰：'君子义以为上。君子有勇而无义为乱，小人有勇而无义为盗。'"① 《论语·微子》："君子之仕也，行其义也；道之不行，已知之矣。"② 孟子比孔子更重视"义"，他认为人的一切行动都应当以"义"为准则。《孟子·离娄下》："孟子曰：'大人者，言不必信，行不必果，惟义所在。'"③ 孟子还说："非礼之礼，非义之义，大人弗为。"④ 孟子认为："生，亦我所欲也；义，亦我所欲也，二者不可得兼，舍生而取义者也。"⑤ 当道义与生命发生冲突之时，孟子主张舍生取义。这一"舍生取义"的思想理念，对后世的中国民众产生了极大的影响。孔子和孟子都认为"义"与"利"是相冲突的，君子不应当追逐利益。孔子很少谈论利益，提出了著名的"义利之辨"。《论语·子罕》："子罕言利，与

---

① 杨伯峻. 论语译注 [M]. 北京：中华书局，2009：188.
② 杨伯峻. 论语译注 [M]. 北京：中华书局，2009：194.
③ 杨伯峻. 孟子译注 [M]. 北京：中华书局，2009：173.
④ 杨伯峻. 孟子译注 [M]. 北京：中华书局，2009：172.
⑤ 杨伯峻. 孟子译注 [M]. 北京：中华书局，2009：245.

命，与仁。"①《论语·里仁》："君子喻于义，小人喻于利。"② 孟子继承了孔子的义利观，认为如果人人都追逐利益，将导致社会秩序的混乱。《孟子·梁惠王上》："孟子见梁惠王。王曰：'叟不远千里而来，亦将有以利吾国乎？'孟子对曰：'王何必曰利？亦有仁义而已矣。王曰："何以利吾国？"大夫曰："何以利吾家？"士庶人曰："何以利吾身？"上下交征利而国危矣。'"③

后世的学者对"义"的含义，也做了不少探讨。战国后期的《中庸》中提出："义者，宜也。"④ 孔伋认为"义"，就是适宜的意思。孔颖达解释这句话说："谓于事得宜，即是其义。"⑤ "义"就是每件事都做得适宜，合乎道德原则。韩非子认为："义者，君臣上下之事，父子贵贱之差也，知交朋友之接也，亲疏内外之分也。臣事君宜，下怀上宜，子事父宜，贱敬贵宜，知交友朋之相助也宜，亲者内而疏者外宜。义者，谓其宜也，宜而为之。"⑥ 韩非子的看法与《中庸》的观点基本上是一致的。董仲舒认为："义者，心之养也；利者，体之养也。体莫贵于心，故养莫重于义，义之养生人大于利。"⑦ 他主要还是继承了孔子的义利之辨，认为"义"是修养身心的重要道德原则。韩愈认为"行而宜之之谓义"⑧，也是继承了《中庸》的思想观点。宋明理学家也对"义"的含义做了探讨。如朱熹认为："义者，心之制，事之宜也。"⑨ 他又说："义者，天理之所宜。利者，人情之

---

① 杨伯峻. 论语译注［M］. 北京：中华书局，2009：85.
② 杨伯峻. 论语译注［M］. 北京：中华书局，2009：38.
③ 杨伯峻. 孟子译注［M］. 北京：中华书局，2009：1.
④ 朱熹. 四书章句集注［M］. 北京：中华书局，2016：28.
⑤ 孔颖达. 礼记正义［M］. 北京：北京大学出版社，2000：1684.
⑥ 韩非子校注组. 韩非子校注［M］. 南京：凤凰出版社，2009：150～151.
⑦ 苏舆. 春秋繁露义证［M］. 北京：中华书局，1992：263.
⑧ 韩愈，著，韩昌黎文集［M］. 马其昶，校注. 上海：上海古籍出版社，2014：14.
⑨ 朱熹. 四书章句集注［M］. 北京：中华书局，2016：201.

所欲。"① 显然,他也在一定程度上受到《中庸》的影响,用"宜"来解释"义"。朱熹认为"义"是心中的制约,是行动中的适宜,是恰当的天理。在朱熹的哲学中,"天理"既是宇宙万物运行的规则,也是人世间的道德伦理原则。所以,在朱熹这里,"义"实际上也还是一种道德原则。总之,中国古代的学者们认为"义"就是与"利"相对的道德原则,人内心中应当坚守"义",行为应当恰当适宜。

在古代哲学中,由于"义"只是一种以"于事得宜"为目的的抽象的道德原则,没有说明具体的内容,所以也就给后人留下了进一步阐释的空间。后世出现了不少关于"义"的词汇,如节义、忠义、情义、孝义、义气、信义等。它们中有一些是并列式的词语,如孝义,就是既孝顺又重义的意思。如《水浒传》中的宋江,人称"孝义黑三郎",他既孝顺父母,又仗义疏财。不过,关于"义"的词汇,有很多也是对"义"的内容进行具体限定,使得"义"有具体的指向性。如节义,重在突出坚守节操的大义。苏武以节义著称,坚守节操就是他的大义。有些关于"义"的词汇,最初也被当作并列式词语使用,但是后来演化出了特定的内涵。如忠义,最初有忠诚、仗义之义,朋友之间也可以讲"忠义"。如《新唐书·忠义传》中记载的吴保安,他为救助朋友郭仲翔抛家舍业,被人称为忠义之士。《宋史》之后的历代正史中也都有《忠义传》,但是所记载的基本上都是国家危难之际挺身而出的忠义之士。这说明"忠义"一词在宋代以后主要指的是忠君爱国的思想与行为。有学者认为:"'义'又是个非常富于连接性的词汇,其他的伦理概念与其结合就产生忠义、孝义、节义、恩义、情义、仁义、信义等多个新的词组,这无疑又大大扩展了'义'的外延。"② 实际上,"义"与其他伦理概念结合产生的这些词汇经过长期演变之后,已经逐渐成了有固定内涵的词语。"义"本来只是抽象的原则,这些关于"义"

---

① 朱熹. 四书章句集注 [M]. 北京:中华书局,2016:73.
② 王志远,康宇. 关公文化学 [M]. 北京:中国社会科学出版社,2015:460.

的词汇的出现，使得"义"的内涵更容易被理解和把握。

关公历来是以重"义"著称的，关公之所以深受后人崇拜也是因为他是"义"的典型。不过关公崇拜中的"义"到底有何种内涵，历来有很多说法。宋代以后的历代统治者都着力表彰关公的"忠义"，认为他是忠君爱国的典范。宋元以后的不少下层民众称颂关公有情义、讲义气，小说《三国演义》中，程昱称赞关公"信义素著"。关公崇拜中"义"观念的含义如此复杂，主要还是因为关公这一形象是由宋元以来社会各阶层共同创造而成的，他们都把自己的思想观念投射到了这一人物身上。如果我们仔细梳理一下关公崇拜中的"义"观念，可以发现它主要有节义、忠义、义气、情义、信义等几种含义。这几种含义，分别产生于不同的历史环境和不同的社会阶层。

历史上名将关羽活动于东汉末年，那是崇尚节义的时代。这时大一统的汉王朝已彻底崩溃，各地豪强纷纷崛起，彼此之间纷争不断。这一时代的士人受到时代环境的影响，大多没有多少国家意识。正如李庆西所说："汉末至三国之风俗人心颇似纵横家大行其道的战国时期，在割据与纷争的大格局中难以确立衡定的价值理念。"[①] 这一时代的士人们极为看重的是个人的道德操守，也就是节义。在豪强并立的局面中，能够忠诚于故主，就是被人称赞的节义之士。刘备是汉末豪强之一，关羽始终忠诚地追随刘备，即使面对曹操的高官厚禄也没有动心，这就是坚守节义的典范。

宋元以后出现的关公形象，是中国古代社会各阶层共同塑造出来的。南宋时期，宋、金之间冲突不断。为了论证南宋政权的历史合法性，这一时代的士大夫们提出了"蜀汉正统论"，认为三国时期的蜀汉政权是继承大汉正统的合法政权。这样一来，蜀汉的臣子关羽、张飞、诸葛亮等都成了努力恢复汉室的忠义之士。南宋统治者为了团结民众抗金，也为了巩固

---

① 李庆西. 三国如何演义：三国的历史叙事与文学叙事［M］. 北京：生活·读书·新知三联书店，2019：380.

政权,开始大力表彰关公的忠义精神。不过,"忠义"观念是一种普遍的道德观念,它所宣扬的忠君爱国完全可以适用于其他政权。所以,与南宋对抗的金朝也曾经表彰过关羽的忠义。宋代以后,历代统治者都认识到了以忠君爱国为主要内涵的忠义精神在凝聚民心、维护政权稳定方面能够发挥重要作用,所以他们都努力将关公塑造为一个忠于汉室的义士,大力宣传关公的"忠义"精神。

同时,宋代以后,中国社会商业活动十分繁荣,城市规模得到极大地扩张。城市中活跃着大量的手工业工人、雇工、艺人等下层游民,这群人离开乡村进入陌生的城市,非常希望得到他人的同情、帮助,所以他们非常崇尚"义气""情义"。宋元以后不少通俗的戏曲、小说作品出自游民中的民间艺人,反映的是游民群体的观念。这些活跃于社会底层的民间艺术家,着力把刘备、关公、张飞都塑造成出身于民间的平民英雄,突出表现他们的讲义气、重情义。这种讲义气、重义气的观念也在中国下层社会群体中产生了很大的影响。

关公崇拜中的"义"还包含"《春秋》大义""信义""正义"等多层含义。宋代以后,在不少文艺作品中,关公以精熟《春秋》著称。《春秋》是儒家学派的重要典籍,很多儒家学者都认为《春秋》一书微言大义,传达了孔子的政治主张。这些主张包括"大一统""尊王攘夷""讨贼"等,它们对中国人的政治观念有很大的影响。宋元以后的很多士大夫都认为关公精通"《春秋》大义",还努力践行孔子的政治主张。关公一直以"信义"著称,是讲诚信、重道义的典范。后世明清时期的商人都很崇拜关公,特别是山西的晋商,他们在全国各地兴建了许多关帝庙。清代以后,关公还被尊奉为"武财神"。商人群体之所以崇拜关公,很有可能是因为关公崇拜中的"信义"观念与商人们商业活动中的诚信理念是比较一致的。明清以后,在很多的民间传说中,关公能够公正断案,为民众洗雪冤屈,能够救助遭受陷害的忠臣孝子,能够帮助战乱、灾荒中无助的百姓,他俨然成了正义的化身。从这些流传于民间的有关关公的种种传说，也可以看出中国古代民众对正义的渴求与期盼。

中国古代民众所信奉的神灵种类很丰富，数量也非常多。在所有神灵中，关公无疑是非常特殊的一个。宋元以来，关公受到了全国各阶层民众的崇拜。上到帝王，下到贩夫走卒，都在关帝庙中恭敬、隆重地祭拜关公。今天，在我们当代人看来神灵崇拜是一种落后的迷信，附会在关公身上的种种感应、显灵传说也都是后人编造的故事。不过，关公崇拜依然是一个很值得重视的文化现象。关公这一神灵形象，产生于中国传统文化环境，是宋元以来中国社会各阶层共同塑造出来的。研究关公崇拜这一文化现象，对我们了解中国传统文化、了解各阶层民众的心理和思想观念是有很大帮助的。

自宋元以来，"义"观念在关公崇拜中一直占据非常重要的地位。中国古代的统治阶层和社会民众在塑造关公形象时，也主要围绕着"义"观念展开。"义"在中国古代哲学中是一个重要的道德原则，但它的内涵比较模糊，所以就留下了很大的阐释空间。这样一来，中国社会各阶层开始从自身理解和需要来解释"义"的含义，来塑造关公形象。宋元以后的历代帝王看重"忠义"观念在引导民众忠君爱国、维护政权稳定方面的重要作用，所以一直不遗余力地宣扬关公忠于汉室的"忠义"精神。士大夫们深受儒家思想影响，熟读儒家经典，也常常借助关公形象来宣扬"《春秋》大义"。商人们则更看重关公身上所体现的"信义"观念，把关公当作行业的保护神。城市游民基于他们四处漂泊的生存状态，很希望能够得到他人的帮助、同情，所以他们把关公塑造为讲义气、重情义的英雄。无数生活困顿的下层民众，则把关公想象成一身正气、能够扶危济困、主持正义的神灵。

在关公这一形象中，以"义"观念为核心，凝聚了中国古代各阶层民众所崇尚的多种道德观念。这些思想观念虽然凝聚在关公形象中，但它们并没有完全融为一体，有时某些观念彼此之间还会有矛盾。如"忠义"强调忠君爱国，"义气"则强调小团体中个体的彼此帮助，小团体的利益与国家利益有时会发生冲突。明清的一些帮会组织，效法《三国演义》《水浒传》等小说中的故事，也宣扬"义气"观念，甚至以非法手段牟取私利，这显然是不符合国家利益的。后世的人们在讨论关公崇拜中的"义"观念时，常常会有一些困惑和争论，这正是因为"义"观念内涵的复杂性。想要全面把握理解关公崇拜中"义"观念的内涵，必须尽量还原关公崇拜产生的历史环境，揭示出中国古代各阶层民众如何以自己的心理需求塑造关公形象、表达自己的思想观念。关公崇拜和关公崇拜中的"义"观念，在当代社会仍然有一定的影响力。特别是"忠义""信义"等以爱国、诚信为主要内涵的传统观念，在当下依然能够发挥很积极、正面的作用。深入探讨关公崇拜中"义"观念的内涵是很有必要的，也是很有现实意义的。

第二章

关羽与汉末的"节义"风尚

一千余年来，关公的形象经历了从人到神的逐步演变。追溯历史，备受后人敬仰的关公形象也是由汉魏的武将关羽演化而来。历史上的名将关羽，活跃于汉魏之际纷乱动荡的时代。东汉末年的许多士人生逢乱世，却能够砥砺名节，崇尚"节义"。关羽受到这一时代风尚的影响，也竭力践行这一道德观念，成为坚守节义的典范。关羽的"节义"之风，与后世关公崇拜中的"义"观念有着极为密切的关系，值得深入探究。

第一节　汉末的豪强与其部曲

在著名小说《三国志通俗演义》中，刘备家境贫寒，"贩履织席为业"①，与关羽、张飞桃园结义，三人情同手足，一起建功立业。这一"结义"故事很大程度上出于宋元以后小说家民间视角的想象。从相关史料来看，关羽与刘备的关系并非"结义兄弟"这么单纯。据《三国志·关羽传》记载，刘备与关羽、张飞关系确实比较亲密，"先主与二人寝则同床，

---

① 罗贯中. 三国志通俗演义 [M]. 上海：上海古籍出版社，1981：4.

恩若兄弟"①,但是"恩若兄弟"却并不能等同于"结义"。"结义"的社会风气在汉末尚未普遍流行,《后汉书》《三国志》中关于"结义"的记载极少。如《三国志·马超传》所载,马腾"与镇西将军韩遂结为异姓兄弟"②,是极罕见的事例。马腾与韩遂的结义,实际上是一种军阀之间的结盟,与后世小说中的结义大不相同。《三国演义》中所写的结义显然是宋元以后民间流行的下层社会的习俗,并非是汉末的真实情形。

如果我们细致考察汉末的社会文化,就会发现刘备早年与关羽、张飞更多的是一种地方豪强与其部曲的关系。东汉时期是中国历史上豪族、豪强势力占据统治地位的时代。从西汉中后期开始,全国各地就出现了一些世家大族,他们或者有强大的经济实力,或者垄断文化,或者世代为官,逐渐成为地方上的豪强大族。光武帝刘秀建立东汉政权时,曾得到南阳、河北等地豪强势力的大力支持。之后豪强大族的势力得到了很大的扩张,正如杨联陞所说:"豪族的所在地域,差不多遍及全国。"③ 这些豪族们取得较高的政治地位后,又渐渐地开始影响郡国乃至朝廷的人才选举。不少下层的士人为了个人仕途,依附于豪强大族,成为他们的门生、故吏,如东汉时著名的汝南袁氏、弘农杨氏等家族,都是门生故吏遍天下。东汉后期,各地土地兼并日益严重,"故下户崎岖,无所跱足,乃父子低首,奴事富人,躬率妻孥为之服役。故富者席余而日炽,贫者蹙短而岁踧"④。汉末学者仲长统说:"豪人之室,连栋数百,膏田满野,奴婢千群,徒附万计。船车贾贩,周于四方;废居积贮,满于都城。琦赂宝货,巨室不能容;马牛羊豕,山谷不能受。"⑤ 许多无地的贫苦百姓只能依附于豪门大族,成为他们的门客、部曲,为他们生产劳作,如此一来,各地豪强大族的影响力

---

① 卢弼. 三国志集解 [M]. 上海:上海古籍出版社,2012:2507.
② 卢弼. 三国志集解 [M]. 上海:上海古籍出版社,2012:2521.
③ 杨联陞. 东汉的豪族 [M]. 北京:商务印书馆,2012:14.
④ 崔寔,著. 政论校注 [M]. 孙启治,校注. 北京:中华书局,2012:170.
⑤ 范晔. 后汉书 [M]. 北京:中华书局,2011:1651.

也就更为强大。

东汉末年动乱之时，各地的许多豪强都开始召集门生故吏、门客部曲，组织自己的私人武装力量，成为地方上的割据势力。何兹全认为："董卓乱后，东汉皇朝土崩瓦解。各地豪族强宗也就摆脱了皇朝的控制，他们成为地方上独立或半独立的势力。"① 曹丕在《典论·自序》中这样描述汉末豪强遍布的情形："初平之元，董卓杀主鸩后，荡覆王室。是时四海既困中平之政，兼恶卓之凶逆，家家思乱，人人自危。山东牧守，咸以春秋之义，'卫人讨州吁于濮'，言人人皆得讨贼。于是大兴义兵，名豪大侠，富室强族，飘扬云会，万里相赴；兖、豫之师战于荥阳，河内之甲军于孟津。卓遂迁大驾，西都长安。而山东大者连郡国，中者婴城邑，小者聚阡陌，以还相吞灭。会黄巾盛于海、岱，山寇暴于并、冀，乘胜转攻，席卷而南，乡邑望烟而奔，城郭睹尘而溃，百姓死亡，暴骨如莽。"② 汉末的军阀如袁绍、袁术、公孙瓒、刘表等，也都出身于各地的豪强大族。如袁绍、袁术都来自著名的汝南袁氏家族，这个家族接连几代人在朝廷任高官，人称"四世三公"。袁绍年轻时，门下就聚集了大量宾客、部曲。《后汉书》记载："绍有姿貌威容，爱士养名。既累世台司，宾客所归，加倾心折节，莫不争赴其庭，士无贵贱，与之抗礼，辎軿柴毂，填接街陌。"③ 公孙瓒，"家世二千石"，他本人曾"举孝廉"。④ 刘表则是鲁恭王之后，还是汉末党人领袖之一，"与同郡张俭等俱被讪议，号为'八顾'"⑤。

从《三国志·先主传》记载来看，刘备虽然不像袁绍、袁术等人那样出身豪族世家，但是其家族也是河北涿州大姓。刘备的祖父、父亲都"世

① 何兹全. 三国史［M］. 北京：人民出版社，2018：124.

② 曹丕，著. 曹丕集校注［M］. 魏宏灿，校注. 合肥：安徽大学出版社，2009：301.

③ 范晔. 后汉书［M］. 北京：中华书局，2011：2373.

④ 范晔. 后汉书［M］. 北京：中华书局，2011：2358.

⑤ 范晔. 后汉书［M］. 北京：中华书局，2011：2419.

仕州郡",祖父刘雄曾经"举孝廉,官至东郡范令"①,这也说明他的家族在涿郡本地有一定的影响力。后世文学作品如《三国演义》为了塑造刘备身份贫贱的形象,往往突出强调他"家贫,贩履织席为业"这一早年经历。《三国志·先主传》确实有"先主少孤,与母贩履织席为业"②。的记载。但是从相关史料来看,这很可能也只是年幼的刘备在父亲去世后,曾经帮助母亲贩履织席,并非刘备本人成年后长期以此为业。《先主传》中提到刘备"年十五,母使行学,与同宗刘德然、辽西公孙瓒俱事故九江太守同郡卢植"③。卢植是汉末的著名大儒,又曾任九江太守,刘备却能够和公孙瓒一起成为其门下弟子,也足见刘备的身份并不一般。唐长孺先生也认为:"刘备也是'世仕州郡'的大姓,而且是著名经学大师卢植的弟子。"④ 刘备年少时"不甚乐读书,喜狗马、音乐、美衣服"⑤,这显然不是普通贫贱子弟能有的生活状况。刘备早年能够得到同族刘德然之父刘元起的大力资助,又能得到大商人张世平、苏双等"赀累千金"⑥ 的支持,这都说明不管是刘备的家庭还是其宗族在当地都有不小的影响力。刘备也正是在当地宗族势力和大商人的支持下,才能够"合徒众",组织起了自己的私人武装力量,成为一方豪强。刘备后来能够参与镇压黄巾起义,又逐步占据徐州,都是以他在涿州时组建的私人武装力量为基础。

关羽、张飞早年加入了刘备在涿州组织的私人武装,他们的身份都是刘备的部下。《三国志·关羽传》记载,"关羽字云长,本字长生,河东解人也。亡命奔涿郡。先主于乡里合徒众,而羽与张飞为之御侮"⑦。从这段

---

① 卢弼. 三国志集解 [M]. 上海:上海古籍出版社,2012:2326.
② 卢弼. 三国志集解 [M]. 上海:上海古籍出版社,2012:2328.
③ 卢弼. 三国志集解 [M]. 上海:上海古籍出版社,2012:2521.
④ 唐长孺. 魏晋南北朝史论拾遗 [M]. 北京:中华书局,2011:39.
⑤ 卢弼. 三国志集解 [M]. 上海:上海古籍出版社,2012:2328.
⑥ 卢弼. 三国志集解 [M]. 上海:上海古籍出版社,2012:2328.
⑦ 卢弼. 三国志集解 [M]. 上海:上海古籍出版社,2012:2507.

史料来看，关羽很可能出身于平民家庭，因为犯法而逃离家乡，加入了刘备的私人武装力量。文中提到的"羽与张飞为之御侮"，张作耀先生认为所谓的"御侮"，"用现代话说，就是贴身警卫，就是保镖"①。这一看法很有道理，关羽、张飞的地位与刘备相比是比较低下的。虽然《关羽传》中也提到"先主与二人寝则同床，恩若兄弟"，但是这个"恩若兄弟"也只是刘备笼络属下的手段，并非所谓的"结义兄弟"。刘备与关羽、张飞在身份上毕竟还是有很大的差别，所以关羽才会"稠人广坐，侍立终日，随先主周旋，不避艰险"②。刘备早年只是崛起于涿州地方的小豪强，实力远远不如袁绍、袁术、公孙瓒、曹操等，一直没有固定的地盘，只能带领部属辗转奔波于各地。在此期间，关羽、张飞、赵云等都一直是刘备的私人部曲。部曲也就是汉末的私人武装，唐长孺先生认为："部曲是军队编制的名称，后来用以指私兵。"③ 梁庚尧也认为："部曲在汉代原是军队的编制，大将军所领有营，营下有部，部下有曲，曲下有屯。到汉末以后，地方大族常以宾客组成私兵，也称作部曲。"④ 汉末的许多豪族都有自己的宾客、部曲，他们借助这些势力割地自雄，如曹操的将领许褚、李典等，原来都是地方上的豪族。"典宗族部曲三千余家，居乘氏，自请愿徙诣魏郡。"⑤ 刘备在汉末动乱之时，虽然势力弱小，但也是豪族出身，他的一些部下也是地方上的豪族，如糜竺，"祖世货殖，僮客万人，赀产巨亿"。当刘备遇到困难之时，"竺于是进妹于先主为夫人，奴客二千，金银货币以助军资，于时困匮，赖此复振。"⑥ 关羽、张飞和赵云等都是刘备的部曲。《三国志·赵云传》记载，"先主就袁绍，云见于邺。先主与云同床眠卧，

① 张作耀. 刘备传 [M]. 北京：人民出版社，2004：12.
② 卢弼. 三国志集解 [M]. 上海：上海古籍出版社，2012：2507.
③ 唐长孺. 魏晋南北朝史论拾遗 [M]. 北京：中华书局，2011：15.
④ 梁庚尧. 中国社会史 [M]. 上海：东方出版中心，2016：118.
⑤ 卢弼. 三国志集解 [M]. 上海：上海古籍出版社，2012：1496.
⑥ 卢弼. 三国志集解 [M]. 上海：上海古籍出版社，2012：2576.

密遣云合募,得数百人,皆称刘左将军部曲,绍不能知。"① 《关羽传》也记载,"先主为平原相,以羽、飞为别部司马,分统部曲。"② 关羽和张飞虽然名为"别部司马",但是实际上只是协助刘备统帅私人武装,只是部曲首领而已。

汉末时局纷乱、群雄并起,刘备实力薄弱,曾辗转依附于陶谦、袁绍、刘表等人。直至赤壁之战后,年近五十时,他才占据了荆州五郡,有了比较稳固的地盘。关羽追随刘备长达三四十年之久,二人的关系在不同时期也有所变化。在刘备占据益州之前,他与关羽一直是一种豪强与其部曲的关系。直到刘备割据益州、大业初成时,刘备与关羽、张飞才形成了真正的君臣关系。关羽早年忠诚追随刘备,所践行的是他作为部曲的节义操守,这种"节义"也是汉末极为流行的一种道德风尚,与后世所说的君臣之间的"忠义"有相近之处,却也有很大的差异。

第二节 汉末的"节义"风尚

"节"字的本意是"竹约也",即"竹节如缠束之状"③,后来引申出了"节操""气节"之义,如《左传·成公十五年》:"子臧辞曰:'圣达节,次守节,下失节。'为君,非吾节也。"④ 这里的几个节字都是节操之义。节操强调的是一个人对道德规范的坚守,不管处于何等危险的境地,还是面对什么样的诱惑,都能不改变自己所信奉的道德操守,这就是守节。

---

① 卢弼. 三国志集解 [M]. 上海:上海古籍出版社,2012:2529.
② 卢弼. 三国志集解 [M]. 上海:上海古籍出版社,2012:2507.
③ 段玉裁. 说文解字注 [M]. 南京:凤凰出版社,2018:337.
④ 杨伯峻. 春秋左传注 [M]. 北京:中华书局,2016:954.

"节义"一词可以理解为操守与道义，不过后世使用这一词汇时更突出操守的重要性，强调只有坚守节操才合乎大义。能够始终如一、无所畏惧地坚守节操，甚至能够"舍生取义"，才可以称之为"节义之士"。

春秋战国时期有不少著名的节义之士，如放弃国君之位的曹国公子子臧、吴国公子季札，又如慷慨的侠士豫让、聂政，都以独特的方式坚守了自己的节操。但是，古代的统治阶层真正开始大力推崇、宣扬节操，是从汉代以后开始的。自汉武帝"罢黜百家、独尊儒术"之后，儒家思想逐渐成为社会主流意识形态。汉代的儒家学者十分重视个体及群体的道德修养问题，他们开始将节义、操守摆在了一个非常重要的位置，如刘向的《说苑》分门别类地收集了各类历史故事，他所设的前四个门类是"君道""臣术""建本"和"立节"，这也可见"立节"在他心目中所占的地位。他在《立节》一门的序言中说："士君子之有勇而果于行者，不以立节行谊而以妄死非名，岂不痛哉！士有杀身以成仁，触害以立义，倚于节理而不议死地，故能身死名流于来世。非有勇断，孰能行之。"① 他认为真正的节义之士，即使身处绝境，也仍然能勇敢地坚守正道，选择杀身成仁。《立节》一门中所收集的也都是春秋战国时期各种能够坚守道德操守、视死如归的志士的故事。受到社会风气的影响，西汉中后期也出现了不少节烈之士，如著名的爱国志士苏武出使匈奴时，面对匈奴人的威胁，他说："屈节辱命，虽生，何面目以归汉！"② 于是"引佩刀自刺"。在苏武看来，节义操守远比生命重要。他高尚的德行甚至受到匈奴人的钦佩，"单于壮其节，朝夕遣人候问武"。又如汉宣帝时的名臣盖宽饶，"为人刚直高节"③，敢于向皇帝直言进谏，汉宣帝听信谗言，不采纳他的劝谏，他就引佩刀自杀而死，当时的士人称赞他"进有忧国之心，退有死节之义"④。西汉末年，王

---

① 刘向，著. 说苑校证［M］. 向宗鲁，校证. 北京：中华书局，2009：77.
② 班固. 汉书［M］. 北京：中华书局，1962：2461.
③ 班固. 汉书［M］. 北京：中华书局，1962：3245.
④ 班固. 汉书［M］. 北京：中华书局，1962：3247.

莽篡汉时，楚人龚胜、龚舍"并著名节"，隐居不仕。王莽多次征召龚胜，龚胜拒不受命，"不复饮食，积十四日死"。班固在《汉书》中称赞两龚为"清节之士"①，评价十分恰当。

东汉时期，崇尚节义的风气日益浓重。"节义"一词在《后汉书》《三国志》中是一个常用的词汇，如东汉初期的名将耿恭，被人称赞"恭之节义，古今未有"②；侍中刘茂，被人称为"节义尤高"③；曹操称赞乐进、于禁、张辽"质忠信一，守执节义"④；蜀汉的常播，被人称为"忘身为君，节义抗烈"⑤。清代学者顾炎武在《日知录》中指出："三代以下风俗之美，无尚于东京者。"⑥ 赵翼对东汉时代的社会风尚也有这样一个看法："自战国豫让、聂政、荆轲、侯嬴之徒，以意气相尚，一意孤行，能为人所不敢为，世竞慕之。其后贯高、田叔、朱家、郭解辈，徇人刻己，然诺不欺，以立名节。驯至东汉，其风益盛。盖当时荐举征辟，必采名誉，故凡可以得名者，必全力赴之，好为苟难，遂成风俗。"⑦ 东汉"节义"风尚的流行，与汉代的察举制度有着密切的关系。据《汉官仪》记载，"建初八年十二月己未，诏书辟士四科：一曰德行高妙，志节清白；二曰经明行修，能任博士；三曰明晓法律，足以决疑，能案章覆问，文任御史；四曰刚毅多略，遭事不惑，明足照奸，勇足决断，才任三辅令。"⑧ 东汉察举取士的第一科就是"德行高妙，志节清白"，节操成为当时评价人才的一个极为重要的标准。不少士大夫因为"高节"而受到士林推崇，并被朝廷征召、

① 班固. 汉书 [M]. 北京：中华书局，1962：3097.
② 范晔. 后汉书 [M]. 北京：中华书局，2011：723.
③ 范晔. 后汉书 [M]. 北京：中华书局，2011：2671.
④ 陈寿，裴松之. 三国志 [M]. 北京：中华书局，1961：521.
⑤ 陈寿，裴松之. 三国志 [M]. 北京：中华书局，1961：1091.
⑥ 顾炎武，黄汝成. 日知录集解 [M]. 上海：上海古籍出版社，2006：752.
⑦ 赵翼. 廿二史札记 [M]. 北京：中华书局，2005：102.
⑧ 范晔. 后汉书 [M]. 北京：中华书局，2011：176.

重用，如宣秉，"少修高节，显名三辅"①，又如李充，"大将军邓骘贵戚倾时，无所下借，以充高节，每卑敬之。"②。东汉的不少隐士，如梁鸿、王霸等，也都以"高节"著称。《后汉书·梁鸿传》："势家慕其高节，多欲女之，鸿并绝不娶。"③《王霸传》："霸少立高节，光武时，连征不仕。"④

从《后汉书》及相关史料来看，东汉的士人极为看重节操，并将"节"看作是评价人物的最重要的标准之一。这一时代的士人，如果想获得士林赞誉进而出人头地，首先要努力"修节行"。如光武帝初期的孔奋，"时天下未定，士多不修节操，而奋力行清洁。为众人所笑，或以为身处脂膏，不能以自润，徒益苦辛耳。奋既立节，治贵仁平，太守梁统深相敬待，不以官属礼之，常迎于大门，引入见母。"⑤ 又如王扶，"少修节行，客居琅邪不其县，所止聚落化其德。"⑥ "修节"并非易事，它要求个人极端严格地遵循儒家的道德规范，不能有丝毫的懈怠。东汉时期的一些士人们的道德行为坚毅卓绝，不是常人能够做到的，如东汉后期的隐士袁闳，"少励操行，苦身修节"。"苦身"，也就是肉体上要忍受常人难以忍受的痛苦。袁闳为了躲避党锢之祸，"以母老不宜远遁，乃筑土室，四周于庭，不为户，自牖纳饮食而已。且于室中东向拜母。母思闳，时往就视，母去，便自掩闭，兄弟妻子莫得见也。"⑦ 当一个士人有节义之名后，要努力"执节""守节"，坚守道德操守，如东汉初期的名城卓茂，被光武帝称为"束身自修，执节淳固，诚能为人所不能为"⑧。当面临危难之时，士人还要竭尽全力"尽节""死节"，不能"屈节"或者"失节"。如东汉初年，杜林

---

① 范晔. 后汉书 [M]. 北京：中华书局，2011：927.
② 范晔. 后汉书 [M]. 北京：中华书局，2011：2685.
③ 范晔. 后汉书 [M]. 北京：中华书局，2011：2766.
④ 范晔. 后汉书 [M]. 北京：中华书局，2011：2782.
⑤ 范晔. 后汉书 [M]. 北京：中华书局，2011：1098.
⑥ 范晔. 后汉书 [M]. 北京：中华书局，2011：1298.
⑦ 范晔. 后汉书 [M]. 北京：中华书局，2011：1526.
⑧ 范晔. 后汉书 [M]. 北京：中华书局，2011：871.

以志节过人著称，陇右军阀隗嚣多次征召他，他都谢绝了，后来隗嚣将他拘禁，但他"终不屈节"①。东汉初期的名臣第五伦，"奉公尽节，言事无所依违。诸子或时谏止，辄叱遣之。吏人奏记及便宜者并亦封上，其无私若此。"② 又如东汉末年的杨彪，"及李傕、郭汜之乱，彪尽节卫主，崎岖危难之间，几不免于害。"③ 东汉后期，时局动荡之时，慷慨死节之士也非常多。如著名的李固、杜乔，都因坚决反对外戚梁冀而被杀害。又如傅燮在凉州与叛军交战时，被围困于汉阳，"时北地胡骑数千随贼攻郡，皆夙怀燮恩，共于城外叩头，求送燮归乡里。"傅燮之子傅幹也哀求他放弃汉阳而走，但是傅燮对其子说："别成，汝知吾必死邪？盖'圣达节，次守节'。且殷纣之暴，伯夷不食周粟而死，仲尼称其贤。今朝廷不甚殷纣，吾德亦岂绝伯夷？世乱不能养浩然之志，食禄又欲避其难乎？吾行何之，必死于此。汝有才智，勉之勉之。主簿杨会，吾之程婴也。"④ 傅燮最终战死阵前，死后谥曰"壮节侯"。

关羽出生于东汉末年的汉桓帝时期，这时朝廷中宦官单超、左悺、徐璜、具瑗、唐衡等"五侯"专权，政治日益黑暗腐朽。也正是在此时，发生了著名的"党锢之祸"事件，朝廷中一大批正直的士人，与宦官势力展开了激烈的斗争。虽然他们的努力抗争以失败告终，这批"党人"也遭到了宦官势力的残酷镇压，但是他们在斗争中所表现出来的勇敢无畏、慷慨悲壮的精神，却得到了社会各阶层的同情和敬仰。如著名党人范滂被捕之时，当地官吏不忍心动手，"督邮吴导至县，抱诏书，闭传舍，伏床而泣。"他与母亲诀别时，"行路闻之，莫不流涕。"⑤ 党人张俭为躲避追捕四处逃难，许多民众都给予无私的救助，"望门投止，莫不重其名行，破家相

① 范晔. 后汉书 [M]. 北京：中华书局，2011：936.
② 范晔. 后汉书 [M]. 北京：中华书局，2011：1401.
③ 范晔. 后汉书 [M]. 北京：中华书局，2011：1787.
④ 范晔. 后汉书 [M]. 北京：中华书局，2011：1878.
⑤ 范晔. 后汉书 [M]. 北京：中华书局，2011：2207.

容",以至于"其所经历,伏重诛者以十数,宗亲并皆殄灭,郡县为之残破。"① 虽然党人遭到残酷打击,当时的许多士人,不但不以身为党人为耻,反倒以此为荣。当时朝廷的著名将领皇甫规没有被列为党人,他深以为耻,主动向朝廷上书,要求朝廷以"附党"的罪名惩处自己。虽然最终"朝廷知而不问",但是他的这一举动却得到了士人们的赞美,"时人以为规贤。"② 顾炎武称赞这批党人的品行:"党锢之流,独行之辈,依仁蹈义,舍命不渝,'风雨如晦,鸡鸣不已'。"③ 对此,赵翼曾感叹道:"盖其时轻生尚气已成习俗,故志节之士好为苟难,务欲绝出流辈,以成卓特之行,而不自知其非也。然举世以此相尚,故国家缓急之际,尚有可恃,以揳拄倾危。昔人以气节之盛,为世运之衰,而不知并气节而无之,其衰乃更甚也。"④ 虽然汉末这批正直的士人改变昏暗政局的努力失败了,但是他们在斗争中表现出来的慷慨节义的精神却对当时的社会风气有极大的影响。

赵翼在探讨东汉的"名节"风俗时,归纳出了几种类型,如"郡吏之于太守,本有君臣名分,为掾吏者,往往周旋于死生患难之间";"尽力于所事,以著其忠义者也";"感知遇之恩,而制服从厚者也";"以让爵为高者";"轻生报仇者"⑤。这几种类型中,特别值得注意的是郡吏与太守、门人与故主之间的生死追随的节义。吕思勉先生认为:"汉制:三公得自置吏,刺史得置从事,二千石得辟功曹、掾吏,为所辟置,即同家臣,故其风义尤笃。"⑥ 东汉的郡守多出身世家大族,郡吏也由郡守征辟而来,郡吏与郡守之间,形成了类似于家主和家臣、父与子的依附关系。正如于迎春所说:"以事父之道事主君,这在东汉士大夫中绝不仅见。太守犯法被诛,

---

① 范晔. 后汉书 [M]. 北京:中华书局,2011:2210.
② 范晔. 后汉书 [M]. 北京:中华书局,2011:2236.
③ 顾炎武,黄汝成. 日知录集解 [M]. 上海:上海古籍出版社,2006:752.
④ 赵翼. 廿二史札记 [M]. 北京:中华书局,2005:104.
⑤ 赵翼. 廿二史札记 [M]. 北京:中华书局,2005:102~104.
⑥ 吕思勉. 秦汉史 [M]. 上海:上海古籍出版社,2013:467.

郡吏不顾身家性命, 奔行服丧。就像感激父母的生养之恩一样, 士人们会因为郡守、府君等行政长官的赏识、擢进而充满知遇之恩, 为之送丧、守墓, 行孝子事。"① 郡吏为获得社会公论的认可, 要坚守自己的操行, 无论在何种情形下, 都要努力追随郡守。如充州刺史第五种遭受宦官迫害, 被流放朔方, 他的掾吏孙斌担心第五种流放途中被杀, "于是斌将侠客晨夜追种, 及之于太原, 遮险格杀送吏, 因下马与种, 斌自步从。一日一夜行四百余里, 遂得脱归。"② 如汉末名臣王允, 曾是太原守刘瓒的郡吏, 刘瓒因得罪宦官而遇害, "允送丧还平原, 终毕三年, 然后还家。"③ 又如刘备担任豫州牧时, 曾举荐袁涣为茂才, 后袁涣被吕布拘留, 吕布让袁涣写信辱骂刘备, 但袁涣坚决拒绝。吕布以武器威胁他: "为之则生, 不为则死。" 袁涣 "颜色不变", 并笑着对吕布说: "涣他日之事刘将军, 犹今日之事将军也。如一旦去此, 复骂将军, 可乎?"④ 在《后汉书》《三国志》等著作中有大量类似的事例。与关羽同时代的臧洪的事迹更是轰动一时。臧洪曾为广陵太守张超的功曹, 后来臧洪又得到袁绍的赏识, 被袁绍任命为青州刺史。兴平二年 (195 年), 张超被曹操包围在雍丘, 危在旦夕。臧洪听到这一消息后, "徒跣号泣", 请求袁绍出兵解救张超。袁绍拒绝了臧洪的要求, 导致雍丘被破、张超一家被杀, 臧洪于是宣布与袁绍断绝关系。袁绍派兵围攻臧洪于东郡, 久攻不下, 一年后城中粮尽才被攻破, "城中男女七八千人, 莫有叛离"。臧洪被擒后, 痛斥袁绍, 慷慨赴死。臧洪的同乡陈容也是袁绍部下, 他为臧洪求情, 袁绍不允, 陈容当即表示 "今日宁与臧洪同日而死, 不与将军同日而生", 于是也同时遇害。臧洪与陈容被杀之后, 得到了社会公论的极大同情, "在绍坐者无不叹息, 窃相谓'如何一日杀二烈士!'"。臧洪遇害之前曾派两名部下向吕布求救, 他们回来时城已陷

---

① 于迎春. 秦汉士史 [M]. 北京: 北京大学出版社, 2000: 329.
② 范晔. 后汉书 [M]. 北京: 中华书局, 2011: 406.
③ 范晔. 后汉书 [M]. 北京: 中华书局, 2011: 2172.
④ 卢弼. 三国志集解 [M]. 上海: 上海古籍出版社, 2012: 1068.

落，于是"皆赴敌死"①。从臧洪及其部下的事迹，也可以看到"节义"风尚对汉末社会的深刻影响。

汉末动乱之际，大一统政治体制再次崩溃，各地豪强势力崛起，这一历史形势的巨大变化，势必对士人群体的思想观念产生深刻影响。汉代以来的"节义"观念，固然是要激励士人坚守道德操守，但坚守节义的目的还是要让他们忠诚于皇权，为国守节、尽节。像苏武、杨震、李固、杜乔、傅燮等，既是守节的典范，也是忠诚于大汉的臣子表率。《后汉书》中多次出现"忠节"一词。如《公孙述传》："初，常少、张隆劝述降，不从，并以忧死。帝下诏追赠少为太常，隆为光禄勋，以礼改葬之。其忠节志义之士，并蒙旌显。"② 如《来歙传》："帝嘉歙忠节，复封歙弟由为宜西侯。"③《王允传》："后迁都于许，帝思允忠节，使改殡葬之。"④ 在大一统政治较为稳固时，"忠"和"节义"是高度统一的，只有做到了忠于朝廷、忠于家国，才算做到了守节、尽节。但是，汉末动乱时，大汉王朝名存实亡时，士人只能依附于各地的豪强势力，这时所崇尚的忠诚、节义，其内涵其实已经变为忠于豪强势力、为豪强守节。如孙策的部下张纮，奉命出使许都，曹操扣留了他，封他为侍御史，但他却"心恋旧恩，思还返命，以疾固辞"⑤，数年后，他终于又回到东吴。又如刘备的部下廖化，与关羽共守荆州，"羽败，属吴。思归先主，乃诈死，时人谓为信然，因携持老母昼夜西行。会先主东征，遇秭归。先主大悦，以化为宜都太守。"⑥ 类似的事例还有不少，这些人物在当时都是坚守节义的典型。

关羽一生主要活动于汉灵帝、汉献帝时期，这个时候大汉王朝土崩瓦

---

① 卢弼. 三国志集解［M］. 上海：上海古籍出版社，2012：811.
② 范晔. 后汉书［M］. 北京：中华书局，2011：544.
③ 范晔. 后汉书［M］. 北京：中华书局，2011：590.
④ 范晔. 后汉书［M］. 北京：中华书局，2011：2178.
⑤ 卢弼. 三国志集解［M］. 上海：上海古籍出版社，2012：3233.
⑥ 卢弼. 三国志集解［M］. 上海：上海古籍出版社，2012：2794.

解，豪强势力遍地。关羽对于同时代的节烈志士的事迹，应该也是极为熟悉的，但是因为大一统政治的解体，关羽对于大汉的认同感已经比较淡漠了。后世广为流传的大汉忠臣关羽形象，其实主要还是出于宋元以后的戏曲、小说的艺术加工。关羽早年时就投靠了刘备，追随刘备数十年，他所忠于的主要还是豪强刘备。作为刘备的部曲，他应该为刘备守节、尽节，这是他应当坚守的节义。在关羽所处的时代中，作为部曲必须忠诚于他所依附的豪强。这是一种产生于特殊时代、特殊环境的道德规范，这一规范自然也是有利有弊。但在当时，只有坚定遵循这一原则，才能获得社会公论的认可，才能出人头地。像吕布那样"轻狡反覆、唯利是视"① 的人，是被当时的社会舆论严厉谴责的，被认为是"未有若此不夷灭也"，最终只落得众叛亲离、败亡下邳悲惨的结局。

第三节　关羽的"节义"之风

从上述考察来看，关羽四十多岁之前与刘备主要是一种豪强与部曲之间的关系，关羽一直追随刘备辗转各地。刘备五十多岁时占据荆州、夺取益州之后，关羽才逐步成为刘备集团的核心人物之一，并与刘备形成了明确的君臣关系。关羽虽然出身下层，但是也有较高的文化修养。《江表传》记载，"羽好《左氏传》，讽诵略皆上口。"② 东汉后期士人中所流行的节义风尚，一定也对他产生了极大的影响，他不仅很好地践行了这一道德风尚，而且成为当时坚守节义的典范人物。关羽之所以能够逐渐演变为后人景仰的关帝，与他本人高尚的节义之风有密切的关联。

---

① 卢弼. 三国志集解 [M]. 上海：上海古籍出版社，2012：813.
② 卢弼. 三国志集解 [M]. 上海：上海古籍出版社，2012：2514.

　　关羽的节义之风有多方面的表现，首先就是他作为一个部属始终极为忠诚地追随刘备。汉末时局动荡之时，全国各地崛起无数豪强，在这些豪强当中，刘备的实力显然是比较弱小的，所以他才一直颠沛流离、辗转各地，没有一个固定的地盘，但即使如此，关羽也一直忠心耿耿地追随刘备。关羽早年追随刘备时，"稠人广坐，侍立终日；随先主周旋，不避艰险"，表现得极为恭敬、忠诚。刘备在徐州战败后，关羽在迫不得已的情形下，曾暂时投降曹操。从当时的政治形势来看，曹操已经击败了吕布、袁术、张绣等割据势力，成为北方地区实力最强大的军阀之一，他在中原地区的对手，只剩下了袁绍。刘备此时刚刚战败，仅有的地盘徐州也丢失了，只能仓皇逃窜投靠袁绍。对于关羽来说，在此时真心投靠曹操，无疑是最明智的选择。曹操对关羽也非常赏识，关羽刚刚投降，就"拜为偏将军"，而且还"礼之甚厚"①。在关羽斩杀颜良之后，曹操也立即表封关羽为汉寿亭侯。从当时的形势来看，关羽如果始终追随曹操，显然更有前途，但是关羽却毅然决然地离开曹营，前往袁绍军中寻找刘备。历史上真实的关羽追寻刘备的事迹，虽然不像小说《三国演义》中写的"过五关斩六将、千里走单骑"那么精彩，但也险阻重重。当时正值曹袁两军对抗之际，前往河北有无数关卡，又道路遥远，而且曹操有可能会派人追杀。关羽又刚刚斩杀袁绍的爱将颜良，到了河北是否会被袁绍报复也未可知。他选择前往河北寻找刘备，显然有极大的风险，但是关羽最终还是放弃了曹操封赏的高官厚禄，走上了一条艰险追寻故主刘备的道路。这样一种特立独行的抉择，也足可显现出他忠诚坚毅的品格。

　　其次，关羽的节义还表现在他进退去就之际的光明磊落的高尚风范。关羽在徐州投降之后，虽然一心想要追寻故主刘备，但是对曹操的各种礼遇也并非无情无义、漠然视之。他曾对曹操的部下张辽说："吾极知曹公待

---

　　① 卢弼. 三国志集解［M］. 上海：上海古籍出版社，2012：2508.

我厚，然吾受刘将军厚恩，誓以共死，不可背之。吾终不留，吾要当立效
以报曹公乃去。"① 他投降曹操之后，名义上已是曹操的部下，他也尽力为
曹操立功，报答曹操的礼遇。所以，在曹操与袁军交战时，他才会"策马
刺良于万众之中，斩其首还，绍诸将莫能当者"，最终帮助曹操解白马之
围。在为曹操建立功勋、报答了曹操的厚恩之后，他才从容地"拜书告
辞"②。曹操为了笼络关羽，在他投降之后曾多次给予重赏，但关羽在离开
曹营之际，却"尽封其所赐"，表现出了一种高尚廉洁的风度。关羽的这
种做法，既很好地处理了与曹操的关系，又没有辜负故主刘备，受到后人
的高度赞赏。宋代学者唐庚说："羽为曹公所厚，而忠不忘其君，可谓贤
矣，然战国之士亦能之。曹公得羽不杀，厚待而用其力，可谓贤矣，然战
国之君亦能之。至羽必欲立效以报曹公，然后封还所赐，拜书告辞而去。
进退去就，雍容可观，则殆非战国之士。曹公内能平其气，不以彼我为心，
外能成羽之忠，不私其力于己，是犹有先王之遗风焉。"③ 唐庚称赞关羽能
够在报答曹操之后封还赏赐、拜书从容告辞，这样一种高尚的德行，甚至
胜过了战国时代的那些节烈之士。曹操对待关羽的态度也是很值得称赞的。
他很早就察觉关羽"无久留之意"，但却没有猜忌关羽。在关羽斩杀颜良
后，"曹公知其必去"，所以又"重加赏赐"。当关羽离开后，曹操的部下
要追赶时，曹操却没有任何加害之心，他说："彼各为其主，勿追也。"④
曹操对汉末的节义风尚也一定十分认同，所以也极为赞赏关羽的做法。正
是曹操的真诚大度、关羽的光明磊落，成就了中国历史上这一段君臣遇合
的佳话。

　　应当说明的是，汉末流行的"节义"风尚，与后世关公崇拜中宣扬的

① 卢弼. 三国志集解 [M]. 上海：上海古籍出版社，2012：2509.
② 卢弼. 三国志集解 [M]. 上海：上海古籍出版社，2012：2509.
③ 卢弼. 三国志集解 [M]. 上海：上海古籍出版社，2012：2510.
④ 卢弼. 三国志集解 [M]. 上海：上海古籍出版社，2012：2509.

"忠义"精神还是有很大区别的。关羽的节义,更多体现的是一种地方豪强与其部属之间密切的依附关系。作为刘备部属的关羽,受汉末道德风尚的感染,努力践行道德规范、忠诚追随自己所依附的豪强。但是后世所宣扬的关公"忠义"精神,不但强调作为臣子的关羽对君主刘备的忠诚,而且强调他对整个大汉王朝的忠诚。在小说《三国演义》中就虚构了不少情节,强调关公对大汉王朝的忠诚。如关公在许田打围时要斩杀曹操,他对刘备说:"贼欺君罔上之贼,某实难容耳!欲与国家除害,兄何止之。"①他在徐州投降曹操时,与张辽约定降汉不降曹,他表示:"吾与刘皇叔同设誓时,共扶汉室。吾今只降汉帝,不降曹公,凡有杀戮,不禀丞相"②。在小说中也反复突出刘备是中山靖王之后,是"皇叔",汉献帝之后他是汉王朝的合法继承人,所以忠于刘备自然也就是忠于大汉。经过了这一番改造之后,关公自然也就成了忠于皇权、忠于国家的"忠义"典范。《三国演义》的作者显然是从自身历史语境出发,对关羽的形象重新进行了阐释与塑造。这一改造克服了汉末"节义"观念的局限性,无疑是极为成功的。

汉末的"节义"风尚,与当时豪强遍地的历史形势、儒家思想的深刻影响都有密切的关系。尤其是当时各种地方割据势力的存在,为这种观念的滋生提供了丰厚的土壤。诞生于这一特殊时代环境中的道德规范,自然也有自身较大的局限性。这种"节义"观念主要是宣扬部属对豪强个人的竭诚追随,没有能够上升到对整个国家、民族的忠诚。但即便如此,关羽身上所表现出的高度忠诚的道德情操、光明磊落的人格却超越了时代,一直有着强大的感染力,激励着后世的华夏儿女。关公崇拜之所以能够历经千年而长盛不衰,也与此有着密切的关系。

---

① 罗贯中. 三国志通俗演义 [M]. 上海:上海古籍出版社,1981:199.
② 罗贯中. 三国志通俗演义 [M]. 上海:上海古籍出版社,1981:241.

第三章

关公崇拜中"忠义"观念的演变及影响

　　"忠义"是中国古代社会中影响深远的道德观念之一。千余年来，关公也一直是后人崇拜的"忠义"典范。宋朝以后的历代统治者都极力表彰关公，他们为关公所赐的封号都着力突出"忠义"二字，如南宋德祐年间，他被封为"忠壮义勇武安英烈王"，明万历十八年（1590年）被加封为"协天护国忠义大帝"，顺治时又被敕封为"忠义神武大帝"。后世的文人士大夫也都将关公视为"忠义"的化身，如明代学者李贽在《关王告文》中称赞关公"惟神忠义贯金石，勇烈贯古今"①，清人乔庭桂称赞关公："可叹孙曹甘僭窃，何如忠义万年芳。"② 类似言论不胜枚举。宋元以后的不少戏曲、小说，如关汉卿的《单刀会》、无名氏的《关云千里独行》、罗贯中的《三国演义》等都竭力塑造关羽"忠义"的英雄形象。不过，如果仔细翻阅《后汉书》《三国志》等历史文献，我们会发现"忠义"的观念在汉末、三国时期并不是很流行。历史上的武将关羽是地方豪强刘备的部曲，他对刘备的忠诚，与后世所说忠于家国的"忠义"精神是大不相同的。唐宋以后，"忠义"观念才受到社会各阶层的重视，关公也是从宋代开始，历经数百年的发展演变，才逐步成为"忠义"精神的代表。

---

① 李贽. 焚书 [M]. 北京：中华书局，2009：119.
② 宋万忠，武建华. 解梁关帝志 [M]. 太原：山西人民出版社，1992：340.

第一节 "忠义"观念的内涵及其演变

一、"忠义"观念的内涵

"忠义"一词中的"忠"字本义为严肃恭敬、尽心竭力,《说文解字》解释说:"忠,敬也,尽心曰忠。"① 先秦典籍中的"忠"大多也都是竭尽全力为人效劳之意。如《论语·学而》:"曾子曰:吾日三省吾身:为人谋而不忠乎?与朋友交而不信乎?传不习乎?""为人谋而不忠乎",杨伯峻解释为:"替别人办事是否尽心竭力了呢?"② 《论语·里仁》:"夫子之道忠恕而已矣。"朱熹注释:"尽己之谓忠,推己之谓恕,而已矣者,竭尽而无余之辞也。"③ 朱熹用"尽己"解释"忠"字的含义,"尽己"也就是竭尽全力。《论语》中的"居之无倦,行之以忠"④"臣事君以忠"⑤ 等语句中的"忠"字,也都是尽心尽力的意思。《孟子》中的"忠"字常与"信"字联用,如"壮者以暇日修其孝悌忠信"⑥"仁义忠信,乐善不倦,此天爵也"⑦"其子弟从之则孝悌忠信"⑧ 等,也都表示忠诚、尽力之意。值得注意的是,先秦典籍中,"忠"只表示尽心效力之意,效力的对象很广泛,既可以是君主,也可以是亲友。但是,汉代以后,"忠"字则更多

① 许慎,段玉裁. 说文解字注 [M]. 南京:凤凰出版社,2015:877.
② 杨伯峻. 论语译注 [M]. 北京:中华书局,2009:3.
③ 朱熹. 四书章句集注 [M]. 北京:中华书局,2016:72.
④ 杨伯峻. 论语译注 [M]. 北京:中华书局,2009:127.
⑤ 杨伯峻. 论语译注 [M]. 北京:中华书局,2009:30.
⑥ 杨伯峻. 论语译注 [M]. 北京:中华书局,2009:10.
⑦ 杨伯峻. 论语译注 [M]. 北京:中华书局,2009:250.
⑧ 杨伯峻. 论语译注 [M]. 北京:中华书局,2009:292.

是强调对皇帝的忠诚。《史记》中已经频繁地使用"忠臣"一词，如《平津侯主父列传》："忠臣不敢避重诛以直谏"①，《酷吏列传》："景帝曰：'（郅）都忠臣。'"②，《日者列传》："忠臣以事其上，孝子以养其亲。"③这也说明在皇权专制的影响下，"忠"的内涵已经发生变化，忠诚于君主已经逐渐成为臣民必须遵循的道德规范。

　　"忠义"一词最早出现在《后汉书》中，如《冯衍传》："诚使故朝尚在，忠义可立，虽老亲受戮，妻儿横分，邑之愿也。"④《桓典传》："功虽不遂，忠义炳著。"⑤《张酺传》："岂有一门忠义而爵赏不及乎？"⑥《臧洪传》："将军举大事，欲为天下除暴，而专先诛忠义，岂合天意？"⑦《卢植传》："君子之于忠义，造次必于是，颠沛必于是也。"⑧ 类似的例子还有不少。值得注意的是，《后汉书》使用"忠义"一词时，大多是赞赏某些人物能在国家危难之时表现出过人的忠诚与节烈。如桓典，汉灵帝驾崩后，他与外戚何进谋划，准备诛杀宦官，虽然行动失败，但是后来他忠于国家的大义之举仍然受到表彰。又如卢植，东汉末年，他经历了黄巾起义、董卓之乱等多次动乱，但却始终忠心耿耿、为国效力，所以深受士林高度赞赏。《汉语大词典》中解释"忠义"的含义为"忠贞义烈"⑨，很符合"忠义"的原义。从《后汉书》中的事例来看，"忠义"一词所强调的正是危难之际挺身而出的忠诚与节烈。东汉后期时局动荡，朝堂和民间出现过不少忠义之士。不过，"忠义"这一观念似乎没有受到特别的重视，朝廷并

---

① 司马迁. 史记［M］. 北京：中华书局，1982：2954.
② 司马迁. 史记［M］. 北京：中华书局，1982：3134.
③ 司马迁. 史记［M］. 北京：中华书局，1982：3219.
④ 范晔. 后汉书［M］. 北京：中华书局，2011：973.
⑤ 范晔. 后汉书［M］. 北京：中华书局，2011：1258.
⑥ 范晔. 后汉书［M］. 北京：中华书局，2011：1530.
⑦ 范晔. 后汉书［M］. 北京：中华书局，2011：1892.
⑧ 范晔. 后汉书［M］. 北京：中华书局，2011：2120.
⑨ 罗竹风. 汉语大词典：第七卷［M］. 上海：上海辞书出版社，1986：419.

没有刻意地宣传、表彰这一德行。

二、六朝至隋唐时期的"忠义"观念

魏晋南北朝时期，"忠义"的观念并没有得到多少重视。这一时代战乱频繁，改朝换代也成了司空见惯之事。学术界玄学、佛学流行，儒家思想受到了很大的挑战。各地门阀士族垄断政治、经济，皇权也受到很大的限制。所以，这一时代忠诚于君主的观念是比较淡漠的，清代学者赵翼认为"六朝忠臣无殉节者"，他说："盖自汉魏易姓以来，胜国之臣，即为兴朝佐命，久已习为固然。其视国家禅代，一若无与于己，且转藉为迁官受赏之资。故偶有一二耆旧，不忍遽背故君者，即已啧啧人口，不必其以身殉也。"① 阎步克认为："皇权低落，易主频繁之时，士人是难以'忠'自立的；他们只关心自家门第，对改朝换代漠不关心，在'忠'上乏善可陈。"② 像著名的王、谢家族，东晋时期在朝廷上地位显赫，享受高官厚禄，刘裕篡夺东晋政权后，他们又转而与新朝合作，并无丝毫愧疚之意。正如萧华荣所说："魏晋南朝的世家子弟们，并不把你方下台我登场的改朝换代当作一回事，他们没有亡国之耻、殉国之心。在他们看来，朝代的更迭不过是'将一家物与一家'，要紧的是家族门阀，这才是他们真正可靠的安身立命之所。"③

隋唐以来，中国长期的战乱纷争终于结束，大一统政权重新建立。魏晋以来皇权低落的局面也得到扭转，皇权专制制度得以巩固。也正是在这一历史形势下，"忠义"观念又受到了重视。唐初唐太宗下令，由房玄龄、褚遂良等人重修编撰了《晋书》。《晋书》在历代正史中第一次专门创立了

---

① 赵翼. 陔余丛考 [M]. 北京：中华书局，2006：322.
② 阎步克. 波峰与波谷：秦汉魏晋南北朝的政治文明 [M]. 北京：北京大学出版社，2009：173.
③ 萧华荣. 华丽家族：两晋南朝谢氏传奇 [M]. 北京：生活·读书·新知三联书店，1994：128~129.

《忠义传》，表彰晋朝的忠贞义烈之士。《晋书·忠义传》序言中说："古人有言：'君子杀身以成仁，不求生以害仁。'又云：'非死之难，处死之难。'信哉斯言也！是知陨节苟合其宜，义夫岂吝其没；捐躯若得其所，烈士不爱其存。故能守铁石之深衷，厉松筠之雅操，见贞心于岁暮，标劲节于严风，赴鼎镬其如归，履危亡而不顾，书名竹帛，画象丹青，前史以为美谈，后来仰其徽烈者也。"①虽然魏晋南北朝时期大多数士大夫"忠义"观念淡漠，但也仍然有一些士人能够在国家危难之际舍生忘死。《晋书》的《忠义传》中所记载的主要是晋惠帝元康年间以来，在动乱中忠贞爱国、奋不顾身的节烈之士，如嵇绍、嵇含、王豹等人。如嵇绍，八王之乱中，王师大败于荡阴，"百官及侍卫莫不散溃，唯绍俨然端冕，以身捍卫，兵交御辇，飞箭雨集，绍遂被害于帝侧，血溅御服，天子深哀叹之。及事定，左右欲浣衣，帝曰：'此嵇侍中血，勿去。'"② 对这批忠义之士，《晋书》中称赞他们："重义轻生，亡躯殉节。劲松方操，严霜比烈。白刃可陵，贞心难折。道光振古，芳流来哲。"③ 唐代初期，朝廷之所以要在官修正史中专门设立《忠义传》，选择一批忠臣义士大加表彰，也是希望当时的臣子能够效法他们的精神忠于朝廷、忠于皇权。

虽然统治阶层也在努力宣扬"忠义"观念，但隋唐时期这一观念的影响力依然有限。赵翼认为，"六朝忠臣无殉节"的风气一直延续到了唐代。"延及李唐，犹不以为怪，颜常山、张睢阳、段太尉辈，一代不过数人也。"④ 如安史之乱中，朝廷中的大批官员成为安史叛军的伪官。陈希烈、达奚珣、张均、张垍等一大批高官纷纷投降安禄山，甚至著名诗人王维也被迫担任伪职。后来官军收复洛阳，广平王李俶率军入城时，"百官受安禄

---

① 房玄龄，褚遂良，等. 晋书 [M]. 北京：中华书局，2015：2297.
② 房玄龄，褚遂良，等. 晋书 [M]. 北京：中华书局，2015：2300.
③ 房玄龄，褚遂良，等. 晋书 [M]. 北京：中华书局，2015：2324.
④ 赵翼. 陔余丛考 [M]. 北京：中华书局，2006：322.

山父子官者陈希烈等三百余人，皆素服悲泣请罪。"① 事实上，投降叛军的官员极多，不止三百人。后来朝廷准备处死投降官员时，李岘劝阻说："河北未平，群臣陷贼者尚多，若宽之，足开自新之路；若尽诛，是坚其附贼之心也。"② 最后，被处死的大臣仅十八人，陈希烈等七人赐自尽于大理寺。可见当时投降叛军的官员太多，以至于朝廷处理这些人时顾忌甚多，只好大事化小、敷衍了事。安史之乱中，朝廷中忠义之士也有一些，如赵翼提到的张巡、颜真卿等，但毕竟是少数。这也正说明，隋唐时期忠义观念在士大夫群体中的影响并不是很大。这主要还是因为这一时期门阀士族在社会中还有较大的影响力，世家子弟"忠"的观念依然较为淡漠，他们依然更重视孝道。同时，学术界佛教、道教比较流行，儒家思想衰微的局面也还没有得到彻底扭转。

三、宋元以后的"忠义"观念

宋代以后，"忠义"观念才日益深入人心，在中国社会中产生深远的影响。宋代"忠义"观念的流行，与儒家思想的复兴有着密切关系。自中唐时期，韩愈、李翱等人就大力提倡儒学，不过影响力有限。至北宋时期，经过胡瑗、石介、孙复、周敦颐、张载、二程等一大批著名学者的钻研、推广，儒学复兴的局面终于出现了。儒家学者都极为重视伦理道德，崇尚忠孝、节义的风尚又流行开来。赵翼认为："直至有宋，士大夫始以节义为重，实由儒学昌明，人皆相维于礼义不忍背。则《诗》《书》之有功于世教，匪浅鲜矣。"③ 宋代以后，统治阶层认识到了"忠义"在维护统治秩序方面的重要作用，开始大力表彰忠义之士、树立忠义典型，竭力宣扬"忠义"观念。如《新唐书》记载，宋真宗东巡至睢阳时，曾亲至张巡、许远

---

① 司马光. 资治通鉴 [M]. 北京：中华书局，2018：7161.
② 司马光. 资治通鉴 [M]. 北京：中华书局，2018：7167.
③ 赵翼. 陔余丛考 [M]. 北京：中华书局，2006：322.

庙大力表彰二人，"惟宋三叶，章圣皇帝东巡，过其庙，留驾裴回，咨巡等雄挺，尽节异代，著金石刻，赞明厥忠。与夷、齐饿踣西山，孔子称仁，何以异云。"①

成书于五代后期的《旧唐书》、北宋初期的《新唐书》中，都沿袭了《晋书》的传统，专门设立了《忠义传》。《旧唐书》《新唐书》的《忠义传》不论是卷数，还是收录人数，都要比《晋书》多出不少。《旧唐书》的《忠义传》名义上只有一卷，却分为上下两部分，实际上就是两卷。《新唐书》的《忠义传》则有三卷之多。《旧唐书》《新唐书》中记载的都是一些慷慨节烈、舍生取义的忠诚之士的事迹，如安金藏、颜杲卿、张巡、许远等，他们都是在国家或君主遇到危难之时，能够奋不顾身、杀身成仁的义士。《旧唐书》的《忠义传》在序言中主要还是赞美这些义士的超凡节烈："苟非气义不群，贞刚绝俗，安能碎所重之支体，徇他人之义哉！"②《新唐书·忠义传》序言中则说："故忠义者，真天下之大闲欤！奸鈇逆鼎，搏人而肆其毒，然杀一义士，则四方解情，故乱臣贼子艴然疑沮而不得逞。何哉？欲所以为彼者，而为我也。义在与在，义亡与亡，故王者常推而褒之，所以砥砺生民而窒不轨也。"③ 它也开始注意到了"忠义"观念在教化民众、维护统治秩序方面的巨大作用，这是一个很重要的变化。

与前代相比，宋代的士大夫乃至平民百姓，大都十分推崇忠义气节，整个社会的道德风尚有了很大的变化。《宋史·忠义传》中说："士大夫忠义之气，至于五季，变化殆尽。宋之初兴，范质、王溥，犹有余憾，况其他哉！艺祖首褒韩通，次表卫融，足示意向。厥后西北疆场之臣，勇于死敌，往往无惧。真、仁之世，田锡、王禹偁、范仲淹、欧阳修、唐介诸贤，以直言谠论倡于朝，于是中外搢绅知以名节相高，廉耻相尚，尽去五季之

① 欧阳修，宋祁. 新唐书［M］. 北京：中华书局，1975：5544.
② 刘昫. 旧唐书［M］. 北京：中华书局，1975：4864.
③ 欧阳修，宋祁. 新唐书［M］. 北京：中华书局，1975：5496.

陋矣。故靖康之变，志士投袂，起而勤王，临难不屈，所在有之。及宋之亡，忠节相望，班班可书，匡直辅翼之功，盖非一日之积也。"① 《宋史·忠义传》中收录的忠义之士，不仅有朝廷的士大夫官员，还有很多普通民众。如吕圆登，"夏县人。尝为僧，后以良家子应募，捍金人涧、浍间。"又如"赵立，徐州张益村人。以敢勇隶兵籍"②，类似的事例极多。这也说明，自宋代以来，"忠义"观念也逐渐对社会各阶层群体产生了很大影响。宋代以后，历代的官修正史，如《宋史》《金史》《元史》《明史》中，都设有《忠义传》，而且在这些史书中，《忠义传》的分量越来越重，如《宋史·忠义传》有十卷之多，《明史·忠义传》有七卷，成书于民国时期的《清史稿》中的《忠义传》也有十卷之多。这也足可见，宋代以后，"忠义"已逐渐成为统治阶层乃至整个社会都极为重视的道德观念。

宋代以前，中国人在道德伦理上极重"孝"道，《孝经》一直是最受重视的儒家经典之一。宋代以后，以忠君爱国为核心的"忠"的观念日益受到重视，"忠"与"孝"并列，成为中国人最为重视的两大道德伦理观念。中国古代的官修史书常设立《孝友传》《孝行传》或《孝义传》，以表彰孝行卓著的臣民。但自唐人所编的《晋书》开始设立《忠义传》以来，《忠义传》在正史中的地位远比《孝友传》重要。如《宋史》中的《忠义传》有十卷之多，《孝义传》却仅有一卷；《明史》中的《忠义传》有七卷，而《孝义传》也只有两卷。这也足可以看出，唐宋以来，"忠""忠义"的观念越来越受到重视。

唐宋时期，学术界出现了一部据说是汉代大儒马融创作的《忠经》，明清以来的不少学者都认为它是托名马融的伪书，关于这部《忠经》真正的作者和创作时代，目前还有一些争议。如《四库全书总目》认为它是"宋代伪书"，作者是宋人海鹏，余嘉锡也赞同这一看法，也有学者认为它

① 脱脱，阿鲁图，等. 宋史 [M]. 北京：中华书局，1977：13149.
② 脱脱，阿鲁图，等. 宋史 [M]. 北京：中华书局，1977：13213.

出自唐人之手。① 不过有一点可以肯定，《忠经》的广泛流行是从宋代开始的。《忠经》很显然是一部模拟《孝经》的著作，它的章数、体例和语言表达方式都与《孝经》高度相似。在思想内容上，它大力宣扬"忠"的价值和地位，认为："为国之本，何莫由忠。忠能固君臣，安社稷，感天地，动神明，而况人乎？"② 它提出上至君王、中到群臣、下至庶民百姓，都应当奉行"忠道"。为君要"兢兢戒慎，日增其明"，为臣要"沉谋潜运，正国安人"，百姓也要"孝悌于其家，服勤稼穑，以供王赋"。所有人都要"尽忠"，"君子尽忠，则尽其心；小人尽忠，则尽其力"，这样就能做到"四海之内，有太平音。"③ 对于这部显系伪造的《忠经》，一些学者持不同的观点，如明人周琦认为："孝是人之出门第一件事，《孝经》当与《忠经》相对，但《忠经》无立言至理，且非圣贤之言，故不足伍耳。"④ 但是，大多数学者出于宣传"忠道"观念的目的，仍然大力宣扬、推广这部伪书。如南宋著名理学家黄震就认为："是书乃在史传之外，而出于千百年之后，然其言之善，有益于人心，有裨于世教，后之学者，其修身自忠孝始也。"⑤《忠经》的流行，也从一个侧面说明"忠"的观念在宋代之后变得日益重要起来。"忠道""忠义"有着密切的联系，随着"忠道"地位的上升，"忠义"精神自然也受到了很大的重视。

"忠义"观念在宋代的流行，与当时的历史形势、民族矛盾也有着密切的关系。宋代统治阶层及各地臣民之所以极为看重"忠义"精神，不仅仅是要宣扬道德伦理，更是出于凝聚人心、抵御外患的现实需求。与之前的汉朝、唐朝相比，宋朝国力较为衰弱。北宋时期虽然能够占据中原地区，但未能完成全国统一，长期与辽、西夏等少数民族政权对峙。在与辽、西

① 马融，郑玄. 忠经集校 [M]. 邓骏捷，集校. 济南：山东人民出版社，2018：31.
② 马融，郑玄. 忠经集校 [M]. 邓骏捷，集校. 济南：山东人民出版社，2018：39.
③ 马融，郑玄. 忠经集校 [M]. 邓骏捷，集校. 济南：山东人民出版社，2018：51~52.
④ 马融，郑玄. 忠经集校 [M]. 邓骏捷，集校. 济南：山东人民出版社，2018：69.
⑤ 马融，郑玄. 忠经集校 [M]. 邓骏捷，集校. 济南：山东人民出版社，2018：54.

夏的战争中，北宋一直处于下风，还长年向辽朝进贡。北宋，金人灭亡辽朝之后很快南侵，北方大片领土沦陷，使得南宋成为偏安南方的政权。南宋与金朝对峙的一百多年间，也一直向金朝称臣进贡。金朝灭亡后，南宋又与强大的蒙元对抗，双方战火连绵不断，直至南宋灭亡。所以，宋朝三百多年间始终是外患严重，危机重重。正是在这样的历史形势下，宋代统治阶层才特别需要大力宣扬"忠义"观念，借以团结全国臣民抵御外患。《宋史·忠义传》中记载的忠义之士，大多数都是在抵御外患之时社会各阶层中涌现出来的英雄人物。如李若水随宋钦宗出使金营，金人背约，羞辱宋钦宗，有人劝他投降金朝，他说："忠臣事君，有死无二。"① 他痛骂金军统帅粘罕，"监军者挝破其唇，噀血骂愈切，至以刃裂颈断舌而死。"又如张顺，他是南宋时期的民兵将领。元军围困襄阳五年，形势十分危急，张顺率众救援，奋不顾身，英勇战死。他战死之后，"浮尸溯流而上，被介胄，执弓矢，直抵浮梁，视之顺也，身中四枪六箭，怒气勃勃如生。诸军惊以为神，结冢敛葬，立庙祀之。"② 类似可歌可泣的事迹，在《宋史·忠义传》中比比皆是。明清时期的小说《杨家府世代忠勇演义》《大宋中兴通俗演义》等，也都取材于宋代杨业、岳飞等英雄抵御外患的事迹，书中也都是大力宣扬"忠义"精神。

元明清时期，中国虽然没有像宋代那样严重的外患，但是统治阶层已经认识到了"忠义"观念在凝聚民心、维持社会秩序方面的巨大价值，所以也都大力提倡"忠义"观念。值得注意的是，每当新朝建立之初，也往往会抛开政治立场，褒奖忠于旧朝的臣子。《明史·忠义传》中说："从古忠臣义士，为国捐生，节炳一时，名垂百世，历代以来，备极表章，尚已。明太祖创业江左，首褒余阙、福寿，以作忠义之气。"③ 朱元璋推翻元朝建

---

① 脱脱，阿鲁图，等. 宋史 [M]. 北京：中华书局，1977：13161.
② 脱脱，阿鲁图，等. 宋史 [M]. 北京：中华书局，1977：13248.
③ 张廷玉. 明史 [M]. 北京：中华书局，1974：7407.

立了明朝，但是对忠于元朝的余阙、福寿等人却大力表彰。清朝前期，清廷对抗清遇难的史可法、张煌言等人大加颂扬，投降清朝的洪承畴、钱谦益等人却被列入了《贰臣传》。《贰臣传》其实正好与《忠义传》相对照，鞭挞贰臣也正是为了宣扬忠义。宋代以后的统治阶层都已经认识到，不同的政权有不同的政治立场，但"忠义"观念却是超越了政治立场而永远存在的。表彰旧朝忠臣，目的还是要宣扬"忠义"精神，旧朝忠臣尚且能得到褒奖，更何况是忠于新朝的忠臣。

第二节　宋元时代的历史环境与关公崇拜中 "忠义" 观念的形成

关公崇拜真正在全国范围内产生较为广泛的影响是从宋代开始的，特别是靖康之变后，中原沦陷，南宋变成了偏安于江南的政权，并与金朝之间的冲突不断。正是在这样的历史环境中，南宋军民开始宣扬关公的忠义精神，借以凝聚人心，团结抗金。士大夫们为了论证南宋政权的合法性，也开始宣扬蜀汉正统论。正是在宋金冲突、蜀汉正统论等多种因素影响下，关公逐步被塑造为忠义的典范。

一、关公崇拜与宋朝的历史环境

如果考察一下历史文献，我们会发现，在宋代之前，关公崇拜并不是很流行，关公形象也还没有与"忠义"观念联系在一起。魏晋南朝时期，关羽一直被认为是英勇善战的名将，受到史官、文人们的称赞。隋唐时，在关公遇害的湖北当阳玉泉山，最早出现了祭祀他的庙宇，但却没有产生太大的影响。唐德宗时，关羽曾经名列武庙六十四将之一，配享武成王姜太公。但是到了北宋初年，宋太祖赵匡胤到武庙视察，认为关羽被"仇国所擒"，没有做到"功业始终无瑕"，将他从武庙撤出，废止了他的从祀资格。可见，直到北宋初期，关公作为神灵在全国的影响力一直比较有限。

至北宋中后期，关公的地位得到了大大的提升。这一时期，在关羽的家乡解州，乡民建庙祭祀关公，并将关公作为解州盐池的保护神来崇拜。民间传说中，邪神蚩尤作祟，盐业生产受到严重影响，关羽应召斩杀蚩尤。这一故事在《宣和遗事》《汉天师世家》《彝州续稿》等文献中都有记载。解州一带很早就建有关庙，宋人郑咸在《元祐重修庙记》中称颂了关公过人的德行、功绩，并介绍了建造解州关庙的情况。文中这样写道：

> 侯讳某，姓关氏，以忠义大节事蜀先主昭烈皇帝，为左右御侮之臣，官至前将军，假节钺。……方汉之将亡，曹孟德以奸雄之资，挟天子以据中原，虎视邻国，谓本初犹不足数，而况其下哉？独先主区区欲较其力，而与之抗，然屡战而数败矣。士于此时，怀去就之计者，得以择主而事之。苟不明于忠义大节，孰肯抗强助弱，去安而即危者？夫爵禄富贵，人之所甚欲也。视万钟犹一芥之轻，比千乘于匹夫之贱者，岂有他哉？忠尽而义胜耳。……曹刘之不敌，虽愚者知之。巴蜀数郡，以当天下之半，其成功不可待也，而侯岂以此少动其心哉？秋霜之严，见晛则消；南金之坚，遇刚则折。而侯之忠义凛然，虽富贵在前，死亡居后，不可夺也。①

值得注意的是，文中反复赞美关羽的"忠义大节""忠义凛然"，比较早地开始用"忠义"一词来总括关公的精神。后世关庙碑文称颂关公功德

---

① 宋万忠，武建华. 解梁关帝志［M］. 太原：山西人民出版社，1992：167.

时，也大都围绕"忠义"二字立论。至宋徽宗时，朝廷曾多次加封关公，先封"忠惠公"，又进封"武安王"。

北宋末年，宋朝的边患日益严重，北方新建立的金朝在灭亡辽朝之后，很快南下。靖康二年（1127年），金人攻破开封，俘虏了宋徽宗和宋钦宗，北宋灭亡，史称"靖康之变"。值此国破家亡之际，宋朝各地军民纷纷团结起来，组织义军抗击金朝，许多义军组织都以"忠义"精神激励部下。如王彦在太行山创建"八字军"，将士个个面刺"赤心报国，誓杀金贼"八字，在河北屡次大破金兵。又如梁兴也在太行山建立"太行忠义社"，奋起抗金。后来他又率义军渡河，投入抗金名将岳飞麾下，多次在河东、河北大败金军。

也正是在此时，有人开始借助关公的影响力激励军民抗金。如南宋学者曾敏行在《独醒杂志》中记载：

> 李忠愍公若水为大名府元城县尉日，有村民持书一封，公得书，读竟即火之。诘其人何所从来，对曰："夜梦金甲将军告某曰：'汝来日往县西，逢着铁冠道士，索取关大王书，下与李县尉。'既而如梦中所见，故不敢隐。"公以其事涉诡怪，遂纵其人弗治。因作绝句记之曰："金甲将军传好梦，铁冠道士寄新书。我与云长隔异代，翻疑此事太空虚。"公初以书付火之时，母妻子弟惊讶求观弗获，独见其末曰"靖康祸有端，公卒践之"之语。其后二圣北狩，公抗节金营，将死而口不绝骂。则知天生忠义，为神物者已预知其先矣。[1]

---

① 曾敏行. 独醒杂志［M］//上海古籍出版社，编. 宋元笔记小说大观：第3册. 上海：上海古籍出版社，2012：3269.

李若水是北宋末年著名的爱国志士，靖康年间出使金营时，因痛骂金人而被杀。抛开神秘的托梦、预言不论，这个故事的意图显然是要称赞李若水的忠义足可媲美关公。又如宋高宗建炎二年（1128 年），"有撰《劝勇文》者，揭于关羽庙中，论敌兵有五事易杀：'连年战辛苦，易杀；马倒便不起，易杀；深入重地力孤，易杀；多带金银，易杀；作虚声吓人，易杀。各宜齐心协力，共保今岁无虞。'觊得而上之，诏兵部镂版，散示诸路。"① 这些事例说明，在国家危亡之际，宋朝军民开始有意识地将关公树立为"忠义"的典范，并借助关公的影响来增强民族凝聚力，团结起来抵御外侮。南宋朝廷无疑也注意到了关公在凝聚人心、维护政权上的巨大影响力，多次对他加赐封号，宋高宗时加封关公为"义勇武安王"，宋孝宗时又加封为"壮缪义勇武安英济王"，至宋末德祐年间又加封他为"忠壮义勇武安英烈王"。

二、关公崇拜与"蜀汉正统论"

值得注意的是，南渡之后，"蜀汉正统论"很快在学术界流行开来，这一学术观点与关公崇拜的流行有着密切的关系。"正统论"是中国古代史学界一个极为重要的问题。它不但探讨了历代王朝的政治统治合法性，从历史功绩、伦理道德等角度重新梳理和评判历史，而且也为当朝政权的合法性提供了历史依据。在古代史学的"正统"探讨中，一些分裂割据的时代常存在多个政权，如三国、南北朝、五代等，其中哪个政权更能代表天下正统，一直是争论不休的问题。三国时期的曹魏、蜀汉、孙吴三个政权哪个是天下正统，历来争议不断。曹魏政权占据中原，在三个割据政权中实力又是最强的，后来统一天下的西晋王朝又是由曹魏禅让而来，所以多数学者都认为它自然是天下正统。西晋时陈寿所撰写的《三国志》，将

---

① 毕沅. 续资治通鉴 [M]. 北京：中华书局，2014：2648.

曹魏排在首位，又为曹操、曹丕、曹叡写了武帝纪、文帝纪、明帝纪，显然是尊曹魏为正统。

但到东晋时，著名史学家习凿齿却提出了不同的看法，他说："自汉末鼎沸五六十年，吴魏犯顺而强，蜀人杖正而弱，三家不能相一，万姓旷而无主。"① 他认为魏、蜀、吴三个政权都不能代表正统，三国时期天下无正统。但是他显然又更同情蜀汉政权，他所说的"杖正而弱"即是指刘备为汉朝宗室，更有资格代表汉朝，不过他的政权实力太弱，又不能成为正统。习凿齿之所以提出这样的主张，其实也主要是有感于当时中原沦陷、东晋王朝偏安江南的政治形势。不过他的这一观点却并没有得到当时学界广泛的认同，之后的数百年间也只有刘知几等极少数学者赞同他的看法。

至北宋时期，欧阳修创作了著名的《正统论》，对古代史学界的"正统"问题做了系统论述，这篇文章影响十分深远。同时他还创作了一篇《魏论》，文中明确提出曹魏政权代表天下正统，他说："夫得正统者，汉也；得汉者，魏也；得魏者，晋也。晋尝统天下矣，推其本末而言之，则魏进而正之，不疑。"② 他认为汉、魏、晋一脉相承，曹魏自然代表正统。他的观点虽然遭到了章望之、刘恕等一些人的反对，但却得到了苏轼、司马光、章衡等多数学者的赞同。尤其是司马光，他甚至认为刘备的汉朝宗室的身份是可疑的，他说："昭烈之于汉，虽云中山靖王之后，而族属疏远，不能纪其世数名位，亦犹宋高祖称楚元后，南唐烈祖称吴王恪后，是非难辨，故不敢以光武及晋元为比，使得绍汉氏之遗统也。"③ 他的史学巨著《资治通鉴》明确以曹魏为正统。总体而言，北宋时期虽然也有一些学者提出异议，但曹魏正统论在学术界显然是占据主流的。

"蜀汉正统论"的广泛流行是从南宋时期开始的。南宋乾道年间，朱

---

① 房玄龄. 晋书 [M]. 北京：中华书局，1974：2157.
② 欧阳修. 欧阳修诗文集校笺 [M]. 洪本健，校笺. 上海：上海古籍出版社，2010：1560.
③ 司马光. 资治通鉴 [M]. 北京：中华书局，2012：2232.

熹的好友著名学者张栻模仿邵雍《皇极经世书》而作《经世纪年》二卷，其中的三国纪年部分，他直接以昭烈帝上继汉献帝，附吴、魏于下方。他在此书的序言中明确提出："汉献之末，曹丕虽称帝，而昭烈以正义立于蜀，不改汉号，则汉统乌得为绝？故献帝之后，即系昭烈年号，书曰'蜀汉'。"① 张栻提出这一主张之后，得到了朱熹的坚定支持。朱熹在其多封书信中反复宣扬这一观点，他的历史著作《资治通鉴纲目》虽然是在《资治通鉴》的基础上改编而成，但是却改变了司马光的以曹魏为正统的做法，将蜀汉作为正统。他对学生说："三国当以蜀汉为正，而温公乃云：某年某月，诸葛亮入寇，是冠履倒置，何以示训？"② 朱熹在学术界的影响力极大，他的观点得到了当时及后世的大批学者赞同，韩元吉、周必大、萧常、高似孙、尹起莘、黄震、林景熙、周密等人纷纷著书立说论证"蜀汉正统论"的合理性，这一观点很快就成为学术界的主流观点。

南宋学者们认为刘备是汉朝宗室，德才出众，又以恢复汉室为己任，蜀汉政权自然是天下正统。如尹起莘说："三代而下，惟汉得天下正，诛无道秦，讨逆贼羽，得祚逾四百年，尺地一民，莫非汉有。至桓、灵不君，董卓煽祸，英雄群起而攻之。卓既诛戮，则天下固汉之天下也。曹操乘时擅命，胁制天子，戕杀国母，义士为之叹愤。苟有一夫唱义于天下，皆君子之所予，况于堂堂帝室之胄、英名盖世者乎？丕既篡位，汉祀无主，昭烈正位，蜀汉亲承大统，名正言顺，本无可疑。"③ 任渊认为："东汉之季，王室陵夷，曹氏怙奸贼之资，以擅中原；孙氏席强大之势，以并江左：皆矜尚智力，求所非望，非有至于王室也。……惟蜀先主昭烈帝，以宗胄之英，负非常之略，崎岖奔走，经理四方，最后伐刘璋，遂有蜀汉。盖将凭藉高祖兴王之地，建立本基，然后列兵东向，诛有罪而吊遗民，以绍复汉

---

① 饶宗颐. 中国史学上之正统论 [M]. 北京：中华书局，2015：139.

② 朱熹. 朱子语类 [M]. 北京：中华书局，1986：2637.

③ 饶宗颐. 中国史学上之正统论 [M]. 北京：中华书局，2015：404.

家大业，其理顺，其辞直，非若孙曹氏之自为谋也。"① 又如黄震认为："汉室既衰，曹氏为贼。昭烈以宗室之英，信义闻于天下，帝故授之密诏，俾之除之。使昭烈之计行，则汉室之鼎安，操特一狐鼠耳。不幸天不祚汉，昭烈不得已，起兵于外。曹既篡汉，昭烈又大不得已，即位于益。昭烈之心，何心哉？诚不忍四百年之宗社，一旦为他人窃耳。然昭烈之汉在，则高帝之汉犹未亡也。"② 同时，许多学者认为陈寿的《三国志》以曹魏为正统是颠倒是非，不足为训，一些学者甚至认为应该改修《三国志》。南宋末期，吉州学者萧常作《续后汉书》，以蜀汉为正统，以吴、魏为载记，这一著作得到了当时许多学者的高度赞许。

"蜀汉正统论"之所以如此迅速地得到了学术界大多数学者的认同，无疑是与南宋的政治形势有着密切的关系。北宋时期，宋王朝虽然未能完全统一天下，边患也比较严重，但毕竟还定鼎中原，国力也较为强盛，所以有足够的自信以中原正统自居。北宋的学者多数赞同曹魏正统，主要也还是因为曹魏占据中原、国力最强的缘故。但是，南渡之后，中原沦陷，南宋政权偏安一隅，国力也大不如前，正统地位也就岌岌可危了。这时北方金朝甚至公开以正统自居，金世宗宣称："我国家绍辽、宋主，据天下之正。"③ 面对如此形势，南宋的学者不得不重新界定正统的内涵、重新评判历史，以此来争夺话语权，维护南宋政权的合法性。他们认为正统不能仅仅靠实力来确立，更需要有道义的支撑，当然血统也很重要。曹魏之所以不能代表天下正统，就是因为曹操、曹丕德行有亏，失去道义。周必大认为："曹氏代汉，名禅实篡，特新莽之流。丕方登坛，自形舜、禹之言，固不敢欺其心矣。"④ 南宋的学者认同蜀汉政权，不仅是因为刘备的汉室宗亲

---

① 朱一玄，刘毓忱. 三国演义资料汇编［M］. 天津：南开大学出版社，2012：126.
② 饶宗颐. 中国史学上之正统论［M］. 北京：中华书局，2015：408.
③ 脱脱，等. 金史［M］. 北京：中华书局，2016：694.
④ 饶宗颐. 中国史学上之正统论［M］. 北京：中华书局，2015：397.

的身份，还因为刘备、诸葛亮君臣有高尚的德行，又竭力恢复汉室，所以在道义上远胜于曹魏政权。南宋政权在政治形势上与蜀汉有不少相似之处，如它们都偏安一隅，南宋政权的建立者宋高宗也是宋王朝皇室，他们也都以恢复中原为己任。这诸多的相似，使得南宋的学者们自然而然更容易接受"蜀汉正统论"。纪昀在《四库全书总目提要·三国志》中说："宋太祖篡立，近于魏，而北汉、南唐迹近于蜀，故北宋诸儒皆有所而不伪魏。高宗以后，偏安江左，近于蜀，而中原魏地全入于金，故南宋诸儒乃纷纷起而帝蜀。"① 这一看法可谓一针见血。

南宋的"蜀汉正统论"影响极为深远。虽然也有一些学者提出了不同的看法，如南宋学者俞文豹对"蜀汉正统论"提出了尖锐批评，他认为："备虽宗室，而亦臣也，何所禀命而自王自帝？固方哓哓以兴复汉室为辞，不知兴复汉室，为献帝邪？为刘备邪？……吁！无献帝则可，有献帝在，而君臣自相推戴，则赤眉之立刘盆子，亦有辞于世矣。"②但是，直至明清时期，"蜀汉正统论"一直在史学界占据主流地位，如明人康大和说："昔朱子作《纲目》，取法《春秋》，黜吴、魏而帝昭烈，君子谓正统以明。"③清人黄中坚说："陈氏为《三国志》，以魏为帝而斥汉为蜀，盖晋承魏，而彼身为晋臣，不得不然耳。后之君子，宜有定论矣。故习彦威开其端于前，而朱夫子正其统于后。干载而下，咸以为允。"④ 事实上，"蜀汉正统论"不是一种单纯的史学理论，它背后潜藏着复杂的政治意图和伦理观念诉求。支持"蜀汉正统论"的学者，也往往喜欢宣扬刘备、关公、诸葛亮等蜀汉君臣的"忠义"。在他们看来，刘备、关公、诸葛亮的讨贼、恢复汉室正是"忠义"精神的展现。他们也明白，这种忠君爱国的"忠义"精神在维护政治统治方面有不可替代的作用。

---

① 永瑢，等. 四库全书总目 [M]. 北京：中华书局，2008：403.
② 饶宗颐. 中国史学上之正统论 [M]. 北京：中华书局，2015：320.
③ 饶宗颐. 中国史学上之正统论 [M]. 北京：中华书局，2015：442.
④ 饶宗颐. 中国史学上之正统论 [M]. 北京：中华书局，2015：466.

"蜀汉正统论"对关公崇拜的发展、关公形象的塑造都产生了极大的影响。既然蜀汉政权代表天下正统，那么这一政权中的一些著名的文臣、武将如诸葛亮、关羽、张飞等，必然会受到后人加倍的崇敬与仰慕。尤其是已经被逐步神化的关羽，更是受到官方到民间的社会各阶层的大力追捧。同时当蜀汉接续大汉成为正统后，关羽对刘备的忠诚，也就不仅仅是部曲对地方豪强的忠诚，而是成为一种包含了家国天下情怀的忠义。南宋的政府、学者、民众都开始大力宣扬关公的忠义精神，并努力改造历史人物关羽，重新塑造出一个"忠义"的关公形象。南宋人南涛在《绍兴重修庙记》中说："王当汉末，天下扰攘，因遇蜀先主，为左右御侮之臣。王忠义勇烈出于天性，每摧锋破敌，所向无前。后世虽牧竖田夫，无不知其善战：此一端耳。初曹公之得王也，拜为偏将军，礼遇甚厚。及刺颜良于东郡，曹公即表王汉寿亭侯，优加赏赉。虽蒙曹公厚恩，王终无久留之志。比其去也，尽封宝货，悬印绶，拜而告辞。此忠义大节，又非战勇可方，使曹公见去而不敢追，况敢加无礼乎？王之行事，载于史册，若皎日之明，如高山之耸，历千余岁，不与时而兴废。"① 南宋萧轸也在《淳熙加封英济王碑记》中说："为臣而忠于君，世固有之。然当其义利之未分，是非之莫辨，而之见在我者，一定诚难也。……三国鼎峙，汉祚已移，天下英雄豪杰，云合响应，孰不愿为曹操执鞭耳。壮缪尝受曹之恩，其于先主君臣之分未定，而倦倦于先主，不渝其初，非见之明、守之确、行之刚者，讵能尔耶？王慨慕古人，观书之际，辨奸谀于既殁，表忠义于已往。"两篇碑文都大力表彰关公千里走单骑一事，反复称颂他的"忠义"精神。

有趣的是，北方的金朝臣民也很崇拜关公。《山右石刻丛编》中收录有金大定年间平遥《慈相寺关帝庙记》、大定年间解州《汉关大王祖宅塔

---

① 宋万忠，武建华. 解梁关帝志 [M]. 太原：山西人民出版社，1992：169.

记》①，从中也能看出当时山西民众对于关公的尊崇。《乾隆解梁关帝志》中收录了一篇金朝人田德秀的《嘉泰重修庙记》，庙碑中也高度赞扬了关公的"忠义"精神。碑文中说："夫忠而识暗，不能择有道之主，当代无以建其功。昔范增为项楚画计，虽怒撞玉斗，未免为彭城之废人矣。勇而寡义，不能坚事君之节，没事无以成其名。若吕布，虽巧中戟支，未免为白门之缚虏矣。忠而远识，勇而笃义，事明君，抗大节，收俊功，蜚英名，磊磊落落，挺然独立千古者，惟公之伟欤！昔者汉火灰冷，群龙斗野。曹操以奸雄之心，挟天子以令四方，窥图神器，坐拟西伯，虽名为汉相，实为汉贼。先主以汉之宗室，禀宽厚之姿，负英雄之气，下将解黔首之倒悬，上则惧高、光之不血食也，屈体待士，冀完旧物。公于是时，意谓予曹则助贼为虐，逆也；予刘则辅正合义，顺也。于是委质于先主，如云风之从龙虎，左右御侮，周旋艰险，有死无二。"② 这篇碑文标题中的"嘉泰"，是宋宁宗的年号，应该是后人传抄时所加。宋宁宗嘉泰年间，正当金章宗泰和年间。碑文中说："本朝虑公之庙岁久将弊，特降明命而完新之。"这里的"本朝"指的应该是金朝。碑文中也表现出了明显的"蜀汉正统论"的倾向，可见这一观念在金朝也有一定影响。南北对峙的宋金双方，都将关公视为"忠义"的典范，这也足可见"忠义"观念影响之大。

三、元代关公崇拜中的"忠义"观念

元代时，关公崇拜已经逐步流行开来。元朝虽然是一个由蒙古族建立的政权，但是统治阶层也尽力展示自己对汉文化的尊重，也大力褒奖、加封关公，借以笼络广大汉族臣民之心。王圻的《续文献通考》中记载：

---

① 胡聘之. 山右石刻丛编［M］// 中国东方文化研究会历史文化分会编. 历代碑志丛书：第 15 册. 南京：江苏古籍出版社，1998：811，819.

② 宋万忠，武建华. 解梁关帝志［M］. 太原：山西人民出版社，1992：172~173.

"文宗天历元年,加封汉关羽为显灵威勇武安英济王,遣使祀其庙。"① 元顺帝至元五年,武元亨在尉州《大元加封显灵英济义勇武安王碑铭》中说:"国家崇礼百神,祀典所载,罔不秩序。若蜀汉关将军者,宋封义勇武安王,名与德称,可谓竭尽无余蕴矣。本朝以武功定天下,所在郡邑,悉建祠宇,士民以时而享。文皇践祚之初,益加显灵英济之号,尊崇之盛未有也。"② 元代关公崇拜在民间已经十分流行,全国许多地方都建造了关庙。据胡小伟先生的统计,"元时关庙已经超越宋代,覆盖了相当于今日之二十个省级行政区域,且北至宁城、辽阳,南达海南,东至日照,西至固原、大理。"③

元代的文人、学者已经开始大力赞颂关公的"忠义"精神。如元初著名文人王恽在《义勇武安王祠记》中说:"忠义者,天下之大;闲良心者,众人之素有。惟夫超伦逸群之士,得时行道,毅然不拔,乃能见二者之用,而使后世长仰,愈久而愈不忘者,岂非公欤?公遭汉室倾颓,群雄血哄玄黄之际,识昭烈而翊戴之,昭延汉基,而明君臣一定之分。报效曹公,不为利怵,以决去就当然之机,至气凌三军,威震中夏,而擅国士之风者,此无他,不过扩秉彝之良心,信济时之大义耳!"④ 又如宋超《忠义武安王庙记》:"君子论王忠义耿耿,能择所从,先于萧、曹,班于吴、贾,而雄武远过之。然萧曹吴贾各得忠于当时,而王世世歆祀,千载之下,凛然有生气,民恩其义耳。"⑤ 陈献在《至正饰庙记》中说:"事君致身之谓忠,

---

① 王圻. 续文献通考［M］//四库全书存目丛书:子部第 187 册. 济南:齐鲁书社,1997:147.
② 胡小伟. 关公崇拜研究系列之五·燮理阴阳:《关帝灵签》祖本及其研究·历代关庙碑刻辑存［M］. 香港:科华图书出版公司,2005:334.
③ 胡小伟. 关公崇拜溯源［M］. 太原:北岳文艺出版社,2009:388.
④ 王恽. 秋涧集［M］//影印文渊阁四库全书:第 1200 册. 上海:上海古籍出版社,2012:501.
⑤ 觉罗石麟,等. 山西通志［M］//影印文渊阁四库全书:549 册. 上海:上海古籍出版社,2012:第 631.

择主辅正之谓义。故国统既亡而使复存,人心已离而使复合,岂非山岳降神为国之干者乎!昔桓、灵失柄,寇盗蜂起,一时豪杰提兵叫号,名曰讨盗,实皆雄据封域。……而王独能明顺逆、伸信义,委身于中山靖王之裔,扫群雄之扰攘,复炎刘之祚业。虽屡败屡奔,颠沛流离而志气不屈,卒能辅翼昭烈,克绍正统,所谓一旅兴夏,一申而存楚者也。是其心所见者,一于辅正,故其身所许者,坚于成仁。"① 类似的文字还有很多。元代的学者、文人已经明显受到了南宋以来的"蜀汉正统论"的影响,将关公视为忠于汉室的忠义典范。元朝政权虽然仅存在了百余年,且是一个少数民族建立的王朝,但是关公崇拜在这一历史时期得到了很大的发展。

第三节　《单刀会》《三国演义》等戏曲小说 与关公"忠义"形象的成熟

在宣扬关公崇拜、塑造关公形象的过程中,流传于民间的说唱、戏曲和小说等通俗文学起到了至关重要的作用。有关三国的故事,唐代时可能已经开始在民间流行。如李商隐在《骄儿诗》中说:"或谑张飞胡,或笑邓艾吃。"② 当时的儿童都已对张飞、邓艾等人物的形象比较熟悉了。北宋时可能已经有民间艺人专门说唱三国故事,如苏轼在《东坡志林》中记载:"王彭尝云:'涂巷中小儿薄劣,其家所厌苦,辄与钱,令聚坐听说古话。至说三国事,闻刘玄德败,颦蹙有出涕者;闻曹操败,即喜唱快。'"③ 从这一记载也可以看出,民间的百姓对蜀汉集团有更多的好感和

---

① 宋万忠,武建华. 解梁关帝志 [M]. 太原:山西人民出版社,1992:181.
② 刘学锴,余恕诚. 李商隐诗歌集解 [M]. 北京:中华书局,2004:947.
③ 苏轼. 东坡志林 [M]. 北京:中华书局,1997:7.

同情。南宋、金元以后说唱、戏曲和小说等通俗文学逐渐繁荣起来,三国故事是最受青睐的通俗文学题材之一,占据着非常重要的地位。据关四平的统计,元代三国故事杂剧达61种之多。① 元代时还出现了著名的讲史话本《三国志平话》,元末明初的罗贯中在前人的基础上创作出了三国故事的集大成之作《三国志通俗演义》。正是这些通俗文学塑造出了一大批中国人民家喻户晓、妇孺皆知的三国人物。

南宋至明初的这些三国题材的通俗文学作品虽然成于众手,内容也较为驳杂,甚至某些作品的故事情节彼此矛盾,但它们却有着一个共同的思想倾向,就是尊刘贬曹。它们都认为大汉是天下正统,刘备是汉室宗亲,是汉王朝的合法继承者,蜀汉政权自然也就是天下正统。在这些作品中,忠于大汉、蜀汉的文臣武将都被当作忠臣义士来讴歌赞美,董卓、曹操等人则被认为是篡汉的奸贼,"忠义"成为评判人物最重要的标准之一。如元代的《三国志平话》中,铲除董卓的王允、反抗曹操的董承、吉平都被刻画为忠义之士。至罗贯中的《三国志通俗演义》,不但赞扬以上几个人物,还增添了伍孚、耿纪年、韦晃、伏完等汉朝忠臣的事迹。书中还花了不少笔墨来记叙曹操如何威逼汉献帝、如何勒死怀孕的董贵妃、如何杖杀伏皇后,借此来突出曹操的欺君罔上、奸诈残忍。

宋元明的这些通俗文学也对刘备的形象做了不少改造。从《三国志》等史料来看,刘备只是汉末崛起的众多地方豪强之一,他的实力一直比较弱小,也并不是十分忠诚于已经衰微的汉朝。直到他建立蜀汉政权之后,才在诏书中使用汉室名号,借以笼络人心。刘备称帝时,益州前部司马费诗曾劝谏他:"殿下以曹操父子逼主篡位,故乃羁旅万里,纠合士众,将以讨贼。今大敌未克,而先自立,恐人心疑惑。"② 刘备不但没有采纳费诗的谏言,反而将他贬官,这也可见刘备并不热心于恢复汉室。真正主张恢复

---

① 关四平. 三国演义源流研究 [M]. 哈尔滨:黑龙江教育出版社,2001:181.

② 卢弼. 三国志集解 [M]. 上海:上海古籍出版社,2012:2665.

汉室,提出"汉贼不两立"的是诸葛亮。王夫之在《读通鉴论》中说:"先主之志见矣,乘时以自王而已。"① 这个评价可以说是诛心之论。宋元明戏曲、小说在描写刘备时,一面突出他的仁义,另一面则重点表现他对大汉的忠诚,表现他始终以匡扶汉室、平定天下为己任。如无名氏杂剧《刘关张桃园三结义》中刘备的出场词中就说:"重安汉室奸贼灭,淹留涿郡住楼桑。"②《三国志平话》中写刘备三顾茅庐见到诸葛亮后,"诸葛曰:'皇叔灭贼曹操,复兴汉室?'玄德曰:'然。'"③《三国志通俗演义》刘关张三人的结义誓词中说:"同心协力,救困扶危,上报国家,下安黎庶。"④ 类似言语极多。刘备这种忠诚于大汉的形象显然是宋元以后的文学家通过想象塑造出来的,但这一形象却深入人心,得到了后世读者的广泛认同。

宋元明三国题材的戏曲、小说中塑造的关公形象令人印象深刻。元代杂剧中现存有八九部作品以关公为主要人物,如《单刀会》(关汉卿)、《西蜀梦》(关汉卿)、《虎牢关三战吕布》(郑光祖)、《关云长千里独行》(无名氏)、《刘关张桃园三结义》(无名氏)、《关云长单刀劈四寇》(无名氏)等。在讲史平话《三国志平话》中关公是全书主要人物之一,但形象还比较单薄。罗贯中的《三国志通俗演义》中的关公这一人物形象丰满、个性鲜明,塑造得极为成功。

历史上的武将关羽出身于社会下层,因犯罪而逃亡河北涿郡,投靠了地方豪强刘备,成为刘备的部曲,后逐步成长为著名武将。他是一个十分忠诚的人,但主要还是忠诚于豪强刘备,并没有多少家国天下意识。其实,在群雄并起的汉末,大多数的文臣武将也都没有多少家国意识,只是竭力为自己的豪强势力谋取更多利益,但在宋元明的戏曲、小说中都刻意把关

① 王夫之. 读通鉴论 [M]. 北京:中华书局,2013:273.
② 王季思. 全元戏曲:第七卷 [M]. 北京:人民文学出版社,1999:491.
③ 丁锡根. 宋元平话集 [M]. 上海:上海古籍出版社,1990:809.
④ 罗贯中. 三国志通俗演义 [M]. 上海:上海古籍出版社,1981:5.

公塑造为立志匡扶汉室的忠义之士。如元代无名氏的杂剧《关云长单刀劈四寇》中写关公归乡祭祖途中，路遇祸乱长安的董卓的部下李傕、郭汜等四人，并斩杀了这四名贼寇，为大汉朝廷铲除祸患。此剧的情节纯属虚构，完全不合于历史，后来的小说《三国志通俗演义》中没有采用这一故事，但剧中所刻画的关羽形象却非常成功。此剧第五折中关公有这样一段唱词："扶立家邦，愿当今稳坐皇都。文臣每立朝纲过如伊吕，武将们掌军权不弱孙吴。万载欢娱，是处皆伏。普天下民众雍熙，托赖着圣主洪福。"① 这其中表现得正是一种强烈的家国天下的情怀。

关汉卿的《单刀会》是一部名作，取材自《三国志》，却也做了不少改造加工。《三国志·鲁肃传》记载鲁肃与关羽会面时，"各驻兵马百步上，请将军单刀俱会。"鲁肃向关羽索要荆州三郡，关羽的属下说："夫土地者，惟德所在耳，何常之有。"鲁肃厉声呵斥此人，关羽也只是说了一句："此自国家事，是人何者。"② 从这段记载可以看出，吴、蜀双方的会面，其实大家都是单刀出席，并非只有关羽单刀，而且，会谈时鲁肃一方显然是占据上风。但是到了关汉卿的《单刀会》中，剧情却变为鲁肃埋伏人马准备暗害关公，关公却毫不畏惧，单刀赴会。鲁肃向关公索要荆州，关公却义正词严地指责鲁肃："想着俺汉高皇图王霸业，汉光武秉正除邪，汉献帝将董卓诛，汉皇叔把温侯灭，俺哥哥合情受汉家基业。则你这东吴国的孙权和俺刘家却是甚枝叶?"③ 这段文字中，关公都是以大汉忠臣自居，守卫荆州在他看来就是守卫大汉国土。《单刀会》的人物塑造和情节处理十分成功，对后世的小说、戏曲都有很大影响。

出现于元末明初的小说《三国志通俗演义》为了塑造关羽的忠义形象可谓煞费苦心，作者用了大量的故事情节来表现关公对汉室的忠诚，表现

---

① 王季思. 全元戏曲：第七卷［M］. 北京：人民文学出版社，1999：616.
② 卢弼. 三国志集解［M］. 上海：上海古籍出版社，2012：3288.
③ 王季思. 全元戏曲：第一卷［M］. 北京：人民文学出版社，1999：71.

他的家国情怀。如《三国志通俗演义》中有一个很著名的"许田狩猎"的故事，这个故事是根据《三国志》裴松之引《蜀记》改编的。《蜀记》记载："初，刘备在许，与曹公共猎。猎中，众散，羽劝备杀公，备不从。"① 这一记载极为简略，是否可信，已难以考证。陈寿没有把它写入《三国志》中，大概是对事件的真实性持怀疑态度，即使这一记载是真实的，也并没说明关羽杀曹操的动机。但是在《三国志通俗演义》第二十回中，罗贯中对这一故事做了不少改造、加工。书中写刘备投靠曹操之后，曹操请汉献帝前去田猎，刘关张随同参与。田猎之时，汉献帝射鹿三射不中，命曹操射之。文中接着写道："操就讨天子宝雕弓、金鈚箭，扣满一射，正中鹿背，倒于草中。群臣将校，见了金鈚箭，只道天子射中，都踊跃向帝呼'万岁'。曹操纵马直出，遮于天子之前以迎受之。众皆失色。玄德背后云长大怒，剔起卧蚕眉，睁开丹凤眼，提刀拍马便出，要斩曹操。玄德见了，慌忙摇手送目。关公见兄如此，便不敢动。"② 这一段文字精彩生动，它所展示的是曹操的欺君罔上、图谋不轨激怒了关公，使得关公想要斩杀曹操，为朝廷除害。经过这一番改造之后，关公忠君爱国的形象跃然纸上。

曹操与刘备在徐州交战，刘备战败，关羽投降曹操。《三国志》中对此记载非常简洁，仅有"曹公禽羽以归，拜为偏将军，礼之甚厚"③ 一句而已，这件事也是关羽一生中遭遇重大的挫折之一。《三国志平话》《三国志通俗演义》中写到关公的这段经历时却极力描写关羽的无奈，说他是为保全刘备的家小才不得已投降。不管是《三国志平话》还是《三国志通俗志演义》都特意创作了关公投降曹操时提出三个条件这一情节。关公提出三个条件之一就是"降汉不降曹"，表现他在困境中仍然忠于大汉，不向曹操屈服。小说《三国志通俗演义》中写关羽投降曹操后，为曹操斩杀颜

---

① 卢弼. 三国志集解 ［M］. 上海：上海古籍出版社，2012：2510.

② 罗贯中. 三国志通俗演义 ［M］. 上海：上海古籍出版社，1981：199.

③ 卢弼. 三国志集解 ［M］. 上海：上海古籍出版社，2012：2508.

良，曹操"表奏朝廷，封云长为寿亭侯，铸印送与关公，印文曰'寿亭侯'"，张辽前去送印，关公却推辞不受。后来曹操命工匠销去文字，重铸了"汉寿亭侯之印"①，关公才拜受大印。此处这一情节，也是要着力表现关公的忠义，不受曹操的封赏，却接受大汉的名爵。陈寿的《三国志》中记载，曹操确实曾经表封关羽为汉寿亭侯。但是小说这里却出现了一个明显的错误，"汉寿亭侯"中的汉寿是一个地名，属东汉武陵郡，在今天的湖南省。亭侯是汉代列侯之一，汉代十里一亭，十亭一乡，食于乡者为乡侯，食于亭者为亭侯。其实南宋时期著名学者洪迈在《容斋随笔》中就已经提到荆门玉泉寺有一枚"寿亭侯印"，他说"汉寿乃亭名"②，所以印必然是伪造的。虽然小说的作者误解了"汉寿亭侯"中"汉"字的意思，但也可见他为了塑造关公的忠义形象真是费尽心力。

小说中，关羽镇守荆州时，诸葛瑾前来讨要荆州，关羽大怒说："吾与兄桃园结义，誓同生死，共兴汉室。兄既以荆州与我，复令东吴取之，此何理也？这几郡大汉疆域，岂得妄以寸土与人？"③这里关公公开说明了他恢复汉室的志向，并以汉室忠臣自居。《三国志通俗演义》中写到关公晚年败走麦城时，详细描写了他拒绝东吴劝降的事迹，着力表现他的忠义气节。小说中写道：

> 关公在麦城盼上庸兵到，不见动静，手下止有五六百人，多半带伤；城中无粮，甚是苦楚。公与都督赵累商议曰："似此危急，如之奈何？"累曰："只宜坚守。"正议间，忽报城下一人叫，言："休放箭，有话来见君侯。"公令放入问之，乃诸葛瑾也。礼毕，瑾曰："今奉吴侯命，特来劝谕将军：'凡居人世，须识时

① 罗贯中. 三国志通俗演义 [M]. 上海：上海古籍出版社，1981：251.
② 洪迈. 容斋随笔 [M]. 北京：中华书局，2005：724.
③ 罗贯中. 三国志通俗演义 [M]. 上海：上海古籍出版社，1981：633.

务。'今以势言之，将军所统汉上九郡，皆已属吴、魏矣；止有孤城一区，内无粮草，外无救兵，危在旦夕。将军何不从某之言，归顺吴侯，复镇荆、襄，可以保全家眷，光显祖宗。愿将军熟思之。"关公正色而言曰："吾乃解良一武夫，蒙吾主以手足待之，安肯背义投敌乎？城虽破，但有死而已。为子死孝，为臣死忠。死归冥路，吾何惧哉！玉可碎而不可改其白，竹可焚而不可毁其节。大丈夫身可殒，名可垂于竹帛也。汝勿多言，速请出城，吾欲与孙权决一死战！"瑾满面羞愧，急上马出城，回见吴侯曰："关公心如铁石，不可说也。"孙权也称赞关公："真乃忠臣也！"①

关公拒绝诸葛瑾的一番话仗义执言、光明磊落，令人印象深刻。他最终以自己的行动，坚定地践行了"忠义"的理念。小说中写关公死后，"坐下赤兔马被马忠所获，献与孙权。权就赐与马忠骑坐，刀赐与潘璋。其马数日不食草料而死。"听到关公去世的消息，他的部下王甫"坠城而死"，周仓也"自刎身亡"。② 不论是赤兔马还是部下都如此忠诚，也足可见关公忠义感人之深。

小说《三国志通俗演义》的影响极大，书中的人物、故事在民间达到了妇孺皆知的程度。清人吴沃尧认为："盖小说家言，兴味浓厚，易于引人入胜也。是故等是魏、蜀、吴故事，而陈寿《三国志》读之者寡，至如《三国演义》则自士大夫迄于舆台，盖靡不手一编者矣。"③ 邱炜萱则认为："自有《三国演义》出，而世慕为拜盟歃血之兄弟，占星排阵之军师多。"④ 解弢认为："《三国演义》，在下等社会，最占势力，甚至负贩，亦

---

① 罗贯中. 三国志通俗演义［M］. 上海：上海古籍出版社，1981：736.
② 罗贯中. 三国志通俗演义［M］. 上海：上海古籍出版社，1981：740.
③ 朱一玄，刘毓忱. 三国演义资料汇编［M］. 天津：南开大学出版社，2012：635~636.
④ 朱一玄，刘毓忱. 三国演义资料汇编［M］. 天津：南开大学出版社，2012：637.

皆知名。"① 程树德则认为:"关羽为三国名将,以曹操之善用兵,乃至议徙许都以避其锐,宜诸葛亮称为'绝伦超群'。但古来名将如关羽者甚多,而关羽独为妇孺所称,则小说标榜之力。"② 程树德所说的"小说",也就是《三国演义》。随着《三国演义》的广泛流传,关公的事迹和"忠义"的形象也逐渐为人熟知。

南宋以来的民间艺人、文学家将他们所理解的"忠义"精神融入关公形象中,在戏曲、小说中创造出了一个忠义无双的文学形象。历史上的武将关羽也是一个难得的忠诚之士,但他的忠诚主要还是忠于豪强刘备,并不包含多少家国意识。但后世所创造的文学形象关公完全超越了这一局限,把对个人和小团体的忠诚上升到了国家、民族的高度,这就使得这一人物有了更大的普遍性、更深的影响力。

第四节　明清时期关公崇拜中"忠义"观念的盛行

一、明代关公崇拜中"忠义"观念的盛行

明代关公崇拜十分盛行,关庙遍布全国各地,社会各阶层从上到下都崇拜关公。明代著名文人唐顺之在《嘉靖重修解庙开颜楼记》中说:"汉建安迄今两千余年,而侯之烈,虽小儒女子,皆能历历道之,若目中视其庙侯而尸祝者。自都会以至于一井一聚,且遍天下。"③ 明代的统治者也大力提倡关公崇拜,朝廷曾多次祭祀关公,为他赏赐封号。成化十三年

① 朱一玄,刘毓忱. 三国演义资料汇编 [M]. 天津:南开大学出版社,2012:651.
② 朱一玄,刘毓忱. 三国演义资料汇编 [M]. 天津:南开大学出版社,2012:646.
③ 宋万忠,武建华. 解梁关帝志 [M]. 太原:山西人民出版社,1992:211.

（1477 年），皇帝下旨建关庙于宛平县东，每年五月十三日由太常官主持祭祀。万历二十二年（1594 年），关公被封为"协天护国忠义大国"，关公封号自宋元以来，首次由"王"上升为"帝"。万历四十二年（1614 年），关公又被加封为"三界伏魔大帝神威远镇天尊关圣帝君"，成为无上尊神。

　　明代统治者为何如此尊崇关公，将他推到了如此崇高的地位？其实主要还是看重关公的"忠义"精神，想要借助关公的影响力，使天下臣民忠于皇帝、忠于朝廷。郑土有认为："明代为什么对关帝如此崇拜？统治者的提倡是一个主要的原因，尤其值得注意的是人们把关羽作为忠义的化身。"[1] 明初学者方孝孺在《宁海县庙碑》中写道："古之享天下万世祀者，必有盛德大烈被乎人人。其或功盖一时，名震一国，祀事止于其乡，而不能及乎远，惟汉将关侯云长，用兵荆蜀间，国统未复，以身死之。……当其生时，挥霍宇宙，顿摧万类，叱电噎风，雄视乎举世，故发而为忠义之业，巍巍赫赫，与日月并明，与阴阳同用。不幸其施未竟，郁抑以没，其炳朗灵变者，不与众人俱泯，则复为明神，无所不之，固其理也。"[2] 嘉靖三十五年（1556 年），大学士徐阶在《重修当阳庙碑记》中说："自古有功德于人者，死则必食其报。然其功德有及有不及，则其庙祀，亦必因之。独忠义之士，接于耳目而有激于心，则不必功德之及我，而慨想感泣，自有旷百世而不能已者，所谓民之秉彝也。……孔子述六经，垂训万世，感人以功德，王感人以忠义，其庙祀遍天下，固宜也。"[3] 明人张四维也在《重建解庙记》中说："予惟神之功烈在史册，忠义在人心，英爽在天地，虽走卒牧竖，外及蛮貊，无不畏且敬者，不假言也。特以翊汉之志，炯于日星，直欲嘘高光之烬而复燃之。间关险阻百折不变，功垂成乃为吴儿所挠。此其忠愤义烈有不缘形以尽者，则夫煜爥磅礴于宇宙间，

①　郑土有. 关公崇拜［M］. 北京：学苑出版社，1994：97.
②　朱一玄，刘毓忱. 三国演义资料汇编［M］. 天津：南开大学出版社，2012：454.
③　宋万忠，武建华. 解梁关帝志［M］. 太原：山西人民出版社，1992：216.

历千载而盛著者，盖所谓得一以灵也。"① 方孝孺、徐阶与张四维三篇文章中的这几段话都很精彩，他们所要表达的是，关公崇拜之所以能遍布天下，是因为"忠义"精神超越了时空，能以真诚的情感感染人心，有恒定持久的影响力。

小说《三国志通俗演义》一直很受明代读者的喜爱，明代中后期，先后出现了多种版本的《三国志通俗演义》。这部书的流行，对关公崇拜的盛行有很大的推动作用。同时，明代也出现了很多三国题材的戏曲，不少作品中关公都是主要人物或重要人物，如朱有燉的《关云长义勇辞金》、无名氏的《古城记》、无名氏的《草庐记》、徐文昭的《三国志大全》等。这些作品受到了《三国志通俗演义》的影响，都着力塑造关公忠于汉室的英雄形象。如朱有燉的杂剧《义勇辞金》，着重塑造关公降曹之后忠于大汉、大义凛然拒绝曹操的黄金、美女等各种诱惑。剧本中，关羽出场后这样唱道："自从那秦嬴天丧，东西两汉祖高光。保障着山河锦绣，倚赖着城郭金汤。思当日四百载华夷归正统，到后来两三番跋扈立朝纲。才除了宦官近习，早宠着外戚椒房。恰诛了强梁董卓，又遇着奸诈曹瞒。只因为董承种辑泄机谋，到惹得衣带中密诏添愁况。逗引起群雄逐鹿，空教我独自亡羊。"②他的唱词概述了秦汉以来的历史，明确地把大汉称为"正统"，将董卓、曹操称为"强梁""奸诈"。面对张辽的劝说，他回答："俺为臣尽忠，皆为刘汉天下。刘玄德与曹公虽各统兵征讨，同为汉室之臣也。"③ 朱有燉的这一剧本把关羽大汉忠臣的形象刻画得淋漓尽致，塑造出了一个威武不屈、大义凛然的英雄人物。

明代嘉靖年间还出现了一部《关王忠义经》，万历后又增益改名为《三界伏魔关圣帝君中孝忠义真经》，此书前有神咒、祝香等仪式礼节，后

---

① 宋万忠，武建华. 解梁关帝志 [M]. 太原：山西人民出版社，1992：218.
② 周贻白. 明人杂剧选 [M]. 北京：人民文学出版社，1958：142.
③ 周贻白. 明人杂剧选 [M]. 北京：人民文学出版社，1958：142.

有李东阳、徐阶等人的"赞歌",正文共十九章。这种经书类似于《阴骘文》《太上感应篇》等道教劝善书,直接借关公之口宣扬"忠义"观念。书中《述志章》说:"吾无所长,惟持忠义。扶汉除奸,死无畏避。吾年近六,有命在天。视我赤心,听我微言。为子尽孝,为臣尽忠。"① 这种经书的出现,也说明关公已经成为全社会认同的"忠义"典范。

值得注意的是,明朝后期,关公已开始与孔子并列,被人尊崇为"关夫子"。明人徐谓在《蜀汉关侯祠记》中说:"蜀汉前将军关并列侯之神,与吾孔子之道,并行于天下。然祠孔子者止郡县而已,而侯则居九州之广,上自都城,下至墟落,虽烟火数家,亦靡不醵金构祠,肖像以临,球马弓刀,穷其力之所办。而其醵也,虽妇女儿童,犹欢忻踊跃,惟恐或后。以比于事孔子者,殆若过之。噫亦盛矣!"② 从徐谓的这番描述中也可以看出,关帝庙数量之多、影响之大已经超过孔庙。王夫之在《识小录》中说:"汤义仍集于主考但称举主某公,可见滥称老师万历中年后之末俗也。崇祯末年乃有夫子之称。尤可笑者,至以关侯与孔子同尊。"③ 由此可见至万历、崇祯年间时,这一称呼已经很流行了。王夫子对"关夫子"这一称呼是很不以为然的,甚至有点嘲弄、鄙夷的态度。但是到清代时,"关夫子"已经成了关公的通用称谓之一。清人张鹏翮专门编撰了一部记载关公事迹的《关夫子志》,他在此书的序言中说:"夫侯生于千载之上,千载之下,无论贵贱智愚,闻侯之名,莫不敬之畏之,夙夜骏奔,若有所惕,然而不容自已者,何也?天理之不泯于人心,而三代之直道尚存也。充是心也,以之事亲则孝,事君则忠,交友则信,如万斛源泉,取之不尽,而用之无穷,则是侯之大有造于名教也。称之曰夫子,谁曰不宜?於戏!夫子者,孔子之盛德而甚美之称也。侯虽未登洙泗之堂,而刚大之气,忠义之

① 李一氓. 藏外道书:第 4 册 [M]. 成都:巴蜀书社,1992:275.
② 朱一玄,刘毓忱. 三国演义资料汇编 [M]. 天津:南开大学出版社,2012:490.
③ 王夫之. 船山全书:第 12 册 [M]. 长沙:岳麓书社,2018:616.

概,暗与道合。使生孔子之世,与颜渊、季路从游一堂,其所成就,岂仅十科之选耶?"① 他称赞关公的"忠义"精神与孔子之道契合,大有益于教化,是当之无愧的"夫子"。这与王夫之的看法可谓是天壤之别了。

二、清朝时期关公崇拜中"忠义"观念的大盛

清代关公崇拜的流行更胜过明朝,达到了全盛状态。满族后金政权在关外时就非常崇拜关公。清人姚元之《竹叶亭杂记》记载:"相传太祖在关外时,请神像于明,明与以土地神,识者知明为自献土地之兆。故神职虽卑,受而祀之。再请,又与以观音、伏魔画像。伏魔呵护我朝,灵异极多,国初称为关玛法。玛法者,国语谓祖之称也。"② 崇德八年(1643年),皇太极下令在盛京修建关庙,并亲赐匾额"义高千古"。清朝贵族大都熟悉《三国演义》,通过此书学习兵法谋略。清人陈康祺说:"罗贯中《三国演义》,多取材于陈寿、习凿齿之书,不尽子虚乌有也。太宗崇德四年,命大学士达海译《孟子》《通鉴》《六韬》,兼及是书,未竣。顺治七年,《演义》告成,大学士范文肃公文程等,蒙赏鞍马银币有差。国初,满洲武将,不识汉文者,类多得力于此。"③ 清人王嵩儒说:"本朝未入关之先,以翻译《三国演义》为兵略,故其崇拜关羽。其后有托为关神显灵卫驾之说,屡加封号,庙祀遂遍天下。"④

清朝入关之后,在关内遭到了各地汉族军民的英勇抵抗,尤其江南的民众反抗异常激烈。清军占领扬州、嘉定等地之后,为了进行报复而大肆屠杀当地民众,造成了"扬州十日""嘉定三屠"等惨案。局势稳定之后,清政权为弥合满汉之间的民族隔阂、维护政权,也开始表彰史可法、刘宗

① 朱一玄,刘毓忱. 三国演义资料汇编 [M]. 天津:南开大学出版社,2012:533.
② 姚元之. 竹叶亭杂记 [M] //上海古籍出版社,编. 清代笔记小说大观:第5册. 上海:上海古籍出版社,2012:4818.
③ 朱一玄,刘毓忱. 三国演义资料汇编 [M]. 天津:南开大学出版社,2012:616.
④ 朱一玄,刘毓忱. 三国演义资料汇编 [M]. 天津:南开大学出版社,2012:615.

周、黄道周等抗清而死难的明朝忠臣，希望臣民们效法他们的忠贞，忠于清朝。同时，清朝历代皇帝都大力尊崇关公，宣扬关公的忠义精神。顺治九年（1652 年），皇帝敕封关公为"忠义神武关圣大帝"。雍正八年（1730 年），又特旨尊关帝庙为武庙，祭祀仪式与文庙相当。

清代的乾隆皇帝非常崇拜关公，他曾经特地下诏修改关羽的谥号。关羽的谥号原为"壮缪"，是蜀汉后主刘禅所追谥，关于"缪"的含义，历代学者多有争论。蔡邕《独断》："名实过爽曰缪。"① 所以不少学者认为"壮缪"并非美谥，如梁章钜就认为："壮谬非美谥，不知当时何以取此。"② 但明代学者程敏政则认为："按缪、穆古通用，若秦穆、鲁穆在《孟子》，汉穆生、晋穆彤在史皆为缪。宋岳飞谥武穆，意与此同。"③ 明人郎瑛也认为："传公谥壮缪，乃为不学者所疑，当读为穆，如秦缪、鲁缪是也。予已辨于缪字下。谥法，壮为克乱不遂，穆为执义布德，此非神之行乎?"④ 乾隆四十四年（1779 年），皇帝下诏："关帝在当时力扶炎汉，忠节凛然。乃史书所谥并非嘉名。陈寿于蜀汉有嫌，多存私见，遂不为论定，岂得为公? ……夫以神之义烈忠诚，海内咸知敬祀，而正史独存旧谥，隐寓讥评，非所以传信万世也。今抄录《四库全书》，不可相沿陋习。所有《志》内关帝之谥，应该为'忠义'。"⑤ 在关羽去世一千多年后，皇帝亲自下诏将其谥号改为"忠义"，这也足可见关公"忠义"精神影响之大。

值得注意的是，自乾隆下诏将关羽谥号改为"忠义"之后，编入《四库全书》的著作，书中原文出现"关壮缪"这一称呼，大多被修改为"关忠义"。如明人王世贞的《弇州山人四部稿》一百二卷《前将军汉寿亭关

---

① 蔡邕. 独断［M］. 上海：上海古籍出版社，1990：25.
② 卢弼. 三国志集解［M］. 上海：上海古籍出版社，2012：2515.
③ 卢弼. 三国志集解［M］. 上海：上海古籍出版社，2012：2515.
④ 朱一玄，刘毓忱. 三国演义资料汇编［M］. 天津：南开大学出版社，2012：552.
⑤ 陈寿. 三国志［M］//影印文渊阁四库全书：第 254 册. 上海：上海古籍出版社，2012：603.

壮缪侯赞》①，在《四库全书》中被改为《前将军汉寿亭关忠义侯赞》②。又如清魏裔介《兼济堂文集》十四卷《三国论》："关壮缪孤军深入，未有继起之师"③，《四库全书》中改为"关忠义孤军深入，未有继起之师"④。类似的例子极多。自此以后，清代文人在著作、文章中把关公的名字写为"关忠义"，民间也常常尊称关公为"关忠义"，关公的名字和"忠义"二字紧密地联系在了一起。如清人陶澍《重建启安寺记》："又题关忠义楹联云：'敢问何谓浩然？曰忠、曰信、曰仁、曰义；如有所立卓尔，乃圣、乃神、乃文、乃武。'"⑤ 清朱轼编《历代名臣传》："关忠义名羽，字云长，本字长生，河东解人也。"⑥ 清人王侃在《江州笔谈》中说："《三国演义》可以通之妇孺，今天下无不知关忠义者，演义之功也。"⑦ 这样一来，关公就俨然成了"忠义"的化身。

清王朝之所以极为尊崇关公，还有一个政治目的，就是要把关公崇拜作为团结蒙古等少数民族的重要工具。《清稗类钞》记载："本朝羁縻蒙古，实利用《三国志》一书。当世祖之未入关也，先征服内蒙古诸部，因与蒙古诸汗约为兄弟。引《三国志》桃园结义事为例，满洲自认为刘备，而以蒙古为关羽。其后入帝中夏，恐蒙古之携贰也，于是累封忠义神武灵佑仁勇威显护国保民精诚绥靖翊赞宣德关圣大帝，以示尊崇蒙古之意。是以蒙人于信喇嘛外，所最尊奉者，厥惟关羽。二百余年，备北藩而为不侵

---

① 王世贞. 弇州山人四部稿［M］//沈乃文，主编. 明别集丛刊：第3辑第34册. 合肥：黄山书社，2016：516.
② 王世贞. 弇州山人四部稿［M］//影印文渊阁四库全书：第1280册. 上海：上海古籍出版社，2012：625.
③ 魏裔介. 兼济堂文集［M］. 北京：中华书局，2007：363.
④ 魏裔介. 兼济堂文集［M］//影印文渊阁四库全书：第1312册，上海：上海古籍出版社，2012：902.
⑤ 陶澍. 陶澍全集·文集：第6册［M］. 长沙：岳麓书社，2017：483.
⑥ 朱轼. 历代名臣传［M］. 长沙：岳麓书社，1993：12.
⑦ 朱一玄，刘毓忱. 三国演义资料汇编［M］. 天津：南开大学出版社，2012：618.

不叛之臣者，端在于此。其意亦如关羽之于刘备，服事惟谨也。"① 这里所说的《三国志》，其实也就是小说《三国演义》。满洲贵族与蒙古族贵族在满清入关前已结为兄弟。满族与蒙古族都崇拜关公，清政府因此大力表彰关公，借宣扬关公的"忠义"精神，使蒙古族忠诚于清朝。事实上，自清代以来，关公崇拜在藏族群众中也十分流行，西藏不少地方都修建了关帝庙。不少藏族百姓认为藏族传说中的神勇无双的格萨尔王，就是关公转世。这也足可见关公"忠义"精神在凝聚中华各民族向心力方面发挥着不可替代的作用。

自嘉庆之后，清朝的历代皇帝又多次加封关公，以致最后关公的封号长达 26 个字："忠义神武灵祐仁勇威显护国保民精诚绥靖翊赞宣德关圣大帝"。唐宋以来，许多地方都兴建了关庙，到清代时，关庙遍及全国，县乡村落到处都有，数量远超前代。清人赵翼说："今且南极岭表，北极塞垣，凡儿童妇女，无有不震其威灵者。香火之盛，将与天地不朽。"②清人刘献廷也说："予尝谓菩萨中之观音，神仙中之纯阳，鬼神中之关壮缪，皆神圣中之最有时运者。莫知其所以然而然也。举天下之人，下逮妇人孺子，莫不归心向往，而香火为之占尽。"③ 按照清代朝廷的规定，祭祀关公时，要"行礼三跪九叩，乐六奏，舞八佾，如帝王庙仪"④。清人梁国治在《敕修承德关帝庙碑》中说："夫制礼以作民敬也，立庙以作民诚也。关帝庙祀遍天下，各直省府州县建祠设像，守土官吏，岁时展谒，典礼视文庙。况承德距京师数百里，日月所照临，中外所瞻，就庙貌之成，可以见国家褒崇忠义，凛乎纲常名教之大焉；可以使远近更易观听，动其严威俨格之忱焉。秩祀之修，庸可已乎?"⑤ 这段文字将清王朝大力提倡关公崇拜的目

① 徐珂. 清稗类钞：第八册 [M]. 北京：中华书局，2010：3566.

② 赵翼. 陔余丛考 [M]. 北京：中华书局，2006：757.

③ 刘献廷. 广阳杂记 [M]. 北京：中华书局，1985：192.

④ 赵尔巽. 清史稿 [M]. 北京：中华书局，1977：603.

⑤ 此碑今在河北承德市"外八庙"关庙中，碑文保存完整。

的，作了透彻深入的说明。清代统治者就是要通过褒崇关公的忠义，来宣扬纲常名教，使民众能够效法关公的“忠义”精神，忠诚于大清王朝。

清代关公崇拜的流行，关公“忠义”形象的深入人心，与各种三国题材的戏曲、曲艺作品的流行也有密切的关系。清人顾家相认为：“盖自《三国演义》盛行，又复演为戏剧，而妇人孺子，牧竖贩夫，无不知曹操之为奸，关、张、孔明之为忠，其潜移默化之功，关系世道人心，实非浅鲜。”① 中国古代社会中文化普及率不高，平民百姓大多不通文墨，所以《三国演义》这样的通俗小说也不是人人都能阅读的。但是，戏曲却是社会各阶层都能懂得并喜闻乐见的艺术形式。

清代以后，三国题材的戏曲作品很受欢迎，几乎《三国演义》中的所有故事都被改编为各类戏曲作品。乾隆年间，清庄亲王允禄将整部《三国演义》改编为二百四十出的著名宫廷大戏《鼎峙春秋》。清代花部的三国戏数量也很多，有学者统计，现存花部三国戏剧本数量有 120 多种。② 昆曲、京剧及各种地方剧种中的三国戏更是数不胜数。这些三国戏中有不少关于关公事迹的作品，如《斩华雄》《许田射鹿》《屯土山》《灞桥挑袍》《过五关》《汉津口》《华容道》《单刀会》《水淹七军》《刮骨疗毒》《走麦城》等。这些作品大都取材自《三国演义》，但是它们用生动的舞台表演及口语化的台词表现出来，使得很多目不识丁的平民百姓也能够熟知关公的生平故事。扮演关公事迹的剧作，在传统戏曲中被称为“关公戏”或“关戏”。周剑云认为：“汉寿亭侯关云长，儒将也，亦义士也。一生事业，磊落光明，俯仰无怍，史册流传，彪炳万古，下至妇人孺子，无不震其名而钦其德，今日馨香俎豆，庙食千秋，宜也。故关公戏乃戏中超然一派，与其他各剧，绝然不侔。”他又说：“伶界对于关公，崇拜之热度，无论何

---

① 朱一玄，刘毓忱. 三国演义资料汇编［M］. 天津：南开大学出版社，2012：608.
② 胡世厚. 三国戏曲集成：清代花部卷［M］. 上海：复旦大学出版社，2018：3.

人，皆难比拟，群称圣贤爷而不名。"① 关公题材的戏曲作品影响力之大，由此也可见一斑。另外，还有大量的民间曲艺作品，如评书、弹词、大鼓书、子弟书等，在传播三国故事方面也起到了极大的作用。这些戏曲、曲艺作品，使得关公事迹及其"忠义"精神为广大中国民众所熟知。

第五节 关公崇拜中"忠义"观念的影响

关公崇拜中的"忠义"观念经过了数百年的发展演变，直至当代仍然对海内外中华儿女有着极大的影响。自宋元时期关公崇拜中"忠义"观念出现以来，明清的历代统治者也都认识到了关公"忠义"精神在教化民众、维护政治统治方面的巨大作用，所以纷纷加封、祭拜关公，逐步将他神化。毋庸讳言，关公崇拜中的"忠义"精神确实包含了一些封建社会的纲常名教因素，有一定保守性、落后性。但是在去掉这些糟粕之后，我们会发现，关公"忠义"精神仍然有很多积极、正面的影响。

一、"忠义"观念与国家意识、民族认同

关公崇拜中的"忠义"观念一个重要的影响在于，它对增强中国人的国家意识、民族认同感有很大的帮助。关公崇拜中的"忠义"观念形成于宋、金战争与对抗的特殊时代，南宋军民将关公树立为忠义典范，目的就是为了凝聚人心抵御外侮，所以自它产生之时起就包含着强烈的天下家国意识。现代学者大都认为民族认同感、国家意识并不是天然就存在的，而是逐步建构而成的。如美国著名学者本尼迪克特·安德森认为："民族被想

---

① 朱一玄，刘毓忱. 三国演义资料汇编 [M]. 天津：南开大学出版社，2012：688.

象为一个共同体，因为尽管在每个民族内部可能存在着不平等与剥削，民族总是被想象为一种深刻的、平等的同志爱。"① 中国古代的皇权专制社会虽然政治制度也极为严密，但对基层社会的管控能力却不是很强。中国的基层治理一直有"皇权不下县"的说法，也就是说基层实行的主要是宗族势力、乡绅主导的乡村自治。这样一来，基层就出现了所说的"天高皇帝远"的状态，民众缺少了应有的民族认同感、国家意识。关公崇拜中"忠义"观念的普遍流行，在一定程度上弥补了这一缺憾。

宋代以来的关公崇拜中的"忠义"观念主要是以民众喜闻乐见的通俗文学和民间宗教形式传播的，所以影响力巨大且深远。宋元以来，小说《三国演义》和各类三国题材的戏曲所塑造的忠义无双的关公形象妇孺皆知。同时，宋代以来，不管是都邑、城镇还是乡村，都修建了关帝庙，如明代韩文在《正德修庙记》中所说："嗟夫！自开辟以来，固有为神而祠祀者，孰能如王近而都邑、远而遐荒异域，虽庸人孺子，皆知慕王之忠义。"② 明清时期，各种托名关帝的经书也大量涌现，如《关王忠义经》《关圣帝君觉世真经》《关帝明圣经》等。正是通过这样一种民间宗教的形式，使得关公崇拜中的"忠义"观念逐渐深入普通民众的内心。关公的"忠义"精神，不仅仅是对皇权的忠诚，已经逐步上升到了对民族和国家的忠诚。关公毕生追求的理想是匡扶汉室、安定黎庶，这显然已经把整个国家和民族的利益摆在了至高的位置上。在关公"忠义"精神的影响下，广大民众的认知会逐步超越基层宗族观念的局限，认知到自身与国家、民族的密切关系。宋元以来，在关公"忠义"精神的感召和熏陶下，"忠义"观念被根植到了民众的内心深处，这无疑对中国人的民族认同感和国家意识的形成起到了非常重要的作用。

---

① 本尼迪克特·安德森. 想象的共同体：民族主义的起源与散布 [M]. 上海：上海人民出版社，2015：7.

② 宋万忠，武建华. 解梁关帝志 [M]. 太原：山西人民出版社，1992：205.

二、"忠义"观念与凝聚人心、抵御外侮

关公崇拜中"忠义"观念的另一个重要的影响是，当国家民族处于危难之际，它能够发挥凝聚人心、抵御外侮的重要作用。宋元以来，关公被塑造成了一个为匡扶汉室而勇于讨贼的英雄形象。在明清时期的学者看来，汉末动乱之际，汉室危如累卵，奸雄曹操挟天子以令诸侯，孙权又割据江东，但是关公却为恢复汉室，讨伐奸贼，以一州之力对抗吴魏，是难得的忠烈志士。正如清无名氏关庙对联所说："清夜读《春秋》，一点烛光灿古今；孤州伐吴魏，千秋浩气贯乾坤。"① 关公的这种不畏万难、为国讨贼的英雄气概，激励了后世无数爱国志士。

明朝中叶，倭寇频繁侵扰我国东南沿海边境，中国东南沿海的广大军民与倭寇展开了艰苦斗争。在抗倭斗争中，关公崇拜中的"忠义"精神起到很大的团结民众、鼓舞民心的作用，如嘉靖三十四年（1555年）、三十五年（1556年），赵文华在嘉兴、常州一带指挥抗击倭寇时，据说关公曾经接连显灵护佑，帮助军民取得胜利。著名文人唐顺之的《常州新建关侯祠记》中记载："嘉靖三十四年，倭寇继乱东南，天子命督察赵公文华统帅讨之。师驻嘉兴，军中若见关侯灵响，助我师者。已而师大捷，赵公请于朝，立庙嘉兴以祀侯。事具公所自为庙碑中。明年倭寇复乱，赵公再统帅讨之。师过常州，军中复若见侯灵响如嘉兴。赵公喜曰：'必再捷矣。'未几，赵公协谋于总督胡公宗宪，渠魁徐海等悉就擒。"② 又如嘉靖四十四年（1565年），名将戚继光在潮州南澳海面与倭寇交战之时，传说也有关侯显灵，助将士取得抗倭大捷。南澳镇《汉寿亭侯祠记》中记载："嘉靖间，命都督俞大猷、副总兵刘显率舟师三万人讨吴平。吴平走匿南澳，若虎负嵎，相持三月，罔绩。事闻，复命都督戚继光提娄兵五千自浙来援。

---

① 朱一玄，刘毓忱. 三国演义资料汇编［M］. 天津：南开大学出版社，2012：546.
② 唐顺之. 唐顺之集［M］. 杭州：浙江古籍出版社，2014：530.

都督夜梦赭面美髯伟丈夫决策曰:'若从后攻贼,靡不破矣。'诘旦如言,留二千人殿后,潜率三千人,从澳之云盖寺岌刘林莽,且息且进。三日道开,布列已定,铳炮齐发,军声震天。贼众大惊,披靡,以为王师从天而下也。一日夜俘斩三千级,贼自杀死无算。吴贼获小舟遁外洋,仅以身免。然自是挫,损寻亦扑灭。"① 这些显灵故事未必真实可靠,但是毫无疑问,关公的忠义精神极大地团结、激励了沿海的抗倭军民。正如南澳镇的碑文中所说:"侯忠义之气,殆如日月在天,容光必照,河海行地,无浚不通者欤!"

　　明代嘉靖年间,《关王忠义经》开始在明军中广泛流行。明代名臣杨博,山西蒲州(今山西永济)人,他曾为《关王忠义经》作序,序文中说:"嘉靖丙辰,巡抚荆楚。荆故侯保障区,迄今家至左联,顶礼如在。比还省,辞楚王殿下,王询侯故里事,复出《忠义经》示博,拜赐踊跃,若侯陟降也。归舟检阅,后先紊叙,简篇遗逸,字画错乱差讹,遂为校正重录。首揭侯像,并述侯辞曹之书,后人仰侯之赞,汇成一帙,携之京师,继役开中,未遑浸梓。适都督刘显移兵守川广,困以贻之,俾刻荒镇,以作士气,以风忠义,且播之天下瞻奉者,有所持诵则效云。"② 文中的刘显也是抗倭名将,常年与倭寇作战。这部经文中说:"为士为官,为将为兵,持诵吾言,扶助功名",显然对激发将士的忠君爱国之情是有很大助益的。濮文起认为这部《忠义经》在"抗倭军队中广为流传","成为抗倭官兵的精神武器"③ 是很有道理的。

　　明末清初,清兵入关之时,各地的抗清军民常常以关公忠义精神互相激励。1644 年,浙江山阴的著名文人祁彪佳积极组织军队抗清,六月二十八日,他在日记中写道:"戎服乘马出誓师,……予至演武场,先张誓文,

①　南澳县地方志编纂委员会. 南澳县志 [M]. 北京:中华书局,2000:681.
②　李一氓. 藏外道书:第 4 册 [M]. 成都:巴蜀书社,1992:274.
③　濮文起. 关羽:从人到神 [M]. 北京:商务印书馆,2020:255.

有'取一钱入己，一身二子得身首异处之报'语。率副总吴志葵、蒋若来祀旗纛及关圣。予又呼诸将，面谕同仇之义，有进有退。乃杀牛滤血，分班歃血。各班以犒赏事讫，仍乘马以归。是日，军容颇壮，合城倾观。"① 大军誓师时祭祀的是纛旗和关圣，也可见关公在军民中的威信。又如《东南纪事》中记载，浙江余姚士人邵一梓，毁家资助明宗室鲁王抗清，义军失败之后壮烈殉国，临死之前"独呼高皇帝及关亭侯"②。又如清人刘健的《庭闻录》中记载："（李）定国字一人，绥德州义让里棘针人，为人勇干刚直，目不知书。有昆明金公趾者，知其可动，取世俗所传《三国志演义》，为之诵说，定国乐闻之，已遂明斥可望为董、曹操，而期定国以诸葛武侯。定国大感悟，谓公趾曰：'孔明何敢望？关、张、伯约之所为，不敢不勉。'"③ 李定国出身贫寒，目不识丁，但是听人诵读《三国演义》之后，受到了关公、张飞的忠义精神的感染，成为明清之际的抗清名将。

尤其是到了近代，国难频仍，民族危机日益深重，关公崇拜中的"忠义"观念成为团结国人、抵御外侮的重要精神力量。如清末的义和团运动中，团民都十分崇拜关公。如《庚子纪事》中记载，团民"均一大红粗布包头，正中掖藏关帝神马"④。又如《庸扰录》："匪徒聚众演习必在关帝庙中，盖欲借神道以惑人也。"⑤ 义和团崇拜关公的重要原因，就是因为关公的"忠义"精神与他们"扶清灭洋"的主张内涵是十分一致的。

三、抗日战争时期的关公"忠义"精神

抗日战争期间，整个中华民族处于危亡之际，关公的忠义精神也为团结军民、打击日寇发挥过重要作用。九一八事变后，流亡关内的东北人民

---

① 祁彪佳. 祁彪佳日记 [M]. 杭州：浙江古籍出版社，2016：759~760.
② 邵廷寀. 东南纪事 [M]. 北京：文津出版社，2020：265.
③ 朱一玄，刘毓忱. 三国演义资料汇编 [M]. 天津：南开大学出版社，2012：567.
④ 中国社会科学院近代史研究所. 庚子记事 [M]. 北京：中华书局，1978：12.
⑤ 中国社会科学院近代史研究所. 庚子记事 [M]. 北京：中华书局，1978：257.

成立了抗日救亡组织"复东会"。1933 年，九一八事变两周年之际，复东会在关公、岳飞像前宣誓："团结一心，誓死救国；不达目的，永不罢休。"① 在这些抗日志士的心目中，关公、岳飞就是他们的榜样。王平在洛阳关林的《关帝圣像重新衣冠记》中说："世有慕关公而兴起者，吾敢正告之曰：'学关公无他，杀敌除奸、尽忠为国而已矣。'国人勉乎！"② 冯玉祥将军在《欢送中勇将士出川抗战》的演讲时说："关公、岳飞是我们民族的救星，是抗战军人的模范。关公是为了恢复汉家的江山，而遭到封建军阀的惨杀；岳飞是力战金人，要直捣黄龙，主张抵御外侮的最坚决的将领，而不幸遭到卖祖宗的汉奸秦桧的毒害。他们的死，是为我们民族而死，所以我们要纪念他们。"③黄炎培在抗战期间的一次演讲说："广大的群众，他们内心所一致崇敬的是谁？曾在后方用心理测验，一次在成都对五个高中一千五百多学生；三次公开演讲，每次对一千多群众；一次在成都友人家对五十多个青年学生；一次在岷江上游对威州师范学校四百多学生。所得结果，他们一致崇敬的是三个人：关公、岳武穆、诸葛武侯。是忠孝信义勇侠气节这些美德，只有从这上边才会结出抗敌救国的美果来。"④ 他通过严谨、细致的调查发现，在抗战时期，四川的广大人民群众最崇拜的三个人之一就是关公。他认为关公等人的忠孝节义的传统美德，对宣传抗战有极大帮助。

著名爱国将领张自忠在与日寇作战时英勇无畏，率部取得"鄂北大捷"，被群众称为"活关公"。张自忠年少时喜欢阅读《三国演义》《说唐》和《精忠说乐传》，"关云长、岳武穆和秦琼的浩然之气、忠义侠行令

① 井晓光，武振凯，张瑞强. "九·一八"研究：第 7 辑 [M]. 长春：吉林文史出版社，2006：113.

② 郭挺彩. 洛阳关林志 [M]. 西安：三秦出版社，2009：101.

③ 重庆市档案馆，重庆师范大学. 中国战时首都档案文献：战时动员 [M]. 重庆：重庆出版社，2014：111.

④ 黄炎培. 黄炎培教育论著选 [M]. 北京：人民教育出版社，1993：559.

他心往神驰，由衷敬慕。"① 1940 年，在枣宜会战中，他与日军激战，最终英勇战死。张将军殉国之后，全国人民群众沉痛悼念，周恩来同志亲自撰写《追念张荩忱上将》一文，文中说："抗战既起，张上将奋起当先，所向无敌，而临沂一役，更成为台儿庄大捷之序幕；他的英勇坚毅，足为全国军人楷模。而感人最深的，乃是他的殉国一役。每读张上将于渡河前亲致前线将领及冯治安将军的两封遗书，深觉其忠义之志，壮烈之气，直可以为我国抗战军人之魂！"② 文中特意提到了张将军的"忠义之志"，这个"忠义"就是忠诚于祖国、忠诚于民族，与关公"忠义"精神一脉相承。

抗日战争期间，根据地的八路军和广大抗日群众，也利用关公画像、关公故事，向伪军宣传抗日政策，并起到了很好的作用。1941 年底，山西抗日根据地的著名画家彦涵创作了一幅名为《身在曹营心在汉》的年画，所画的是关公夜读《春秋》，展现了关公虽身在曹营但不受高官厚禄诱惑、忠于大汉的英雄形象，关公所捧的书上还特意写了"保卫祖国尽忠心"七个字。根据地的军民把这幅年画散发到伪军中，劝他们要效仿关公的"忠义"精神，不要忘记自己是中国人。这幅画起到了很好的瓦解伪军的作用，一些伪军手举这幅年画前来投降。1942 年，晋冀鲁豫抗日根据地的群众也用同样的方法劝降过伪军，据群众回忆："卫河县大队长耿宏与党组织商量，采取攻心战术，印了许多'关公图'，图上印有关公像和'人在曹营心在汉'的字样，动员家属拿'关公图'到敌据点劝降。讲明投诚的伪军带回'关公图'的不追究以往的罪责，保证人身安全，带枪者给予奖励。这个办法很起作用，许多伪军家属纷纷带'关公图'到敌占区动员自己的亲人。西王村的王平经过妻子的劝导，带着一挺机枪和三十多名伪军投诚。零星投诚的也经常有，就是不来投诚的也丧失战斗力。伪旅长杨法贤的三

---

① 林治波. 张自忠传 [M]. 石家庄：河北人民出版社，2015：11.
② 重庆大学马列主义研室中共党史教研组. 周恩来同志在重庆期间发表的重要文章和讲话汇辑 [M]. 重庆：重庆大学马列主义教研室中共党史教研组，1980：209.

个老婆也拿着'关公图',劝说杨法贤去投诚。"① 据欧阳平回忆,也是在1942年,他在山东泰山区根据地以顺口溜的形式创作了两份抗日传单,其中一份写道:"身在曹营心在汉,关公可算忠良汉,伪方人员学关公,当机要立断。"后来,他总结说:"这些宣传攻势都起了积极的作用。"②南宋时期,关公崇拜中的"忠义"观念形成时就与南宋军民的抗金斗争有着密切关系,经过了数百年的演变,直至抗日战争时期,它依然是团结民众、抵御外侮的重要精神力量,这也足可以看出关公忠义精神持久而深入的影响力。

著名爱国人士于右任曾为海外一关帝庙题写对联:"忠义二字团结了中华儿女,《春秋》一书代表着民族精神。"数百年来,关公崇拜中的"忠义"观念一直发挥着增强中国人的民族凝聚力的重要作用。关公"忠义"精神不仅仅是一种道德说教,还是一种情感的熏陶、感染。宋元以来的小说、戏曲等文艺作品,塑造了忠烈的关公形象,这一成功的文学形象引起了民众的无限仰慕,激发了民众的民族认同感和爱国热情。情感的影响力最能触动人心,造成的影响也更为广泛和深刻,正如明人王忬所说的:"今天下匹夫匹妇,靡不知王之名而慕王之忠义。"③ 关公忠义精神无疑是一笔宝贵的传统文化遗产,值得我们认真对待和继承。

① 李延国,李庆西. 根据地:中国共产党人不能忘却的记忆 [M]. 济南:泰山出版社,2015:144.

② 欧阳平. 奋斗到底:欧阳平回忆录选 [M]. 济南:黄河出版社,1993:75.

③ 宋万忠,武建华. 解梁关帝志 [M]. 太原:山西人民出版社,1992:211.

第四章

关公崇拜与《春秋》大义

从汉末至明清的一千多年间，关公与《左传》《春秋》一直有着极为密切的关系。《三国志》裴松之注引《江表传》中记载："羽好《左氏传》，讽诵略皆上口。"① 元杂剧中塑造的关公，变成了兼通《春秋》《左传》的文武全才，如关汉卿的《单刀会》第四折中鲁肃对关公说："想君侯文武全材，通练兵书，习《春秋》《左传》。"② 但到了明清时期，在各种诗文、小说作品中，关公与《春秋》紧密地联系在了一起，如《三国演义》中曹操对关公说："将军深明《春秋》"③，如明万历年间王一中的《处州关圣庙记》："盖我公自据鞍之暇，手一编唯《春秋》，其所得于我夫子之教最深"④，又如清顾梦麟的《重修双凤镇关王庙序》："王志在《春秋》，大义日月如。"⑤ 类似文字极多。后世关庙的画像、塑像中，关公也常常是手持《春秋》一卷，清人张镇为关公的像图题诗："心契《麟经》，精忠大节。"⑥《麟经》就是《春秋》的别名。《左传》和《春秋》是两部

---

① 卢弼. 三国志集解 ［M］. 上海：上海古籍出版社，2012：2514.

② 王季思，主编. 全元戏曲：第一卷 ［M］. 北京：人民文学出版社，1999：69.

③ 罗贯中. 三国志通俗演义 ［M］. 上海：上海古籍出版社，1981：487.

④ 陈梦雷. 古今图书集成·神异典·关帝圣君部：第五十三卷 ［M］. 影印本. 北京：中华书局，1934.

⑤ 胡小伟. 关公崇拜研究系列之五·燮理阴阳：《关帝灵签》祖本及其研究·历代关庙碑刻辑存 ［M］. 香港：科华图书出版公司，2005：445.

⑥ 宋万忠，武建华. 解梁关帝志 ［M］. 太原：山西人民出版社，1992：1.

关系密切的儒家经典，但它们的思想内涵却有很大的差异，关公与《左传》《春秋》关系的微妙变化，反映了不同时代关公崇拜观念的不断变化。

第一节 《春秋》与《左传》的异同

《春秋》是儒家的"六经"之一，大多数儒家学者都认为《春秋》是孔子亲手编订而成。司马迁的《史记》中记载："余闻董生曰：'周道衰废，孔子为鲁司寇，诸侯害之，大夫壅之。孔子知言之不用，道之不行也，是非二百四十二年之中，以为天下仪表，贬天子，退诸侯，讨大夫，以达王事而已矣。'"①《春秋》文字极为简洁，全书记载了春秋时代二百四十多年的各国大事，却仅有一万六千余字。据说孔子在编订春秋时用曲折婉转的文笔含蓄地表达了自己对历史、政治、道德等问题的看法，后人称之为"春秋笔法"。因为《春秋》文字极为简练，含义又十分丰富，战国以后的不少儒家学说都开始解说《春秋》，逐渐形成了《公羊传》《谷梁传》和《左传》这"春秋"三传。

"春秋"三传中，《左传》是较为特殊的一部，它与《春秋》的关系也一直争议不断。《公羊传》《谷梁传》都着重于阐释《春秋》词句中蕴含的"微言""大义"，与《春秋》关系极为密切，所以历来是公认的解经之作。《公羊传》《谷梁传》是今文经学经典，在西汉时都被立于学官，《汉书·艺文志》记载："《春秋》所贬损大人当世君臣，有威权势力，其事实皆形于传，是以隐其书而不宣，所以免时难也。及末口说流行，故有《公羊》《谷梁》《邹》《夹》之《传》。四家之中，《公羊》《谷梁》立于学官，奏

---

① 司马迁. 史记 [M]. 北京：中华书局，1982：3297.

氏无师，夹氏未有书。"①《左传》是古文经学经典，至东汉时才在学术界广泛传播，《左传》的写作方式与思想内容都与《公羊传》《谷梁传》有很大不同，它以叙事为主，主要通过记述事件的原委来解说《春秋》。《左传》中有时也有解说经义之言，但大多较为平实、浅显，不像《公羊》《谷梁》那样引申出许多"微言""大义"，所以不少学者怀疑《左传》并不是为解释《春秋》而作。西晋学者王接说："《左氏》辞义赡富，自是一家，不主为经发。"② 唐代学者啖助批评《左传》"叙事虽多，释意殊少，是非交错，混然难证"③。宋人叶梦得认为："《左氏》传事不传义，是以详于史而事未必实。"④《四库》馆臣也认为："《左氏》说经，所谓'君子曰'者，往往不甚得经意。"⑤ 直至现代，赵光贤、胡念贻等学者还认为《左传》是独立于《春秋》之外的历史著作，有人加入了解经的内容，才使它成为《春秋》的传。不过，多数学者还是认为《左传》是一部解释《春秋》的书，只不过它解释《春秋》的方式与《公羊传》《谷梁传》的方式不同。如东汉学者桓谭认为："《左氏》传世后百余年，鲁谷梁赤为《春秋传》，多所遗失；又齐人公羊高缘经文作《传》，弥离其本事矣。左氏《经》之与《传》，犹衣之表里，相待而成；经而无传，使圣人闭门思之，十年不能知也。"⑥ 宋代学者胡宁则认为："《左氏》释《经》虽简，而博通诸史，叙事犹详，能令百世之下具见本末，其有功于《春秋》为多。"⑦ 明代学者罗钦顺也认为："《春秋》事迹莫详于《左传》。《左氏》于圣人笔削意义，虽无甚发明，然后之学《春秋》者，得其事迹为据，而

① 班固. 汉书 [M]. 北京：中华书局，1962：1715.
② 朱彝尊，林庆彰，等. 经义考新校 [M]. 上海：上海古籍出版社，2010：3088.
③ 朱彝尊，林庆彰，等. 经义考新校 [M]. 上海：上海古籍出版社，2010：3091.
④ 朱彝尊，林庆彰，等. 经义考新校 [M]. 上海：上海古籍出版社，2010：3093.
⑤ 永瑢，等. 四库全书总目 [M]. 北京：中华书局，2008：244.
⑥ 朱彝尊，林庆彰，等. 经义考新校 [M]. 上海：上海古籍出版社，2010：3087.
⑦ 朱彝尊，林庆彰，等. 经义考新校 [M]. 上海：上海古籍出版社，2010：3094.

圣经意义所在因可测识，其功亦不少矣。"① 这些学者大都认为《左传》虽然没能够阐发《春秋》的微言大义，但它通过详尽的叙事，帮助后世学者揣测孔子的意图。

不可否认，《左传》与《春秋》确实有着密切的联系，但两者的差异也十分明显。《左传》虽然也解释《春秋》，但是因为它偏重记事，以事解经，常常被人当作历史著作来对待。晋代学者贺循认为："左氏之《传》，史之极也。文采若云月，高深若山海。"② 朱熹认为："《左氏》史学，事详而理差。"③《春秋》这部被大多数人认定为由孔子亲手笔削而成的经典，经过了历代儒家学者的阐释，事实上已经变成了一部体现儒家政治理念的圣典。在后世的儒家学者看来，《春秋》不仅仅是一部历史著作，它更是一部可以用来治国安邦甚至托古改制的政治宝典。《公羊传》《谷梁传》是战国至西汉初期的儒家学者们阐释《春秋》的重要成果，他们所着力宣扬的《春秋》的微言大义，实质就是一套体系严密的儒家政治理念。他们所提倡的"尊王攘夷""大一统""君臣之义""讨伐乱臣贼子"等政治观念，对后世产生了极为深远的影响。

两汉时期，《春秋》是风行一时的显学，它不仅仅是一部备受推崇的儒家经典，更在社会政治生活中发挥着强大的实用功能。汉代的学者和官员用它来解释"灾异"、探讨礼制、评论时政，甚至用它来决断刑狱。如《汉书·隽不疑传》中记载："始元五年，有一男子乘黄犊车，建黄施，衣黄旗，著黄冒，诣北阙，自谓卫太子。公车以闻，诏使公卿将军中二千石杂识视。长安中吏民聚观者数万人。右将军勒兵阙下，以备非常。丞相御史中二千石至者并莫敢发言。京兆尹不疑后到，叱从吏收缚。或曰：'是非未可知，且安之。'不疑曰：'诸君何患于卫太子！昔蒯聩违命出奔，辄拒

---

① 朱彝尊，林庆彰，等. 经义考新校［M］. 上海：上海古籍出版社，2010：3098.
② 朱彝尊，林庆彰，等. 经义考新校［M］. 上海：上海古籍出版社，2010：3088.
③ 朱彝尊，林庆彰，等. 经义考新校［M］. 上海：上海古籍出版社，2010：3093.

而不纳,《春秋》是之。卫太子得罪先帝,亡不即死,今来自诣,此罪人也。'遂送诏狱。天子与大将军霍光闻而嘉之,曰:'公卿大臣当用经术明于大谊(义)。'"① 汉昭帝时,有人来到皇宫前,自称是汉武帝晚年冤死于"巫蛊之乱"的卫太子刘据,这无疑是对朝廷威严的极大挑战,但是精通《春秋》的隽不疑,以《春秋》大义果断地化解了这一政治危机。汉代的学者也都极为看重《春秋》在社会政治中的经世致用的功能。如司马迁认为:"为人君父而不通《春秋》之义者,必蒙首恶之名;为人臣子而不通《春秋》之义者,必陷篡弑之诛、死罪之名。"② 魏晋以后,《春秋》的地位虽然没有汉代那么显赫,但大多数学者在研究《春秋》时仍然着力阐发其中所蕴含的儒家政治理念。直至晚清时期,龚自珍、魏源、康有为等学者,还通过重新阐释《春秋》来宣扬他们政治改革的主张。

清代学者皮锡瑞认为:"《左氏》叙事之工,文采之富,即以史论,亦当在司马迁、班固之上,不必依傍圣经,可以独有千古。《史记》《汉书》后世不废,岂得废《左氏》乎?……经史体例,判然不同。经所以垂世立教,有一字褒贬之文。史止是据事直书,无特立褒贬之义。杜预、孔颖达不知此意,必欲混合为一,又五解于经传参差之故,故不能据经以正传,反信传而疑经矣。"③ 皮锡瑞是晚清的今文经学家,他对《春秋》与《左传》关系的论断虽然难免有一些偏见,但也代表了不少学者的看法。许多儒家学者认为,经学是要阐发儒家的政治理念"垂世立教",史学则只是秉笔直书、如实地记录历史。在他们看来,《春秋》是经,侧重于政治;《左传》是史,侧重于历史,两者自然是不同的。

---

① 班固. 汉书 [M]. 北京:中华书局,1962:3037.

② 司马迁. 史记 [M]. 北京:中华书局,1982:3298.

③ 皮锡瑞. 经学通论:春秋 [M]. 北京:中华书局,2008:49.

第二节 关羽与《左传》

据《三国志·蜀书·关羽传》裴松之注引《江表传》中记载："羽好《左氏传》，讽诵略皆上口。"① 《三国志·吴书·吕蒙传》裴松之注引《江表传》中也说："斯人（关羽）长而好学，读《左传》略皆上口，梗亮有雄气。"② 《江表传》的作者虞溥活动于西晋时期，距离关羽的时代不远，这一记载应该是比较可靠的。《左传》在汉代属于古文经学，西汉时期仅有张苍、贾谊等少数学者在民间私相传授。东汉时期，古文经学盛行，研究《左传》的学者极多，东汉末年的著名学者郑玄、服虔都注解过《左传》。

关羽之所以好《左氏传》，可能与刘备有一定的关系。《三国志·先主传》中记载，刘备年轻时曾经"与同宗刘德然、辽西公孙瓒俱事故九江太守同郡卢植。"③ 卢植是东汉儒学大师马融的弟子，也是汉末大儒、著名政治家。马融、卢植都是东汉古文经学的代表人物，都精通《左传》。卢植曾经向朝廷上书："今《毛诗》《左氏》《周礼》各有传记，其与《春秋》相表里，宜置博士，为立学官，以助后来，以广圣意。"④ 刘备是卢植的弟子，对《左传》应该也是很熟悉的，关羽喜欢诵读《左传》有可能是受到了刘备的影响。《江表传》中所说的"羽好《左氏传》，讽诵略皆上口"，其中的"略"是"大略"之意。关羽是武将出身，学术修养不会太高，诵读《左传》也不会像经学家们那样咬文嚼字、皓首穷经，很可能只是观其

---

① 卢弼. 三国志集解［M］. 上海：上海古籍出版社，2012：2514.
② 卢弼. 三国志集解［M］. 上海：上海古籍出版社，2012：3294.
③ 卢弼. 三国志集解［M］. 上海：上海古籍出版社，2012：2328.
④ 范晔. 后汉书［M］. 北京：中华书局，1973：2116.

大略而已。

值得注意的是，东汉以来，不少武将都喜读《左传》。东汉初年的名将冯异，"好读书，通《左氏春秋》《孙子兵法》。"① 与关羽同时代的曹魏名将李典，"少好学，不乐兵事，乃就师读《春秋左氏传》，博观群书。"② 东吴名将吕蒙不好读书，孙权劝他"宜急读《孙子》《六韬》《左传》《国语》及三史"③，后来吕蒙的学识果然大有进益。西晋时期的名将杜预，自称"臣有《左传》癖"④，他所著的《春秋左氏传集解》一直是极为重要的《左传》研究著作。东晋初年的武将王敦，品评自己时说："高朗疏率，学通《左氏》。"⑤ 十六国时期，汉赵的开国皇帝、匈奴首领刘渊，"幼好学，师事上党崔游，习《毛诗》《京氏易》《马氏尚书》，尤好《春秋左氏传》《孙吴兵法》。"⑥ 南北朝时期，还有不少武将很喜爱《左传》，如梁朝将领羊侃，"雅爱文史，博涉书记，尤好《左氏春秋》及《孙吴兵法》。"⑦ 与羊侃同时代的名将王僧辩，"学涉该博，尤明《左氏春秋》。"⑧ 从东汉至魏晋南北朝的这些将领之所以都熟读《左传》，主要是因为《左传》记载了大量的战争事例，武将们能从中学到许多宝贵的战争经验。据朱宝庆的《左氏兵法》统计，《左传》全书共记录了 492 起战争⑨，其中描写详细的大战就有十多起。曹魏时期的学者隗禧认为："欲知幽微莫若《易》，人伦之纪莫若《礼》，多识山川草木之名莫若《诗》，《左氏》直相斫书耳，不足精意也。"⑩ 他将《左传》称为"相斫书"，也可见《左传》中所记战

---

① 范晔. 后汉书 [M]. 北京：中华书局，1973：1032.

② 卢弼. 三国志集解 [M]. 上海：上海古籍出版社，2012：1495.

③ 卢弼. 三国志集解 [M]. 上海：上海古籍出版社，2012：639.

④ 房玄龄，等. 晋书 [M]. 北京：中华书局，1974：1032.

⑤ 杨勇. 世说新语校笺 [M]. 北京：中华书局，2007：540.

⑥ 房玄龄，等. 晋书 [M]. 北京：中华书局，1974：2645.

⑦ 姚思廉. 梁书 [M]. 北京：中华书局，1973：557.

⑧ 李延寿. 南史 [M]. 北京：中华书局，1975：1536.

⑨ 朱宝庆. 左氏兵法 [M]. 西安：陕西人民出版社，1991：4.

⑩ 卢弼. 三国志集解 [M]. 上海：上海古籍出版社，2012：1265.

争之多。

《左传》记叙战争不但细致生动，而且体现出丰富的兵法思想，所以历代的许多武将都精通《左传》。钱钟书指出："《宋史·岳飞传》飞'尤好《左氏春秋》、孙吴兵法'，……岳飞好《左传》，当亦是为学兵法。……后世言兵者称述左氏不衰；明颜季亨《九十九筹》卷一《战律〈春秋〉》叹'《春秋》兵法之圣也'，即以孙、吴等兵法诠《左传》；陈禹谟撰《左氏兵略》；清魏禧《魏叔子文集》卷二有《春秋战论》一首，谓'左氏之兵'为'谋三十有二'、'法二十有二'焉。"① 从上述文献来看，古人常将《左传》和《孙子兵法》《孙吴兵法》并列在一起。《孙子兵法》全面地总结了战争的规律、用兵的原则，理论深邃，但书中却没有具体的战例分析。《左传》中记录的许多战役，如城濮之战、鄢陵之战、柏举之战，不但详细描写了战争的过程，而且展示了谋略、战术的运用方式，可以说是极好的兵法教科书。朱宝庆认为："《左传》中的兵法思想，以其哲理性和现实具体性相统一的形式，强烈地影响着后世历代的史学家、哲学家和军事家。"② 他所说的"现实具体性"，就是指《左传》当中有大量鲜活的战争事例。许多古代将领，如关羽、李典、岳飞等正是从这些战例中汲取养分，学习成功的战争经验。

关羽之所以喜好《左传》，并能够"讽诵略皆上口"，极有可能是因为他从《左传》中学到了不少战争经验。关羽一直是刘备最得力的部下之一，有杰出的军事才能。刘备入川后，特意将镇守荆州的重任交给关羽，也足可见他能力出众。关羽后来北伐襄樊，虽然因东吴偷袭而功败垂成，但也一度声势浩大，威震华夏。关羽能够成为一代名将，与他精通《左传》、努力学习前人智慧是分不开的，后人常将关公与《春秋》联系在一起，认为关公好读《春秋》，其实这完全出于附会。清代学者梁章钜认为：

---

① 钱钟书. 管锥编［M］. 北京：生活·读书·新知三联书店，2012：571.

② 朱宝庆. 左氏兵法［M］. 西安：陕西人民出版社，1991：7.

"羽好《左氏》，史有明文。世俗即谓志在《春秋》，而不知其非事实也。"① 如上所述，《左传》和《春秋》虽然有一定联系，却也有重大的区别。后人所说的《春秋》，不仅指《春秋》经文本身，更主要是指阐发微言大义的《春秋公羊传》和《春秋谷梁传》。东汉末年，以阐发春秋大义为主的《公羊传》和《谷梁传》的研究已变得极为繁琐、晦涩，如著名经学家何休在《春秋公羊经传解诂》中提出了《春秋》大义的"三科""九旨""七等""二类"等名目，这些观点大多穿凿附会，甚至故弄玄虚，遭到后世学者的批评。关羽是出身社会下层的武将，学术修养不是很高，显然不会对这种的《春秋》学有多少兴趣，所以历史上的名将关羽，喜好的是可以学习战争经验的《左传》，而不是阐发微言大义的《春秋》。

第三节 关公与《春秋》

关公崇拜是从宋元时期开始流行的，这也是经学史上《春秋》学发达的时代。隋唐时期，《春秋》学呈现衰颓之势，有影响的学者和著作不多。赵伯雄认为："至于进士科的考试，以诗赋为主，《春秋》经传更起不了多大的作用，因此唐代士人研读《春秋》经传的热情远不及前世为高。"② 两宋时期，中国哲学有了重大的发展，理学开始流行，许多学者在研究儒家经典时，敢于推翻传统观念、提出新的观点。在《春秋》研究方面，宋元时期出了不少影响深远的著作和学说，如孙复的《春秋尊王发微》、刘敞的《春秋权衡》、胡安国的《春秋传》、张洽的《春秋集传》等，都是影响很大的著作。元代吴澄的《春秋纂言》、赵汸的《春秋属辞》等，也都是

---

① 卢弼. 三国志集解［M］. 上海：上海古籍出版社，2012：2515.
② 赵伯雄. 春秋学史［M］. 济南：山东教育出版社，2014：273.

《春秋》学名作。

宋代学者研究《春秋》时，大多喜欢结合时政来阐发《春秋》大义。牟润孙认为："两宋解说《春秋》之书虽众，笃守汉唐矩矱，专言一传，而不影射时事者，几可谓无之。北宋治《春秋》者好论内政，南宋治《春秋》者好论御侮，其言多为当时而发。无论与孙复、胡安国二氏有出入否，固无不受二氏之影响者，亦可谓发明尊王攘夷之义为宋人《春秋》学之主流，余事皆其枝节耳。"① 正如牟先生所说，两宋时期外患严重，研究《春秋》的学者也大都喜欢宣扬"尊王攘夷"的大义。如孙复的《春秋尊王发微》、胡安国的《春秋传》都反复宣传"尊王攘夷"的主张，对后世经学有很大影响。宋代的科举考试很重视经学，随着《春秋》学的发达，士人们研读《春秋》的热情也高涨起来。

从现存相关文献资料来看，将关公与《春秋》联系在一起，大概是从元代开始的。金朝田德秀的《嘉泰重修庙记》中提到"公平昔好《春秋左氏传》"②，《春秋左氏传》是《左传》的全名，还是比较明确地指《左传》。元代出现了不少三国题材的杂剧，其中提到关公喜读《春秋》和《左传》两部书，如关汉卿的《单刀会》第四折中鲁肃对关公说："想君侯文武全材，通练兵书，习《春秋》《左传》"③。郑光祖的《虎牢关三战吕布》第一折中张飞指责关公："二哥哥你枉将《左传》《春秋》看"④，无名氏的《关云长千里独行》第二折中甘夫人批评关公："知书的小叔，你可便枉看了些《左传》《春秋》"⑤。无名氏的《寿亭侯怒斩关平》第三折："我闲时节看一会《春秋》，讲一会《左传》，并无那半星儿牵挂。"⑥

---

① 牟润孙. 注史斋丛稿［M］. 北京：中华书局，2009：70.

② 宋万忠，武建华. 解梁关帝志［M］. 太原：山西人民出版社，1992：172~173.

③ 王季思. 全元戏曲：第一卷［M］. 北京：人民文学出版社，1999：69.

④ 王季思. 全元戏曲：第四卷［M］. 北京：人民文学出版社，1999：410.

⑤ 王季思. 全元戏曲：第六卷［M］. 北京：人民文学出版社，1999：724.

⑥ 王季思. 全元戏曲：第七卷［M］. 北京：人民文学出版社，1999：758.

无名氏的《关云长大破蚩尤》："他古城中寻问他哥哥去，将《春秋》《左传》曾读。"① 在这些戏曲中，关公好读的书既有《春秋》，又有《左传》，并且大都将《春秋》放在《左传》之前。这些作品之所以提到关公读《左传》，显然是受到了《三国志》的影响。不过，在《左传》之前加上《春秋》，却是出自这些文学家的虚构。

　　元代的讲史话本《三国志平话》中，关公出场时，作者写道："喜看《春秋左传》"②，这里的《春秋左传》是《春秋左氏传》，还是《春秋》和《左传》，并不明确。元末明初的罗贯中的《三国志通俗演义》可能受到了元杂剧的影响，也明确说明关公精通《春秋》。书中曹操在华容道上遇到关公，向关公求情："将军深明《春秋》，岂不知庚公之斯追子濯孺子乎？"③ 这里曹操的这句话有明显的问题，他提到的"庚公之斯追子濯孺子"的故事，不是出自《春秋》，而是出自《孟子·离娄下》④。《孟子》记载，庚公之斯学射于尹公之他，尹公之他学射于子濯孺子。庚公之斯追击子濯孺子时，念及三人的师承关系，放走了子濯孺子。曹操提到这一故事，也是希望关公能放过自己。《左传·襄公十四年》中也记载了同一事件，但是人物的名字与《孟子》中不太一致，故事情节也与《孟子》中正好相反⑤。文中曹操所说的《春秋》，应该是指《左传》，但是又将《左

---

① 王季思. 全元戏曲：第七卷［M］. 北京：人民文学出版社，1999：776.
② 丁锡根. 宋元平话集［M］. 上海：上海古籍出版社，1990 年，第 755 页。
③ （明）罗贯中. 三国志通俗演义［M］. 上海：上海古籍出版社，1981：487.
④ 《孟子·离娄下》：郑人使子濯孺子侵卫，卫使庚公之斯追之。子濯孺子曰："今日我疾作，不可以执弓，吾死矣夫！"问其仆曰："追我者谁也？"其仆曰："庚公之斯也。"曰："吾生矣。"其仆曰："庚公之斯，卫之善射者也。"夫子曰："吾生，何谓也？"曰："庚公之斯学射于尹公之他，尹公之他学射于我。夫尹公之他，端人也，其取友必端矣。"庚公之斯至，曰："夫子何为不执弓？"曰："今日我疾作，不可以执弓。"曰："小人学射于尹公之他，尹公之他学射于夫子。我不忍以夫子之道反害夫子。虽然，今日之事，君事也，我不敢废。"抽矢，扣轮，去其金，发乘矢而后反。
⑤ 《左传·襄公十四年》：初，尹公佗学射于庚公差，庚公差学射于公孙丁。二子追公，公孙丁御公。子鱼曰："射为背师，不射为戮，射为礼乎？"射两𩨋而还。尹公佗曰："子为师，我则远矣。"乃反之。公孙丁授公辔而射之，贯臂。

传》和《孟子》中两个情节不同的故事弄混了。这也正说明,小说的作者在关公是精通《春秋》还是《左传》这一问题上,态度模棱两可,并没有刻意突出关公与《春秋》的关系。

明清以后的民间传说中,关公的祖父、父亲都精通《春秋》,关公自幼受到祖父、父亲影响,也熟读《春秋》。清代学者黄奭说:"羽祖石磐、父道远,并羽三世,皆习《春秋》。张大本有墓铭言其事,然无征不可信也。"① 清人宋荦的《筠廊二笔》中记载:"朱旦作《关侯祖墓碑记》,记中载侯祖石磐公讳审,字问之,和帝永元二年庚寅生,居解州常平村宝池里。公冲穆好道,以《易》《春秋》训其子。卒于桓帝永寿三年丁酉,享年六十八。子讳毅,字道远,性至孝,父没庐墓三年,既免丧。于桓帝延熹三年庚子六月二十四日生侯,侯长娶胡氏,于灵帝光和元年戊午五月十三日生子平,其大略如此。"② 这些材料中记载了一些关公祖父、父亲的情况,特别说明关公祖父精通《春秋》。但是,关羽父、祖的名讳在三国时期的史料中没有明确的记载,其家三世传习《春秋》很有可能也是出自后人的附会。明清以后,关公秉烛夜读《春秋》的传说在民间广为流传,不过这一传说并非出自小说《三国志通俗演义》。嘉靖本《三国志通俗演义》是现存最早的版本,这一版本中写关公千里走单骑时,荥阳关小吏胡班久闻关公大名,夜间到驿馆旁观,"见云长左手绰髯,凭几于灯下看书"③,不过文中并未说明关公所观是什么书。嘉靖本中卷五《张辽义说云长》中写关公投降曹操,护送二位嫂嫂前往许昌时,小说中这样说:"云长收拾车仗,请二嫂嫂上车,亲自引军护送而行。操使人供送用物饮食。已到许昌,军马各还营寨。操拨一府,另与云长居住。云长分一宅为两院,内门拨老

---

① 卢弼. 三国志集解 [M]. 上海:上海古籍出版社,2012:2515.
② 宋荦. 筠廊二笔 [M] //上海古籍出版社,编. 清代笔记小说大观:第1册. 上海:上海古籍出版社,2007:59.
③ 罗贯中. 三国志通俗演义 [M]. 上海:上海古籍出版社,1981:267.

军十人守之，关公自居外宅。"① 万历年间的万卷楼本《三国志通俗演义》，此处文字与嘉靖本不同，万卷楼本正文后插入了一段名为"考证"的双行夹批："《三国志·关羽本传》：'羽战败下邳，与昭烈之后俱为曹操所掳，曹欲乱其君臣之义，使后与羽共居一室。羽避嫌疑，执烛侍后，以至天明，正是一宅分为两院之时也。'故《通鉴》断论有曰：'明烛以达旦，乃云长之大节耳。'"② 这段"考证"文字装模作样地引用了《三国志》和《通鉴》，看起来像是可靠的史料，但完全是点评者的杜撰，其中秉烛达旦这一情节十分精彩，很可能是出自民间传说。

清代学者毛宗岗评点本《三国演义》，是后世最流行的《三国演义》版本。小说中关公护送二位夫人前往许都时这样写："关公收拾车杖，请二嫂上车，亲自护车而行。于路安歇馆驿，操欲乱其君臣之礼，使关公与二嫂共处一室。关公乃秉烛立于户外，自夜达旦，毫无倦色。"③ 毛宗岗很可能也是吸收万卷楼本"考证"文字，改写出了小说中关公秉烛达旦这一情节。不过，不管是万卷楼本还是毛宗岗评点本《三国志通俗演义》小说中，都没有提到关公秉烛夜读《春秋》。毛宗岗在评点《三国演义》时，有意识地将关公与《春秋》联系起来。如小说第二十五回中写到关公投降曹操之前，与张辽约定三事。毛宗岗在这一回的回评中写道："汉是汉，曹是曹，将两下划然分开，较然明白，是云长十分学问，十分见识。非熟读《春秋》，不能到此。"④ 又如小说第一百二十回中写到杜预喜读《左传》时，毛宗岗插入一条夹批说："关公好读《春秋》，杜预好读《左传》，正复相对。"⑤ 其实历史上的武将关羽喜好的也是《左传》，精通三国史的毛宗岗又怎会不知？这里他显然是刻意将杜预与关公对比，借机赞美关公的

---

① 罗贯中. 三国志通俗演义 [M]. 上海：上海古籍出版社，1981：242.
② 罗贯中. 三国志通俗演义：万历万卷楼本 [M]. 上海：上海古籍出版社，1991：469.
③ 罗贯中. 三国演义 [M]. 毛宗岗，批评. 济南：齐鲁书社，1991：300.
④ 罗贯中. 三国演义 [M]. 毛宗岗，批评. 济南：齐鲁书社，1991：294.
⑤ 罗贯中. 三国演义 [M]. 毛宗岗，批评. 济南：齐鲁书社，1991：1472.

忠义而讽刺杜预不明《春秋》大义。

　　明清时期的一些三国题材的戏曲中也有关公秉烛达旦的故事，这些故事中明确点出关公夜间所读之书是《春秋》。如明代后期的传奇《古城记》中，比较早地出现了关公秉烛夜读《春秋》的情节。传奇《古城记》的作者不详，创作年代大概是在明代后期。《古城记》讲述刘关张三人在徐州战败而失散，一番波折后又在古城相会的故事。《古城记》中有一出《秉烛》中写到了关公秉烛夜读之事。剧中写关公降曹后，护送二位嫂嫂至许都。在许都驿馆中，曹操部下许褚命驿丞只准备一间客房、一床铺盖、一枝小烛，要等待烛尽，令人高喊"嫂叔通奸"。关公于是向二位嫂嫂借来灯烛，在门外"看一卷《春秋》"①。灯烛四更燃尽之时，他又剥取木墙板燃烧，一直看书直至天明。清代以后不少三国戏曲都沿用了这一情节。如清代乾隆年代的宫廷大戏《鼎峙春秋》，第三本第二十出题为"秉烛人有一无二"，情节与《古城记》大致相同。剧里关公在唱词中说："兴亡千古事，秉烛看《春秋》。"②

　　清代的昆曲有一出戏名为《夜看〈春秋〉》，写关公早年时夜看《春秋》心烦，于街上闲走，见不平之事。他斩杀恶霸熊虎，逃亡他乡。关公的唱词中说："看鲁史《春秋》，孔文左传，为褒贬，正直无偏向。"又唱道："自古来忠臣良将，丹心耿耿气昂昂。文尊礼仪，武重纲常。一个儿赤胆忠心扶社稷，一个儿丹诚立志佐朝堂，一个儿勋名在，一个儿臭名扬。一个儿叨荣享，一个儿受着灾殃。因此上圣人执笔造《春秋》，乱臣贼子心胆丧。本待要秉正除奸，立国安邦。"③ 这两段唱词写关公读《春秋》后的感悟，对《春秋》要旨的理解十分深刻。清代后期，京剧及很多地方戏中都有类似情节。随着相关戏曲作品的广泛流传，关公"秉烛夜读《春

---

①　胡世厚. 三国戏曲集成：明代卷［M］. 上海：复旦大学出版社，2018：113.
②　胡世厚. 三国戏曲集成：清代传奇杂剧卷［M］. 上海：复旦大学出版社，2018：917.
③　胡世厚. 三国戏曲集成：晚清昆曲京剧卷［M］. 上海：复旦大学出版社，2018：3~4.

秋》"成为家喻户晓、妇孺皆知的故事。

清代以后各种关公秉烛夜读《春秋》的画像、塑像极为流行，几乎成为关公的标准形象。如清张鹏翩的《关帝像赞》："义存汉室，致主以忠。《春秋》之旨，独得其宗。"① 清刘思敬《关帝像赞》："图画千载，其面有稜。生平所学，《春秋》一经。"② 这些清人的画像赞语都提到所画关公读《春秋》的形象。许昌、运城等地的关庙中都有春秋楼，这些建筑也都因关公夜读《春秋》的传说而得名。如河南许昌市，就是三国时期的许都，此地有兴建于元代的春秋楼，传说是关公夜读《春秋》之处。运城解州关帝庙，人称"武庙之祖"，庙中的春秋楼高约 30 米，楼内有关公读《春秋》像。整座楼雕饰精美，雄伟壮丽。清人刘曾的《汉关夫子春秋楼记》写陕西汉阴的春秋楼，是一篇广为传诵的名文，文中这样写道："夫楼胡以'春秋'名也？考《春秋》系鲁史，东周以还，王纲欲坠，我孔子惧万世君臣之大义不明，不得已而以宗鲁者尊周，托《春秋》以见志，此《春秋》之所以有其书也。若汉自灵、献守府，无异东迁，而当时汉统在蜀，我关夫子欲以存蜀者存汉，志《春秋》之志，此'春秋'之所以有其人也。……嗟乎！《春秋》一书，系万古纲常。当其时，笔削独断，非所称游、夏不能赞一词，而《公》《谷》《左》胡仅得其貌焉者也？我夫子以布衣起戎行，抢攘于金戈铁马之间，而讨贼大义，如揭日月，东鲁心传，若合符节。是岂必斤斤焉取二百四十二年之事，如经生家占毕穷年，皓首一室，搜遗迹于往帙，讨故实于残编也耶？则夫子所读之书，必谓《春秋》也。"③ 文中将孔子、《春秋》和关公紧密地联系在一起，把孔子、关公都称为"夫子"，认为关公继承了孔子的《春秋》大义。后人有一副对联说："山东夫子著《春秋》，山西夫子读《春秋》"，也正是此意。

---

① 宋万忠，武建华. 解梁关帝志［M］. 太原：山西人民出版社，1992：366.
② 宋万忠，武建华. 解梁关帝志［M］. 太原：山西人民出版社，1992：367.
③ 李扶九. 古文笔法百篇［M］. 长沙：岳麓书社，1984：172.

明清时期关于关公的不少文学作品，如诗歌、碑铭、对联等，已经不大提到关公喜读《左传》，却将关公与《春秋》紧密地绑定在一起。各地关庙碑文中有很多文章赞美关公精通《春秋》。明朝初期洪熙年间李永常为解州关帝庙所写的《洪熙修庙记》："公勇而好义，好诵《春秋》。"① 这是现存关庙碑文中比较早地将关公与《春秋》联系在一起的一篇。这说明不仅是戏曲、小说中认为关公熟读《春秋》，文人士大夫也都认可这一看法。明王一中的《处州关圣庙记》："盖我公自据鞍之暇，手一编唯《春秋》，其所得于我夫子之教最深，故其庙均遍天下。"② 清张松孙的《重修关陵庙碑记》："昔孔子作《春秋》而天经地义，万古昭垂。后世圣贤能以孔子之心为心，三代下惟蜀汉关圣大帝一人而已。夫《春秋》非圣人不能作，亦非圣人不能读。"③ 诗歌中类似的作品也比比皆是，如明陶琰的《重谒武安王》："志在《春秋》知讨贼，忠存社稷欲安刘。"④ 明雷林的《谒解州庙》："夜分矗矗阅《春秋》，蜀汉英雄第一流。"⑤ 陶世征的《关圣读〈春秋〉》："汉季有真儒，孤忠怀鲁史。"⑥ 清乔寿恺："心契《麟经》昭大义，志维汉鼎矢孤忠。"⑦ 其中的《麟经》就是指《春秋》，因孔子修《春秋》绝笔于获麟而得名。清果亲王的《谒解州庙》："万古《春秋》至，唯公升其堂。"⑧

清代以后许多关庙对联也颂扬关公对《春秋》大义的践行，如清果亲

————————

①　宋万忠，武建华. 解梁关帝志［M］. 太原：山西人民出版社，1992：189.

②　陈梦雷. 古今图书集成·神异典·关帝圣君部：第五十三卷［M］. 影印本. 北京：中华书局，1934.

③　胡小伟. 关公崇拜研究系列之五·燮理阴阳：《关帝灵签》祖本及其研究·历代关庙碑刻辑存［M］. 香港：科华图书出版公司，2005：511.

④　宋万忠，武建华. 解梁关帝志［M］. 太原：山西人民出版社，1992：274.

⑤　宋万忠，武建华. 解梁关帝志［M］. 太原：山西人民出版社，1992：286.

⑥　宋万忠，武建华. 解梁关帝志［M］. 太原：山西人民出版社，1992：335.

⑦　宋万忠，武建华. 解梁关帝志［M］. 太原：山西人民出版社，1992：345.

⑧　宋万忠，武建华. 解梁关帝志［M］. 太原：山西人民出版社，1992：339.

王的对联："华夏震明威此地自应崇俎豆，日星炳大义当年不愧读《春秋》。"① 清龚廷飏的对联："山东夫子山西夫子瞻圣人之居条峰并泰岳同高，作者《春秋》述者《春秋》立人伦之至涑水与洙泗共远。"② 无名氏的对联："读孔子遗书，惟爱《春秋》一部；存汉家正统，岂容吴魏三分？"无名氏的对联："读史溯《春秋》，直并文宣归圣域；扶六凭节义，合先武穆列天曹。"③ 清人褚人获的《坚瓠集》中记载："商丘宋文康公（权）过蒲州，谒关侯庙，见一联云：'怒同文武，道即圣贤。'公以对句不工，思有以易之。偶午睡，梦侯告之曰：'何不云"志在《春秋》"？'公醒而书送侯庙。……又山西一友，言侯庙中有一对：'赤面凛赤心，乘赤兔追风，间关中无忘赤帝；青巾对青史，仗青龙偃月，隐微处无愧青天。'巾字不若灯字。"④ 上一副对联中以"志在《春秋》"对"怒同文武"，可谓十分工整，意蕴也很深厚。下一副对联中"青巾对青史"一句，改为"青灯对青史"确实更好。"青史"指的就是《春秋》，"青灯对青史"指的是关公秉烛夜读《春秋》一事。

正是因为后人认为关公好读《春秋》，所以明清以后很多参加科举考试的读书人就把他当作《春秋》经的权威来崇拜。明代王兆云的《挥麈新谭》中有《假关王》一篇，记载了这样一个故事："长洲李学谕弘，江西人。言其地民家一子，年二十余。有神凭其体，自称关云长，言人祸福历历有验，远近祷请日以千计。里有二儒生议曰：'云长通《春秋》，盍往问之，则知其真伪矣。'因往见，摘《春秋》为问，其子应之如响。二生惊服，以为真云长也。由是土人益加敬信。藩臬诸公闻之，因往观焉。其子方据高座，见诸公入门，即从坐上直跌至地。诸公一笑而出。其子伏地半

① 宋万忠，武建华. 解梁关帝志［M］. 太原：山西人民出版社，1992：368.
② 宋万忠，武建华. 解梁关帝志［M］. 太原：山西人民出版社，1992：371.
③ 朱一玄，刘毓忱. 三国演义资料汇编［M］. 天津：南开大学出版社，2012：547.
④ 朱一玄，刘毓忱. 三国演义资料汇编［M］. 天津：南开大学出版社，2012：570.

日方起,告其主曰:'我本一生员,通《春秋》经,暴疾而死。偶附此子,以享一方血食,实非云长也。今见两司长官长,终为名分所拘,故不觉失足耳。'言讫,一睡而觉,后竟不复至矣。"① 虽然这一故事中写到的关公是一位假神灵,但是从两个书生所说的"云长通《春秋》"一语来看,明代的读书人已经将关公与《春秋》紧密地联系在一起,认为关公确实是精通《春秋》的。明代崇祯年间出现的《关帝历代显圣志传》,是一部专门记载关帝显灵事迹的白话小说,共收录故事三十三则。其中第三十二则记明末关帝显圣,与福建泉州府晋江县一文学探讨《易》与春秋之理,小说中写道:"一夜,文学梦帝从壁间下,握文学臂上厕堂,问文学曰:'子读《易》,曾知《易》与《春秋》大旨相通否?'文学曰不能答,但曰:'《春秋》义正,《易》理微。'帝曰:'不然。知《易》则知《春秋》矣。《春秋》开卷第一义,书"元年春王正月",千古诸儒,莫得其解。子知否?可以易先天《说卦》"数往者顺,知来者逆,是故易逆数也"之说参合看,便知《易象》《春秋》,旨原相合,世儒莫知察耳。'"② 这里写关公不仅精通《春秋》,还擅长《周易》,并且能够将二者融会贯通。晋江文学后来又与同乡李光缙探讨关帝梦中所授的学说,李光缙受益匪浅,后来在乡试高中解元。

　　明清时期,民间流行一种名为"扶乩"的迷信活动。传说扶乩之时,会有神灵降临在扶乩者的身上,通过乩笔写下字迹,借以传达神明的旨意,推断事情的吉凶。关公是扶乩时经常降临的神灵之一,关公降临时也常常会涉及《春秋》。如清人袁枚的《续子不语》卷十记载:"某生员请仙,一日关帝临坛,某以《春秋》一段问之。乩上问答,明晰无误,批讫,遂去。"③ 此处写秀才扶乩请神,关公降临,秀才以《春秋》考问神灵,才确

① 王兆云. 挥麈新谭 [M] //四库全书存目丛书:子部第 248 册. 济南:齐鲁书社,1997:155.

② 穆氏. 关帝历代显圣志传:古本小说集成 [M]. 上海:上海古籍出版社,1992:248.

③ 袁枚. 子不语 [M]. 上海:上海古籍出版社,2012:450.

定是关公，显然也是认为关公精通《春秋》。如《清稗类钞》卷七十三记载："湖州荻港有纯阳宫乩坛。道光癸卯浙江乡试前，有人请乩，忽关羽降坛。群罗拜，求示闱题。乩书曰：'在白云红叶之间。'众皆未喻，复求明示。又书曰：'吾不读《春秋》。'乩寂然，群谓不可解。及入闱，题为'假我数年'二章，题前终于'浮云'。后一章'叶公问政'，叶读摄，必加朱圈。而题中《易》《书》《诗》《礼》皆备，唯阙《春秋》。始悟乩语之隐切也。"① 传说中关帝最精通《春秋》，但这个故事里，科考前关公却在乩语中说"吾不读《春秋》"，所以令众人颇为疑惑。科考开始后，众士子才发现原来是五经中没有关于《春秋》的考题。这个故事十分有趣，也从一个侧面说明了关公与《春秋》联系之紧密。

后世民间传说中有护佑文运的五位神明"五文昌"，其中的"文衡帝君"就是关公。在不少民间传说中，关公护佑了不少士子在科举中高中。《古今图书集成》中记载："嘉靖间，临江县有禅寺塑帝像。太史张春未第时，读书其间，往来帝前，必稽首致敬；遇朔望，必焚香默祷。忽有数蜂在帝像耳结窠，春见之，即为剔去。是夜，梦帝至其书室，春屈膝拜迎。帝曰：'承汝疗耳，未有以报。子读《春秋》，曾知奥义否？'遂为春讲解数条。春听之，皆发人所未发。自此以后，每夜梦帝来临。"② 经过关帝梦中指点，张春后来在丁未会试中"联榜及第"，殿试后又选入翰林。从这一故事也足可见关公精通《春秋》这一传说深入人心，影响之深远无与伦比。

① 徐珂编. 清稗类钞 [M]. 北京：中华书局，2010：4554.
② 陈梦雷. 古今图书集成·神异典·关帝圣君部：第三十八卷 [M]. 影印本. 北京：中华书局，1934.

第四节　关公形象与"《春秋》大义"

历史上的武将关羽"好《左氏传》",极有可能是为了从《左传》中学习战争经验。《左传》与《春秋》有一定的联系,但却是两部内容差异很大的著作。但是,从元代以来的数百年间,学者、文人们却悄悄地抛开《左传》,将关公与《春秋》紧密地绑定在了一起。他们之所以要这样做,是因为经过历代学者的阐发,《春秋》逐渐包含了一套体系内涵丰富、严密的"《春秋》大义"。宋代著名学者朱熹认为:"《春秋》大旨,其可见者:诛乱臣,讨贼子;内中国,外夷狄,贵王贱伯而已。"① 沈玉成认为:"所谓的《春秋》大义,一直为中国封建的统治阶层视为'经世之大法',即永恒的政治原则和伦理纲领。"② 这一套政治原则、道德规范一直是中国古代社会的主流思想,对社会生活的方方面面都产生了持久而深远的影响。元代以后人们在塑造关羽形象时,潜移默化地将春秋大义的内涵融入其中。当关公形象逐渐成熟后,他们又借助这一形象来宣扬《春秋》所体现的政治、道德理念。《春秋》大义成就了关公形象,关公形象也成功地展现了《春秋》大义。儒家的"《春秋》大义"经过历代学者的不断阐发,内涵极为丰富。元代以后的人们所塑造的关公形象,主要体现了儒家的"大一统""讨贼"和"君臣之义"等政治理念。

一、"大一统"

元明以后所塑造的关公形象,体现了人们对《春秋》大义中的"大一

---

① 朱熹. 朱子语类 [M]. 北京:中华书局,2004:2144.
② 沈玉成,刘宁. 春秋左传学史稿 [M]. 南京:江苏古籍出版社,2000:50.

统"观念的高度认同。"大一统"一词，始见于《公羊传·隐公元年》："何言乎王正月？大一统也。"① 汉代学者董仲舒解释这一政治理念说："《春秋》大一统者，天地之常经，古今之通谊也。今师异道，人异论，百家殊方，指意不同，是以上亡以持一统；法制数变，下不知所守。臣愚以为诸不在六艺之科、孔子之术者，皆绝其道，勿使并进。邪辟之说灭息，然后统纪可一而法度可明，民知所从矣。"② 大一统思想起源于春秋战国时期。孔子、孟子等学者身处动乱之世，深知分裂纷争之苦，所以都希望国家能实现一统。孔子所主张的"礼乐征伐自天子出"，孟子所主张的"定于一"，都是"大一统"观念的雏形。董仲舒主张的"大一统"，就是强调国家应该建立统一的政治制度，有统一的法制号令、思想观念。秦统一六国实现国家统一之后，历代统治者也都十分重视宣扬"大一统"理念。

元明以后，学者、文人们所塑造的关公是一个忠于大汉、志在匡扶汉室的忠臣烈士形象。小说《三国志通俗演义》中，刘关张三人结义，立誓"上报国家，下安黎庶"，其中所说的"国家"，指的就是汉朝。关公投降曹操时提出的第一个条件就是"吾与刘皇叔同设誓时，共扶汉室，吾今只降汉帝，不降曹操，凡有杀戮，不禀丞相。"汉朝是一个存在了四百年左右的安定统一的帝国，自然而然就成了大一统政权的典范。关公忠于大汉、立志匡扶大汉，正体现了他对大一统政治理想的追求。南宋以来，"蜀汉正统论"十分流行，大多数学者、文人都认为刘备是汉室宗亲，德行高尚，他所建立的蜀汉延续了大汉王朝，代表着朝廷正统。这样一来，忠诚于刘备，也就是忠诚于大汉。在《三国志通俗演义》中，诸葛亮、关羽、姜维等蜀汉臣子都以恢复汉室为己任，他们所要恢复的不仅是汉室，其实更是安定和平的"大一统"国家政权。

明清以后的学者、文人也都将忠于大汉、匡扶汉室的关公树立为《春

---

① 刘尚慈. 春秋公羊传译注 [M]. 北京：中华书局，2017：1.
② 班固. 汉书 [M]. 北京：中华书局，1962：2523.

秋》维护"大一统"理念的典型代表，如明胡汝励《汉寿亭侯碑记》认
为："侯平生好《春秋左传》。盖《春秋》以尊王室，大一统，诛乱贼，敦
典庸礼为义。……侯之所以从昭烈者，为汉社稷也。厥后献帝竟被废弑，
而昭烈成鼎足之形一延汉祀，此又明验也。"① 又如明孟鍠的《弘治重修庙
记》："予惟炎祚既微，三国各私所事，抑孰知正统所在邪？惟王夫子于孔
明、张飞同心夹辅先主，誓欲恢复中原，可谓能明大义者矣。"② 明侯加采
的《谒解州庙》："将军威武震华夏，志在《春秋》矢不移。扶汉赤心常达
面，勤王丹悃尽攒眉。中原父老瞻依日，西蜀君臣倚重时。何事苍天厌汉
祚，至今遗恨使人悲。"③ 又如无名氏的关庙对联："王业不偏安，拒操和
权，诸葛非知己；《春秋》大一统，帝蜀寇魏，紫阳乃许同心。"④ 在明清
学者看来，虽然蜀汉只是一个割据政权，关公北伐中原也以失败告终，但
他对大汉政权的高度忠诚以及他为恢复汉室所做的种种努力，使得他成为
捍卫"大一统"制度的杰出代表。

二、"讨伐乱臣贼子"

元明以后的关公形象，寄托着《春秋》大义中"讨伐乱臣贼子"的政
治理念。孟子说："孔子成《春秋》而乱臣贼子惧。"⑤ 许多儒家学者认
为，孔子作《春秋》时秉笔直书、一字寓褒贬，使得乱臣贼子十分畏惧。
《公羊传》发挥了这一思想，认为臣子应该竭尽全力讨伐乱臣贼子。如
《公羊传·隐公十一年》："君弑，臣不讨贼，非臣也。不复仇，非子

---

① 胡小伟. 关公崇拜研究系列之五·燮理阴阳：《关帝灵签》祖本及其研究·历代关庙
   碑刻辑存 [M]. 香港：科华图书出版公司，2005：361.
② 宋万忠，武建华. 解梁关帝志 [M]. 太原：山西人民出版社，1992：196.
③ 宋万忠，武建华. 解梁关帝志 [M]. 太原：山西人民出版社，1992：317.
④ 朱一玄，刘毓忱. 三国演义资料汇编 [M]. 天津：南开大学出版社，2012：547.
⑤ 杨伯峻. 孟子译注 [M]. 北京：中华书局，2010：142.

也。"① 又如《公羊传·宣公十一年》："上无天子，下无方伯，天下诸侯有为无道者，臣弑君，子弑父，力能讨之则讨之可也。"② 在儒家的政治理念中，"讨贼"与"尊王"是紧密联系在一起的。"尊王"就是尊奉天子，维护至高无上的王权，"讨贼"则是要讨伐危害王权、危害国家的乱臣贼子。元明以后，关公被塑造成了忠于大汉、立志讨贼的典范。元杂剧《关云长刀劈四寇》中关公斩杀了祸国殃民的李傕、郭汜等四个奸贼，受到汉献帝的封赏。

《三国志通俗演义》中着力将曹操塑造为篡汉的奸贼，他不但杀害了董承、吉平、耿纪、韦晃等大汉忠臣，还勒死了怀有身孕的董贵妃，杖杀了伏皇后，并欺凌汉献帝。蜀汉的刘备、诸葛亮、关羽等都被塑造为讨伐奸贼的忠臣烈士。诸葛亮在《后出师表》中提出了"汉贼不两立，王业不偏安"的主张。元代学者程巨夫认为："周道既衰，孔子作《春秋》，而万世君臣之法定。曹操篡窃，群雄并起而争之，《春秋》几废。先主揭大义，发大号，再造刘氏。侯首称'汉贼不两立，王业不偏安'，间关百折，期复汉祚。《春秋》之义，焕然复明。至今三尺之童，犹知贼曹而帝汉者，侯之功也。"③ 他认为诸葛亮所提出的"汉贼不两立"正契合于《春秋》大义。

在《三国志通俗演义》中，关公更是被塑造成勇于讨伐奸贼曹操的英雄。早在建安三年（198 年）曹操邀请汉献帝、刘备和关羽狩猎时，关公看到曹操欺凌天子，已经有意斩杀曹操。后来建安二十四年（219 年），他率军北上进攻襄阳、樊城，威震华夏，也是为了讨伐奸贼，恢复中原。元人胡琦认为："尝谓汉自中平已后，天下大乱，曹操迁天子于许都，孙权擅土地于江表，二人用心可知矣。是时群材并出，从而附之者，莫非汉臣，

---

① 刘尚慈. 春秋公羊传译注 [M]. 北京：中华书局，2017：50.
② 刘尚慈. 春秋公羊传译注 [M]. 北京：中华书局，2017：360.
③ 朱一玄，刘毓忱. 三国演义资料汇编 [M]. 天津：南开大学出版社，2012：157.

汉危不扶，而佐魏、吴倾覆之，述其所为，遗臭天下后世。孰若云长大勇愤发，心不忘义，事汉昭烈，誓同生死，守荆州九年，贼畏之如虎，讨樊之举，鼓忠义之气，破奸雄之胆，可不谓壮哉！"① 明周洪谟的《成化修庙记》中也说："侯素读《春秋》，观其早识先主为汉室之胄而力辅之，以除贼寇，图绍汉统，是得《春秋》攘夷狄、尊王室之矣。"② 明人凌世韶的《显汉寿亭像》诗中也说："忠孝有人犹是汉，混茫立体只尊王。"③ 清任瀚的对联："才兼文武义中君臣耻与汉贼同天勠力远开新帝业，威震华夏气吞吴魏能使奸雄破胆忠魂长绕神州。"④ 这副对联称赞了关公在讨伐奸贼曹操时所建立的杰出功业。

　　明清时期的一些学者甚至认为，关公不但讨伐曹操，还讨伐奸贼孙权。关公在单刀会时回绝鲁肃索要荆州的请求，后来又拒绝与孙权联姻，就是将孙权也视作奸贼。如明王忬的《嘉靖重修武安王庙记》中认为："昔者孔子作《春秋》，以尊王贱霸，诛乱讨贼，定名正分，故曰：'孔子作《春秋》，而乱臣贼子惧。'王雅好《春秋》，诵说而有得焉；其于正名逆分之间有深辨矣。矧复天性使然，则其为汉讨贼之心，安得不如是其坚，而纷华利害，又恶足以荡且夺也耶？若成败利钝，则固非以论王也。……况今天下匹夫匹妇，靡不知王之名，而慕王之忠义，王迄今犹凛凛有生气，视曹操、孙权二贼，世食汉禄，而敢为不臣，与夫同仕汉庭，而甘心臣妾二贼者，其垂芳贻臭，不亦霄壤也哉！"⑤ 清无名氏的关庙对联："清夜读《春秋》，一点烛光灿古今；孤州伐吴魏，千秋浩气贯乾坤。"⑥ 这副对联中的"孤州伐吴魏"，也正是关羽镇守荆州时，为讨伐奸贼，以一州之力对

---

① 朱一玄，刘毓忱. 三国演义资料汇编［M］. 天津：南开大学出版社，2012：174.
② 宋万忠，武建华. 解梁关帝志［M］. 太原：山西人民出版社，1992：193.
③ 朱一玄，刘毓忱. 三国演义资料汇编［M］. 天津：南开大学出版社，2012：526.
④ 宋万忠，武建华. 解梁关帝志［M］. 太原：山西人民出版社，1992：368.
⑤ 宋万忠，武建华. 解梁关帝志［M］. 太原：山西人民出版社，1992：210~211.
⑥ 朱一玄，刘毓忱. 三国演义资料汇编［M］. 天津：南开大学出版社，2012：547.

抗魏、吴两国。

在古代的学者看来，"讨贼"与"忠义"是紧密联系在一起的，"讨贼"就是忠君爱国。皮锡瑞认为："《春秋》大义，在讨乱贼，则《春秋》必褒忠义。经曰：'宋督弑其君与夷及其大夫孔父。''宋万弑其君捷及其大夫仇牧。''晋里克弑其君卓及其大夫荀息。'三大夫皆书'及'，褒其皆殉君难。《公羊传》曰：'何贤乎孔父？孔父可谓义形于色矣。''何贤乎仇牧？仇牧可谓不畏强御矣。''何贤乎荀息？荀息可谓不食其言矣。'《春秋》同一书法，《公羊》同一褒辞，足以发明大义。"① 在明清的学者、文人看来，关公身处乱世，却能忠于汉室，坚持以讨贼为己任，虽然最终功败身死，但其忠义精神却万古长存。正如清人张鹏翮的《谒荆州庙》中所说："汉季扶真主，高明万古崇。忠贞垂宇宙，浩气塞苍穹。"②

三、"君臣之义"

元明以后的关公形象还体现了学者、文人们对《春秋》大义中"君臣之义"的大力推崇，"君臣之义"就是君主与臣子之间相处时应当遵循的伦理原则。儒家的孔子、孟子都十分关注这一问题，孔子认为："君使臣以礼，臣事君以忠。"孟子认为："父子主恩，君臣主敬。"③ "君臣之义"在"《春秋》大义"中也是一个极为重要的问题。《公羊传·庄公二十四年》："戎将侵曹，曹羁谏曰：'戎众以无以，君请勿自敌也。'曹伯曰：'不可。'三谏不从，遂去之，故君子以为得君臣之义也。"④ 这里举出的事例说明，当君主犯错时，臣子要全力劝阻，尽到臣子的本分，如果君主仍然不听，臣子是可以离他而去的，这样的做法就是符合"君臣之义"。在儒家学者

---

① 皮锡瑞. 经学通论：春秋［M］. 北京：中华书局，2008：27.
② 宋万忠，武建华. 解梁关帝志［M］. 太原：山西人民出版社，1992：340.
③ 杨伯峻. 孟子译注［M］. 北京：中华书局，2010：80.
④ 刘尚慈. 春秋公羊传译注［M］. 北京：中华书局，2017：156.

看来，"君臣之义" 是极为重要的道德规范。何休在《春秋公羊经传解诂》中说："君臣之义正则天下定矣。"① 《谷梁传·宣公十五年》中则认为："为人臣而侵其君之命而用之，是不臣也；为人君而失其命，是不君也。君不君，臣不臣，此天下所以倾也。"②

元明以后，学者、文人所塑造的刘备、关羽形象很好地体现了儒家的 "君臣之义" 理念。刘备作为君主，对关公一直高度信任、关爱有加；关公作为臣子对刘备则始终忠心耿耿、至死不渝。汉末大乱，群雄并起，与袁绍、曹操、孙权等相比，刘备实力十分弱小，但关公却一直忠于大汉，坚定地追随汉室宗亲刘备。在小说《三国志通俗演义》中，关公为保全刘备家小，曾暂时投降曹操，曹操以高官厚禄收买他，他却不为所动，关公斩颜良、诛文丑以报答曹操之后，离开曹营追寻刘备。这一事迹充分表现了关公作为臣子的忠贞，使他受到了后人的高度赞誉。元代文人王纬在《泰定修庙记》中说："按三国史，汉末英雄割据时，则有关公审去就之机，明君臣之分，大义凛然著于当时，信于后世，庙食千载。"③ 明人缪天成认为："且昭烈鼓仁鬯义，开诚布公，联属人心，深固根本。而操之奸，孙之谲，绍无断而寡谋，术刚愎而自用，又孰与昭烈较哉？惟公独秉大智，蚤见及此，故舍强盛，就孤穷，逐草窃，扶正统，爵禄不能縻，冶丽不能惑，金币不能留，危难不能夺其操，死亡不能回其志。幸而扫除僭伪，廓清海宇，辟乾坤于再造，揭日月以重光，以绵汉家如蒂如发之祀. 其心固尽，而汉之功臣。即不幸而历数有定，景命难谌，帝业蔑期，捐躯报主，获与汉九庙君臣，同游于地下，其心亦尽，而不失为汉之纯臣。"④ 缪天成称赞关公为功臣、纯臣，这是一个极高的评价。

在明清时期的学者、文人们来看，关公身上过人的忠义之气使他成为

---

① 何休，解诂徐彦疏. 春秋公羊传注疏 [M]. 北京：北京大学出版社，2000：156.

② 承载. 春秋谷梁传译注 [M]. 上海：上海古籍出版社，2016：542.

③ 宋万忠，武建华. 解梁关帝志 [M]. 太原：山西人民出版社，1992：179.

④ 朱一玄，刘毓忱. 三国演义资料汇编 [M]. 天津：南开大学出版社，2012：507.

后世忠臣烈士的典范，也正是这种忠义精神使他成为"《春秋》大义"的化身。明方孝孺在《宁海县庙碑》中说："当侯之时，势莫完于曹操，力莫强于孙权，昭烈败亡之余，削弱为特甚。曹欲诱侯为己用，毅然不从；权欲为子请婚，辱骂其使如狗彘；左右昭烈，誓复汉室，此其忠义之气，固足以服天下，而岂一世之雄哉！"① 明唐顺之也在《嘉靖重修解庙开颜楼记》中说："侯始识玄德于草莽，卒然遇之，而遂授以肝胆死生之信，至于崎岖颠沛，东西奔窜，而其气愈不可夺，穷于俘虏之中，而志愈明：盖侯之大节，磊磊如此。"② 清刘思敬的《关帝像赞》："惟帝威灵，浩气常行。万夫之将，千人之英。辞曹归汉，义何分明。磊落雄亮，世无与衡。"③ 正如清果亲王在《谒解州庙》诗中说："当其忠义发，直欲凌太行。万古《春秋》志，唯公升其堂。"④

《春秋》这部儒家经典，在中国古代社会一直占据着极为重要的地位，通过《春秋》发挥出来的各种"大义"，对中国的政治制度、道德理念及民众的社会心理都有很大的影响。沈玉成认为："并不存在于《春秋》本身的'大义'，通过历代经师、学者无中生有的发挥，诸如大一统、君臣之道、夷夏之别、上下尊卑的不可逾越以至父子、兄弟、夫妇之间相处的道德规范，等等，举凡孔、孟为代表的儒家理论，无不一一具体地体现在《春秋》中。"⑤ 历史上的名将关羽，本来与《春秋》没有多少关系，但元明以来的数百年间，关公与《春秋》一直紧紧地绑定在一起，以至于关公几乎成为《春秋》的化身。清张松孙的《重修关陵庙碑记》中说："帝挺天人之资，造仁义之极，持心若冰壶朗镜，处事则白日青天。豪杰闻之向

---

① 宋万忠，武建华. 解梁关帝志 [M]. 太原：山西人民出版社，1992：187.
② 宋万忠，武建华. 解梁关帝志 [M]. 太原：山西人民出版社，1992：212.
③ 宋万忠，武建华. 解梁关帝志 [M]. 太原：山西人民出版社，1992：367.
④ 宋万忠，武建华. 解梁关帝志 [M]. 太原：山西人民出版社，1992：339.
⑤ 沈玉成，刘宁. 春秋左传学史稿 [M]. 南京：江苏古籍出版社，2000：50.

风，奸邪遇之心死。是帝即一《春秋》也，即一孔子也。"① 之所以会出现这样奇特的文化现象，也是因为元明以来的儒家学者们想要借助关公强大的影响力来宣传儒家的政治理念、道德规范。

关公形象中所体现的春秋大义，核心还是"忠义"二字。关公形象中所体现的各种春秋大义，如"大一统""讨贼""君臣之义"，其核心理念还是要突出忠于国家、忠于君主的忠义精神。清人谢子公的关庙对联这样写道："侯于汉王于宋帝于明极人世尊崇总难酬满腔忠义，蜀曰兄魏曰贼吴曰犬即言下予夺已括尽一部《春秋》。"② 这副对联中，上联的"忠义"和下联的"《春秋》"相互照应，"《春秋》大义"的内涵即为"忠义"。清王瑛曾的《重建武庙碑记》中也说："神志在《春秋》、功在名教，凡忠义志节之乡，尤心向往之。"③ 文中的"《春秋》"和"忠义志节"也是相互对应。关公崇拜中的"忠义"观念经过数百年的演变，已经与儒家思想完全融合在了一起，它的内涵非常丰富，是一笔非常宝贵的精神财富。

---

① 胡小伟. 关公崇拜研究系列之五·燮理阴阳：《关帝灵签》祖本及其研究·历代关庙碑刻辑存［M］. 香港：科华图书出版公司，2005：511.
② 宋万忠，武建华. 解梁关帝志［M］. 太原：山西人民出版社，1992：372.
③ 胡小伟. 关公崇拜研究系列之五·燮理阴阳：《关帝灵签》祖本及其研究·历代关庙碑刻辑存［M］. 香港：科华图书出版公司，2005：493.

第五章

关公崇拜中"义气"观念的内涵及其影响

关公一直以重"义气"著称，他义薄云天的形象在中国社会中深入人心。小说《三国演义》中多次称赞关公的"义气"，如郭嘉评价关公说"云长义气深重"①，刘备也说"吾弟云长义气深重"②。刘关张三人桃园结义更是重"义气"的榜样，明代学者李贽在《题关公小像》中说："古称三杰，吾不曰萧何、韩信、张良，而曰刘备、张飞、关公。古称三友，吾不曰直、谅与多闻，而曰桃源三结义。呜呼！惟义不朽，故天地同久，况公皈依三宝，于金仙氏为护法伽蓝，万亿斯年，作吾辈导师哉！"③ 有学者认为："世俗崇拜关公，最重一个'义'字，而溯源于桃园三结义，即《三国演义》第一回标目所谓'宴桃园豪杰三结义'也。"④ 这里所说的"义"，也就是"义气"。如果我们考察一下历史会发现，关公崇拜中的"义气"观念来源于宋元民间社会，是一种下层民众人际交往的原则，对中国社会产生了十分深远的影响。

---

① 罗贯中. 三国志通俗演义 [M]. 上海：上海古籍出版社，1981：237.
② 罗贯中. 三国志通俗演义 [M]. 上海：上海古籍出版社，1981：478.
③ 李贽. 焚书 [M]. 北京：中华书局，2009：145.
④ 徐凌霄，徐一士. 凌霄一士随笔 [M]. 北京：中华书局，2018：1018.

第一节 "义气"观念的来源及其内涵

"义气"一词，最初的含义是指慷慨、节烈的气概。如沈约的《宋书》："朕以不天，有生罔二，泣血千里，志复深逆，鞠旅伐罪，义气云踊，群帅仗节，指难如归。"① 柳宗元的《唐故特进赠开府仪同三司扬州大都督南府君睢阳庙碑》："惟公与南阳张公巡、高阳许公远，义气悬合，訏谋大同。"② 不过这一用法不太常见。后世小说、戏曲中常用的"义气"一词，《汉语大词典》解释其含义说："为情谊而甘愿替别人承担风险或作自我牺牲的气度。"③ 这里的"义气"指的是人与人之间相互交往时的道德原则，后世所说的重"义气"，指的也是这一层意思。这种"义气"观念，是在宋元时期才出现的，如元杂剧《柳毅传书》第三折："我柳毅只为一点义气，涉险寄书。"④ 如南戏《杀狗记》第十六出："撇我哥哥跌倒在深雪里，他两个撇了你自先回。却不道赛过关张有义气?"⑤

"义气"观念的产生，与宋代社会的历史文化环境有着密切关系，中国历史至宋代时发生了许多重大的转变。日本历史学家内藤湖南研究中国古代历史时提出了著名的"唐宋变革论"，他认为："唐和宋在文化的性质上有着显著差异：唐是中世的结束，而宋代则是近世的开始，其间包含了唐末至五代一段过渡期。"⑥ 与唐以前相比，宋代在政治、经济、社会、文

---

① 沈约. 宋书 [M]. 北京：中华书局，1974：2001.
② 柳宗元. 柳河东集 [M]. 上海：上海古籍出版社，2008：86.
③ 罗竹风. 汉语大词典：第九卷 [M]. 上海：上海辞书出版社，1986：178.
④ 王季思. 全元戏曲：第三卷 [M]. 北京：人民文学出版社，1999：742.
⑤ 俞为民. 宋元四大南戏读本 [M]. 南京：江苏古籍出版社，1988：442.
⑥ 刘俊文. 日本学者研究中国史论著选：第一卷 [M]. 北京：中华书局，1992：10.

化等各方面确实有了很大的不同。从政治上来看，六朝以来逐步形成的世家大族，在唐代政府中仍然有着很大的影响力。从经济上说，唐前期一部分土地实行均田制，采用租庸调制以"丁""户"为准的赋税制度，还有不少土地被世家大族占据，以庄园形式存在。大量依附于大世族的部曲、客女和女婢在庄园中劳作，不用负担政府的课役，但是，经过唐末及五代时期的动乱，唐朝的世家大族消亡殆尽，宋代已经成为一个平民化的社会。自中唐以来，均田制和租庸调制开始崩坏，政府为解决财政危机开始推行两税制。两税制的特点是征收赋税时以产业为准，用钱代替实物交纳地租，这样一来，"人民从束缚在土地上的制度中得到解放"①。随着农业技术的不断进步，粮食产量的提高，宋代人口与前代相比有了很大的增长，漆侠先生认为："宋代自从宋仁宗时候起，户数超过 1200 万，已经超过汉代，与唐相等，到宋徽宗年间，户数超过 2000 万，每户 5 口计算，人口已超过 1 亿，远远超过汉唐，几乎是汉唐的两倍。"② 宋代的农业、手工业发展迅速，商业也空前兴盛，世界历史上最早的纸币"交子"开始出现。唐代中国的大城市实行坊市制度，居民区和市场相互分离，管理极为严格，不利于商业的发展。但到宋代时，城市人口激增，像开封、临安这样的大城市人口多达百万以上，城市中原有的坊市制度被完全破坏，居民区与市场混杂在一起，如《清明上河图》所绘，大街小巷随处都是经营商业活动的店铺、摊位。《东京梦华录》中也写道："东华门外市井最盛，盖禁中买卖在此，凡饮食时新花果，鱼鰕鳖蟹，鹑兔脯腊，金玉珍玩衣着，无非天下之奇。"③ 宋代的大城市中有固定的文化娱乐场所"瓦舍"，其中设置有演出场所"勾栏"，上演说话、舞蹈、杂技、杂剧等文化活动。宋代以后，雕版印刷术、活字印刷术开始得到普遍使用，书籍也更为易得，这为知识文

---

① 刘俊文. 日本学者研究中国史论著选：第一卷［M］. 北京：中华书局，1992：14.

② 漆侠. 宋代经济史［M］. 北京：中华书局，2009：46.

③ 孟元老. 东京梦华录笺注［M］. 伊永文，笺注. 北京：中华书局，2007：41.

化的传播提供了很大的便利。为迎合市民的精神文化需求，大量通俗的小说、戏曲和曲艺作品被创作出来。

正是在这样的历史环境中，宋代社会出现了活跃于城市下层的"游民"群体。王学泰认为："'游民'，主要是指一切脱离了当时社会秩序（主要是宗法秩序）的人们，其重要特点就在于'游'。也就是说从长远观点来看，他们缺少稳定的谋生手段，居处也不固定，他们中间的大多数人在城市乡镇间游动。迫于生计，他们以出卖劳动力（包括体力与脑力）为主，也有以不正当的手段牟取财物的。他们中间的大多数人有过冒险或非常艰辛的经历。"① 宋代社会人口增长过快，有限的耕地承载不了过量的人口。同时，宋代土地兼并严重，许多平民的土地被地主豪强占据。这就导致大量靠农业无法谋生的下层民众涌入城市，形成了游走于城镇之间的"游民"阶层。中国古代是一个农业社会，大多数民众都以务农为生，脱离土地、脱离农业生产的下层民众，很多都变成了游民。如《宋史》："故游民恶少之弃本者，商旅之避征税者，盗贼之亡命者，往往由之以入，萃为渊薮，交相鼓扇，深为边患。"② 这里所说的"弃本"，"本"指的就是农业，"弃本"就是放弃农业生产。宋代以后，城市中的游民数量很多，游民的种类也很多样，大多数游民成为城市中的小手工业者及手工业、商业等行业的雇工。如《东京梦华录》卷三《雇觅人力》："凡雇觅人力、干当人、酒食作匠之类，各有行老供雇。觅女使即有引至牙人。"③《梦粱录》中所记载的雇工的职业更为详细，有"解库掌事，贴窗铺席，主管酒肆食店博士、铛头、行菜、过买、外出儿，酒家人师公、大伯"④ 等数十种之多。除人数最多的雇工、小手工业者外，游民群体中还有从事娱乐和文艺活动的江湖艺人、下层文人，还有一些军汉及无业的无赖、流氓、骗子等。

---

① 王学泰. 游民文化与中国社会［M］. 北京：同心出版社，2007：16.

② 脱脱，等. 宋史［M］. 北京：中华书局，1977：14193.

③ 孟元老. 东京梦华录笺注［M］. 伊永文，笺注. 北京：中华书局，2007：338.

④ 孟元老，等. 东京，梦华录：外四种［M］. 上海：古典文学出版社，1956：301.

　　这些游走于城镇的"游民",虽然大多来自农村,但他们的思想观念与农民大为不同。古代农村的农民依附土地之上,生活环境稳定、闭塞,所以观念大多较为安分守己,大多数农民生活在宗法制度之下。中国人重家庭、血缘,农村的农民往往因血缘关系形成庞大的宗族,宗族礼法在一定程度上约束了村民的行动,使他们定居在闭塞的乡村之中,但是这些乡村的农民在遭遇危机时,彼此之间因为有宗族、血缘关系,也能相互扶持。活跃于城市下层的游民,他们长年在城市中四处漂泊、闯荡,有了丰富的人生阅历,眼界要比农民广阔不少,他们谋生比较艰难,所以大多数游民敢于冒险,为谋取利益会不择手段,但是也乐于助人,有侠义精神。

　　宋元以后的不少通俗文学如小说、戏剧等,很多都出自游民群体中的民间艺人之手,记录了下层游民群体的生活,反映了他们的思想观念。如宋元话本《史弘肇传》写郭威、史弘肇君臣二人发迹变泰的故事。小说中写二人早年都是贫困的军卒,结义为兄弟。之后,"兄弟两人在孝义店上,日逐趁赌,偷鸡盗狗,一味干颡不美,蒿恼得一村疃人过活不得,没一个人不嫌,没一个人不骂。"① 小说中还生动、细致地描写了二人偷狗的场景:"史弘肇道:'村东王保正家,有只好大狗子,我们便去对付休。'两个径来王保正门首,一个引那狗子,一个把条棒,等他出来,要一棒捍杀打将去。王保正看见了,便把三百钱出来道:'且饶我这狗子,二位自去买碗酒吃。'史弘肇道:'王保正,你好不近道理!偌大一只狗子,怎地只把三百钱出来? 须亏我。'郭大郎道:'看老人家面上,胡乱拿去罢。'两个连夜又去别处偷得一只狗子,持剥干净了,煮得稀烂。"② 二人偷狗不成,反倒讹了主人三百钱,活脱脱的无赖形象。五代十国的大多君主都出身地痞无赖,如后梁开国君主朱温曾偷地主刘崇家的锅,前蜀君主王建年轻时被乡人称为"贼王八"。不过小说中所写的这段郭威君臣偷鸡摸狗的经历

① 程毅中. 宋元小说家话本集 [M]. 济南:齐鲁书社,2001:613.
② 程毅中. 宋元小说家话本集 [M]. 济南:齐鲁书社,2001:614.

完全出于想象，它更多地反映了宋元下层游民的生活经历，故事中刻意描绘的"发迹变泰"，也寄托的是游民群体的美好愿望。宋元以后的小说如《三国演义》《水浒传》《隋唐演义》等作品，都与游民群体有着密切的关系，反映了他们的思想观念。

　　游民离开农村之后成为较为独立的个体，自然就脱离了宗法制度，遇到危难之时很难得到亲族的帮助，所以游民群体大多喜欢拉帮结派，通过"结义""结拜"等方式拉近彼此之间的关系。"结义"这种习俗在中国古代社会很早就有，如颜之推的《颜氏家训》中记载："四海之人，结为兄弟，亦何容易。必有志均义敌，令终如始者，方可议之。一尔之后，命子拜伏，呼为丈人，申父友之敬；身事彼亲，亦宜加礼。比见北人，甚轻此节，行路相逢，便定昆季，望年观貌，不择是非，至有结父为兄，托子为弟者。"① 但是"结义"真正普遍流行是在宋代以后，特别是在下层的游民群体中。宋元不少的话本、戏曲作品中生动地描写了"结义"的故事，如宋元话本《杨温拦路虎传》中写杨令公之后杨温流落江湖的经历。杨温外出时，妻子和财物都在东岳被人劫走，他流落街头，结识了杨员外。杨员外仰慕杨温武艺高强，杨温也希望"结识得一个财主"②，二人便结拜为兄弟。又如南戏《杀狗记》中，孙华结识了两个无赖柳龙卿、胡子传，模仿桃园结义而搞了一个"蒋园结义"，三人还振振有词地说："当初刘、关、张弟兄三人，在桃园中结义，白马祭天，乌牛祭地，不愿同日生，只愿同日死。我们今日弟兄三人，在蒋家园内结义，可不是赛关张？"③ 明清戏曲、小说中的结义故事更是比比皆是，《水浒传》中梁山一百单八将都是结义兄弟，《说唐》中有贾柳店三十九人结拜，《说岳全传》中岳飞与王贵、牛皋、杨再兴等许多部下结为兄弟，甚至是《金瓶梅》中的西门庆也

----

① 王利器. 颜氏家训集解［M］. 北京：中华书局，2002：123.
② 程毅中. 宋元小说家话本集［M］. 济南：齐鲁书社，2001：122.
③ 俞为民. 宋元四大南戏读本［M］. 南京：江苏古籍出版社，1988：400.

"热结十弟兄"。

"义气"是宋元以来的游民群体最为崇尚的道德规范，游民群体的"结义"不仅是为了沟通彼此之间的情感，更多的是出于现实的利益考量。游民在城市中漂泊，缺少亲族的扶持，遇到危难之时最希望能得到朋友的帮助，结义兄弟本质是一种关系亲密的朋友，只是比朋友多了一层心理上、习俗上的契约。中国古代的人伦关系主要有君臣、父子、兄弟、夫妇和朋友五种，"五伦"中朋友之间的关系是较为特殊的，朋友之间交往彼此身份是平等的，不像君臣、父子那样有尊卑之分，游民阶层中的结义兄弟，实质是一种朋友关系，所以彼此之间也是身份大致平等。《水浒传》中的好汉们常喜欢引用的"四海之内皆兄弟也"，就是表达彼此之间关系亲近、身份平等之意。游民所崇尚的"义气"，具体来说就是能够仗义疏财、能够在危难之际救助他人。游民群体大多漂泊于城镇间，生活很不稳定，难免遇到经济上的困难或者其他危机情况，所以彼此之间相互扶持是不可或缺的，他们所说的"义气"不仅是一种乐于助人的精神品格，更是具体的利益考量。《水浒传》中被人称赞为"义气"典范的晁盖、宋江等人，都是能够仗义疏财、扶危救困的人物。如晁盖，小说中说他"平生仗义疏财，专爱结识天下好汉。但有人来投奔他的，不论好歹，便留在庄上住。若要去时，又将银两赍助他起身。"[①] 又如宋江，也是"为人仗义疏财""视金如土"，"每每排难解纷，只是赒全人性命。如常散施棺材药饵，济人贫苦，赒人之急，扶人之困。以此山东、河北闻名，都称他做及时雨。"[②] 真正讲"义气"的好汉，有时还要能为朋友牺牲自我，如《水浒传》中宋江一出场就冒着生命危险为晁盖等人送信，帮助他们逃脱官府的追捕。

同时，当一个讲"义气"的人受到他人恩惠、帮助之后，也必须努力回报他人。"报"是中国人人际交往时十分看重的一种道德原则，杨联陞

---

① 施耐庵，罗贯中. 水浒传［M］. 北京：人民文学出版社，2016：174.

② 施耐庵，罗贯中. 水浒传［M］. 北京：人民文学出版社，2016：226.

认为"报"是"中国社会关系中重要的基础",他说:"中国人相信行动的交互性（爱与憎，赏与罚），在人与人之间，以至人与超自然之间，应当有一种确定的因果关系存在。因此，当一个中国人有所举动时，一般来说，他会预期对方有所'反应'或'还报'。"① 游民群体中讲义气的好汉都格外重视回报他人，如小说《水浒传》中晁盖等人上梁山之后，为报答宋江的恩义，特意派刘唐下山以重金酬谢他。当宋江落难江州时，梁山好汉不惧危难，全伙出动，大闹法场将他救回。忘恩负义的"不义"之人则最遭人唾弃，如《水浒传》中卢俊义的管家李固，卢俊义对他有救命之恩，"因来北京投奔相识不着，冻倒在卢员外门前。卢俊义救了他性命，养他家中。"② 他却贪图卢俊义的妻子和家产，差点将卢陷害至死。李固被梁山好汉擒获后，最终被凌迟处死。游民们之所以格外重视报恩，也是因为贪图利益、忘恩负义必将导致人际关系的崩坍，进而使个人乃至整个群体陷入孤立无援的境地。

从以上的考察可以看出，"义气"观念是宋元时期的下层游民群体所奉行的一种独特的价值观念。"义气"观念与前代的"朋友之义""侠义"等观念有不少相通之处。中国古代朋友之间相交时也很重"义"，强调"信于友"。游民群体的"结义"虽然也是一种亲密的朋友关系，但他们所追求的"义气"却不同于普通的朋友关系，他们的"义气"中既包含着一种不爱其躯、扶危济困的侠义精神，又有很现实的利益考量在其中，这与游民群体所处的社会环境、他们的人生经历有着密切的关系。随着一些涉及游民经历的通俗文学如《三国演义》《水浒传》《隋唐演义》等小说的流行，"义气"观念也在中国民间社会传播开来，并对中国人的思想观念产生了极大的影响。

---

① 杨联陞. 东汉的豪族 [M]. 北京：商务印书馆，2011：179.
② 施耐庵，罗贯中. 水浒传 [M]. 北京：人民文学出版社，2016：807.

第二节 关公形象与"义气"观念

在宋元以后的戏曲、小说、民间故事中，刘备、关公和张飞都被塑造为出身市井的下层游民，他们三人漂泊江湖，偶然相识，结为兄弟，共同打拼出了一番事业。各类文学作品中都着力渲染关公对刘备、张飞的深情厚谊，使得他成为"义气"的典范。宋元以来的通俗文学，很多都出自下层的民间艺人之手，关公重"义气"的形象，也比较明显地反映了下层游民的人生经历和他们的思想观念。

一、关羽形象的重塑：出身市井的平民英雄

自宋元以来，各种小说、戏曲等通俗文学所塑造的刘备、关羽和张飞的形象深入人心，影响巨大。事实上，历史上真实的刘备君臣与文学作品中的刘备君臣差异极大。历史上的刘备是中山靖王后裔，出身于河北涿州的世家大族，虽然他早年家境贫困，但得到族人及当地富商的资助，逐步崛起为地方豪强，关羽、张飞出身寒微，一直是刘备忠诚的部下。东汉末年已经是极重门第的时代，刘备虽然与关羽、张飞关系很好，"与二人寝则同床，恩若兄弟"①，但毕竟三人身份悬殊，并没有后世所说的"结义"关系。汉末大乱之后，各地豪强纷纷崛起，为争夺天下而彼此争斗。刘备作为地方豪强之一，转战四方，击败许多对手，创建了蜀汉政权，这是历史上较为真实的政治家刘备的大致生平。但是宋元以后民间艺人、文学家却从他们的视角出发，创作了一个全新的刘备君臣的故事。在宋元小说、戏

---

① 卢弼. 三国志集解 [M]. 上海：上海古籍出版社，2012：2507.

曲作品中，刘备君臣故事变成了三个出身贫寒的平民从民间崛起，一路打拼，发迹变泰，成就了一番大事业。

宋元以后的戏曲、小说以及民间的各种传说，都有一个明显的倾向，就是努力把刘备、关羽、张飞塑造为活跃于市井的平民英雄。宋元以后的小说、戏曲中都极力突出刘备的平民身份，如《三国志平话》中，刘备出场时，作者虽然也点出了刘备是"汉景帝十七代贤孙、中山靖王刘胜之后"，但却特意写道："当日，因贩履于市，卖讫，也来酒店中买酒吃。"① 这也是要告诉读者他虽然有所谓的皇家血统，其实就是一个贩履的小商贩。关于"贩履"这一个细节，元末明初的杂剧及后来的《三国演义》都反复提到，如杂剧《刘关张桃园三结义》中刘备的独白："俺刘氏宗族，不能守业。某在布衣之间，织席编履，以为度日。"② 《三国志通俗演义》中介绍刘备时也说："备早丧父，事母至孝，家寒贩履织席为业。"③ 小说中刘备的对手嘲笑、辱骂刘备时，也常常会扒出刘备"贩履织席"的经历，如袁术骂刘备："汝乃织席编履之夫，安敢占据大郡，与诸侯同列。"④ 东吴的陆绩在与诸葛亮舌战时也说："刘豫州虽中山靖王苗裔，眼见只是织席贩履之庸夫，何足与曹操抗衡哉！"诸葛亮只好回答："昔汉高祖皇帝，起身乃泗上亭长，宽宏大度，重用文武而开大汉洪基四百余季。至于吾主，纵非刘氏宗亲，仁慈忠孝，天下共知，胜如曹操万倍，岂以织席贩履为辱乎？"⑤ 曹操听到刘备自立为汉中王后也骂道："织席小儿，安敢如此！"⑥ 陈寿的《三国志》中确实有刘备"贩履织席"的记载，不过书中这样写道："先主少孤，与母贩履织席为业"，显然是说刘备年幼时父亲早逝，曾

---

① 丁锡根. 宋元平话集 [M]. 上海：上海古籍出版社，1990：757.
② 王季思. 全元戏曲：第七卷 [M]. 北京：人民文学出版社，1999：742.
③ 罗贯中. 三国志通俗演义 [M]. 上海：上海古籍出版社，1981：4.
④ 罗贯中. 三国志通俗演义 [M]. 上海：上海古籍出版社，1981：139.
⑤ 罗贯中. 三国志通俗演义 [M]. 上海：上海古籍出版社，1981：424.
⑥ 罗贯中. 三国志通俗演义 [M]. 上海：上海古籍出版社，1981：702.

帮助母亲贩履织席，并非是刘备本人成年后以此为业。而且，后文又写他得到族人资助后，"不甚乐读书，喜狗马、音乐、美衣服"①，这说明他年幼时帮助母亲贩履织席的时间不会太长，生活境况很快得到改善。《三国志》相关记载中，刘备的政治对手都从没有以"贩履织席"来羞辱他，这也说明刘备"与母贩履织席"只是幼年时生活贫困的短暂经历而已，并非是成年之后长期以此为业。宋元以后的戏曲、小说之所以要刻意地把刘备塑造为一个贩履织席的小商人，就是为了把他改造为一个平民出身的英雄。在小说《三国志平话》中，张飞的身份是一个"家豪大富"②，杂剧《刘关张桃园三结义》中则说他是"做些小营运，卖肉为活，操刀屠户"③，到了小说《三国演义》中则是综合富户、屠夫二者，变成了"颇有庄田，卖酒屠猪"④。

关于关羽的出身，《三国志》中只是简略地记载了一句话："关羽字云长，本字长生，河东人也。亡命奔涿郡。""亡命"就是逃亡避难之意，但逃亡的具体原因却没有说明。后来，宋元以后的戏曲、小说又对关公的早年经历做了一些艺术加工。小说《三国志平话》中并没有具体说明他的家庭、出身，只说他喜看《春秋左传》，因杀县官而逃亡涿郡。杂剧《桃园结义》中也只说他喜看《春秋》《左传》，因蒲州尹臧一贯要起兵造反，他愤而杀之，逃亡涿郡。《三国演义》中则说："因本处豪霸倚势欺人，关某杀之，逃难江湖五六年矣。"小说中加了一个细节，说关公"推一辆小车，到店门外歇下车子"⑤，似乎他也是做小生意以谋生。后世各地流传着不少关于关公的民间传说。在晋南的一些传说故事中，关公是解州常平村常铁匠的养子，原名常生。他自幼力气过人，聪明懂事，熟读《春秋》。后来

① 卢弼. 三国志集解 [M]. 上海：上海古籍出版社，2012：2328.
② 丁锡根. 宋元平话集 [M]. 上海：上海古籍出版社，1990：756.
③ 王季思. 全元戏曲：第七卷 [M]. 北京：人民文学出版社，1999：482.
④ 罗贯中. 三国志通俗演义 [M]. 上海：上海古籍出版社，1981：4.
⑤ 罗贯中. 三国志通俗演义 [M]. 上海：上海古籍出版社，1981：4.

关公的同窗李生之妻被解州恶霸吕熊霸占，李生请求常生为他报仇。常生斩杀了吕熊，改名关羽，逃亡至河北。① 还有传说关公是卖豆腐的管老汉捡到的弃婴，十六岁时"顶替管老汉，挑起了豆腐挑，串乡走集卖豆腐去了"②，河北涿州一带的民间传说则说关公原来是一个卖绿豆的小商贩，"推着一辆独轮车，车上装着两布袋绿豆。"③ 四川雅安一带的民间传说中，河东解良一带有一个忠厚的庄稼汉，姓褚，人称褚大汉，褚大汉娶何氏为妻，生得一子名褚寿昌。褚寿昌七岁时父亲去世，母亲何氏带着他在当地吕财主家当佣人，吕财主奸污了何氏，何氏一气之下悬梁自尽。褚寿昌自幼浪迹江湖，求师习武，十多岁时长成铁骨铮铮的大汉。他在一个冬天的夜晚，闯入吕财主家，将吕家全家杀死，后来他逃到蜀地，改名关羽。④ 类似的传说还有不少，在这些传说中，关公都是出身底层的平民，早年行侠仗义，除暴安良，漂泊江湖。这些故事中的情节与《水浒传》中的许多英雄的经历十分相似，显然是出自民间艺术家的虚构、创造。

　　值得注意的是，小说《三国演义》写刘、关、张三人见面后就惺惺相惜结为兄弟，而元杂剧《刘关张桃园三结义》中写刘备、关羽和张飞三人结义前还有一些冲突。杂剧中写张飞是涿州屠户，一日外出时，将屠刀压在千斤大石之下，他告诉店中伙计，有人能将刀取出，就可不要钱将肉拿去。关公逃亡涿州，来到店中买肉，搬动大石将刀取出，将肉拿走，张飞前往寻访关公，二人把酒言欢之际，又遇到卖席的刘备。刘备醉酒睡觉时，有赤蛇出入口鼻，关、张见后大惊，认为刘备是贵人，刘备醒后，关、张二人拜他为兄。类似民间的传说还有不少，如清初褚人获的《坚瓠集》记载："（关公）东行至涿州，张翼德在州贸肉，其买卖止于上午，至日午，即将所存，下悬肆旁井中，举五百斤大石掩其上，任有势力者不能动，且

---

① 江云，韩致中. 三国外传 [M]. 上海：上海文艺出版社，1986：16~18.
② 江云，韩致中. 三国外传 [M]. 上海：上海文艺出版社，1986：6~7.
③ 江云，韩致中. 三国外传 [M]. 上海：上海文艺出版社，1986：54~55.
④ 马昌仪. 关公的民间传说 [M]. 石家庄：花山文艺出版社，1995：77~80.

示人曰：'谁能举此石者，与之肉。'公至时适已薄暮，往买肉，而翼德不在肆，人指井谓之曰：'肉有全肩，悬此井中；汝能举石，乃可得也。'公举石轻如弹丸，人共骇叹，公携肉而行，人莫敢御。张归，闻而异之，追及，与之角力，力相敌，莫能解，而刘玄德卖草鞋适至，见二人斗，从而御止，三人共谈，意气相投，遂结桃园之盟。"① 这一故事的情节虽然与杂剧略有不同，但也十分精彩。这些故事虽没有编入小说《三国演义》，但也在民间流传极广。

　　江云、韩致中收集的河北涿州一带的《桃园三结义》民间故事中也有类似的情节。传说张飞是河北涿州一带的屠夫，他卖肉时，为了使肉凉一些，把一扇猪肉吊到门口井里。他又在井口盖了一块千斤重的石板，板上写了一行大字："谁能揭开石板，可拿走好肉一刀，白吃。"然后游乡叫卖去了。关羽推着独轮车卖绿豆，从南边来到河北，他看到张飞在石板上所留的字，认为张飞不把天下好汉看在眼里，于是他就搬开石板，割了一刀好肉放在车上，扬长而去。张飞卖肉回来听说肉被人白白拿走，前去寻找关羽，他看见关羽正在街头卖绿豆，前去挑衅。故事中写道："张飞瞪大环眼，出语带刺：'喂，你这绿豆能吃吗？'哪有绿豆不能吃的呢？一听就知道是故意找碴儿来的。关羽强压住气，说：'我贩卖的绿豆从来都是上等成色，请自己仔细看看吧。'张飞伸手插入布袋，抓住一把绿豆，用力一攥，立刻成了粉末；掏出来，摊手放在关羽的面前，嘲笑说：'把绿豆面当绿豆卖，骗子！'"两人因此发生冲突，打斗在一起。两人正打得难分难解之时，一个卖草鞋的挺身而出，"一手攥住关羽的胳膊，一手攥住张飞的胳膊，朝两边一分，又朝下一按，两人立刻就成了楔进土里的橛儿，分毫也动弹不得了。好大的神力呀！这就是民间常说的一龙分二虎。"② 卖草鞋的人正是刘备，于是三人后来结为兄弟。这个民间传说情节生动，后来被

---

① 朱一玄，刘毓忱. 三国演义资料汇编［M］. 天津：南开大学出版社，2012：574.
② 江云，韩致中. 三国外传［M］. 上海：上海文艺出版社，1986：54~55.

1994 年中国中央电视台制作的电视剧《三国演义》采用，成为家喻户晓的故事。在这些民间故事中，刘关张三人初相见时，经历了一番冲突，不打不相识，最后结为兄弟。这显然是一种民间艺人视角下的兄弟结拜故事，与历史真实的刘备君臣关系大相径庭。

正因为小说、戏曲中三人都是出身市井的平民，所以才能平等地结为兄弟。清代学者章学诚说："《三国演义》固为小说，事实不免附会。……《演义》之最不可训之者，桃园结义，甚至忘其君臣，而直称兄弟。且其书似出《水浒传》后，叙昭烈、关、张、诸葛，俱似《水浒传》中崔符啸聚行径拟之。"① 他认为《三国演义》写刘关张结义，就像《水浒传》中土匪啸聚一般。清人王侃也在《江州笔谈》中说："《三国演义》可以通之妇孺，今天下无不知有关忠义者，演义之功也。忠义庙貌满天下，而有使其不安者，亦误于演义耳。演义结义本于昭烈遇关、张，寝则同床，恩若兄弟。费诗亦曰：'王与君侯，譬犹一体，同休等戚，祸福共之。''三义'二字，何尝见于纪传？而竟庙题'三义'，像列君臣三人，以侯于未王未帝之前称为故主者，与之并坐，侯心安乎？士大夫且据演义而为之文，真不知有陈寿志者，可胜慨叹。"② 他质疑民间的三义庙中关羽、张飞与刘备并排而坐，君臣尊卑不分，无礼至极。其实这主要还是因为宋元时期的小说、戏曲等通俗文学的创作者大多是出身游民的民间艺术家，他们在加工三国故事时把自身的一些经历、见闻融入作品中，以他们的观念、视角将刘备君臣改造成了市井间的平民英雄。

二、关公形象中的"义气"观念

宋元以后的戏曲、小说中，刘备与关公的关系是介于君臣和兄弟之间，但更像是兄弟。小说《三国演义》中，刘备得知关公身在曹营，他命人送

① 章学诚. 章氏遗书：外编：卷三丙辰札记［M］. 北京：文物出版社，1985：396.
② 朱一玄，刘毓忱. 三国演义资料汇编［M］. 天津：南开大学出版社，2012：619.

信于关公，信中说："备尝谓古之人，恐独身不能行其道，故结天下之士，以友辅仁。得其友，则益；失其友，则损。"① 刘备显然是把关公当作平等的至交好友对待。关公回信中也说："某自幼读书，粗知礼义，至于观羊角哀、左伯桃之事，论张元伯、范巨卿之约，未尝不三叹而流泪也。"② 关公书信中所引两个典故羊角哀与左伯桃、张劭和范式都是古代著名的生死之交。结义兄弟实质上就是一种亲密的朋友关系，双方在心理上是平等的。在戏曲、小说的设定中，刘备、关公都是出身市井的平民，他们是平等的兄弟手足。所以，小说《三国演义》中关公对张辽说："吾与玄德公结生死之交耳，生则同生，死则同死，非管、鲍之交可比也。"③ 他认为刘备不仅是"故主"，更是超越了管鲍之交的生死兄弟。

关公对刘备的"义气"，主要表现在他能够帮助刘备化解危难、誓死追随刘备。刘备在汉末群雄中实力较为弱小，一直没有稳固的地盘。小说中写关公自黄巾起义后，就一直忠诚地追随刘备，辗转四方。刘备在徐州与曹操交战时大败，是一生中遭遇的最大危机之一。小说中写刘备大败后逃往河北，关公则被围困于土山。关公之所以听从张辽的劝说投降曹操，重要原因之一就是要照顾刘备的家眷。张辽这样劝说关公："昔者刘使君以家眷重托于兄，以为万全之计。兄今战死，二夫人无所依托，若能守节，一死无疑；若不守节，又属他人。此是兄负却使君倚托之重，实为不义。"④ 作为兄弟，照顾好兄长的家眷，这是应尽的义务。他如果没有做到这一点，自然就是"不义"了。小说中刘备的二位夫人也是将关公当作小叔子对待的。关公见到刘备二位夫人后拜倒痛哭，二夫人问："二叔因何痛哭如此？"关公将暂时投降曹操的决定告知二夫人后，甘、糜二夫人回答：

---

① 罗贯中. 三国志通俗演义 [M]. 上海：上海古籍出版社，1981：256.
② 罗贯中. 三国志通俗演义 [M]. 上海：上海古籍出版社，1981：256.
③ 罗贯中. 三国志通俗演义 [M]. 上海：上海古籍出版社，1981：255.
④ 罗贯中. 三国志通俗演义 [M]. 上海：上海古籍出版社，1981：240.

"叔叔自家裁处，凡事不必问俺女流。"① 二夫人对关公的称呼，始终都是"二叔""叔叔"，可见她们也是把关公当作手足家人。小说中写关公对二位夫人的照料极为认真、细致。到许都后，曹操拨给关公宅院一座。关公"分一宅为两院，内门外拨老军十人以守之，关公自居外宅"。曹操赏赐金银美女与关公，"云长不能推托，将所赐美女尽送入内门，令服侍二嫂嫂"。而且，"公三日一次，于内门外躬身施礼，动问'二嫂嫂安乐否'。二夫人回问皇叔之事毕，'叔叔自便'；关公方敢退回。"② 从名分上讲，关公与二夫人是君臣关系，但彼此间的称呼是"嫂嫂""叔叔"，这显然是一种家人之间的称谓。所以，关公事实上还是作为兄弟在帮助刘备照顾家人。历史上的关羽，在得知刘备身处河北时，只身前往寻找，但在小说中，关公前往河北时，一路上历经艰险，过五关斩六将。同时他还一路保护两位夫人同行，这就无形中又增添了不少风险。可以说，不论是投降曹操之后还是在千里寻兄路上，他都尽心照顾刘备家眷，尽到了兄弟的义务。

刘、关、张三人古城相会是宋元以后的三国故事的重要情节，小说《三国志通俗演义》中这一章节的标题为"刘玄德古城聚义"。"聚义"在《水浒传》中十分常见，梁山泊有"聚义厅"，梁山好汉多次聚义。"聚义"一词，含有情义相投的兄弟聚会之意。毛宗岗评点本的《三国演义》将这一回的标题改为"会古城君臣聚义"，"君臣聚义"一词也说明了三人关系的独特。"君臣"是有尊卑之分的，但是"聚义"又暗示三人是平等的兄弟。"古城相会"是刘关张经历了巨大的生死变故之后再一次相会，充分地展现了三人之间真诚的兄弟情义。小说中写三人会面时也经历了一番波折，先是张飞误解关公降曹，后来关公斩杀蔡阳，二夫人一番解释后，"张飞方哭，参拜云长。"刘关张三人见面后，"乃杀牛宰马，大作聚义筵会。先拜谢天地，遍劳助军，众皆欢悦。文武仍旧相聚，又添子龙，玄德欢喜

① 罗贯中. 三国志通俗演义 [M]. 上海：上海古籍出版社，1981：241~242.
② 罗贯中. 三国志通俗演义 [M]. 上海：上海古籍出版社，1981：242.

无限，连饮数日，以庆贺兄弟再见之喜。"① 这一场景与桃园结义颇为相似，正如毛宗岗所说："宛如桃园结义之时。"② 可以说"古城相会"是三人历经生死之后第二次结义。清代以后的三国题材戏曲中，《古城相会》一直是重要剧目。有些戏曲作品的情节与小说《三国演义》略有不同，也十分有趣。如晚清京剧《古城相会》中，写关公护送二位夫人至古城，刘备与张飞在古城中，却猜疑关公不开城门。关公斩杀蔡阳后，二人请关公入城。关公入城后，埋怨刘备不顾念与二位嫂嫂的夫妻之情，不开城门。关公道："（白）大哥，关某乃铁甲征夫，何愁千里。可怜二位尊嫂，受了多少惊恐。昨到古城，不容相见。（唱）全不念尊嫂与你结发恩和爱，你也把城门不放开，怎知我关云长一点忠心不改。"③ 这里借刘备的无情反衬关公的义气深重，这显然是后世民间艺人对三国故事的又一次艺术加工，它使得关公有情义、重"义气"的形象更为鲜明。

刘备入川后很快进位汉中王，这时刘备与关公其实已经形成了明确的君臣名分，但是在小说、戏曲中，关公还是经常称呼刘备为"哥哥""兄长"。如关汉卿的《单刀会》中，关公与鲁肃会面时，鲁肃责备刘备失信，关公反问："我哥哥怎生失信来？"关公的唱词中也说："汉皇叔把温侯灭，俺哥哥合情受汉家基业。"④ 小说《三国志通俗演义》中，鲁肃向关公讨要荆州时，关公回答："此皆吾兄左将军之事也。"⑤ 关公被困麦城时，东吴诸葛瑾前往劝降，关公严词拒绝："吾乃解良一武夫，蒙吾主以手足待之，安肯背义投乱贼乎？"⑥ 这也可见，虽然刘备与关公名为君臣，但关公更多把刘备当作兄长。他忠诚于刘备，很大程度上是为了坚守结义时的誓言，

① 罗贯中. 三国志通俗演义［M］. 上海：上海古籍出版社，1981：279.
② 罗贯中. 三国演义［M］. 毛宗岗，批评. 济南：齐鲁书社，1991：345.
③ 胡世厚. 三国戏曲集成：晚清昆曲京剧卷［M］. 上海：复旦大学出版社，2018：55.
④ 王季思. 全元戏曲：第一卷［M］. 北京：人民文学出版社，1999：71.
⑤ 罗贯中. 三国志通俗演义［M］. 上海：上海古籍出版社，1981：635.
⑥ 罗贯中. 三国志通俗演义［M］. 上海：上海古籍出版社，1981：736.

是为了兄弟"义气"。小说中关公遇害之后,刘备对赵云说:"朕不与弟报仇,虽有万里江山,何足为贵?"① 他又对蜀汉百官说:"朕想布衣之中,与关、张结义之时,誓同生死。今朕已为天子,欲与二弟共享富贵,不幸俱亡,死于非命。"② 这也说明刘备即使已身为帝王,也依然把关公、张飞当作兄弟对待。他讨伐吴国,就是为了坚守当年的结义誓言,为兄弟复仇。事实上,小说中的这一情节与真实的历史有一定的出入。作为一个成熟的政治家,刘备显然不可能像小说中所描写的那样感情用事。历史上的刘备,在关羽遇害一年后称帝。两年后,他做了不少准备,才出兵伐吴。刘备伐吴固然有为关羽报仇之意,但也是为了与东吴争夺荆州。小说中刘备复仇的情节设定,也主要是为了突出刘关张三人之间兄弟情深、义气深重。

关公的"义气"还表现在他与曹操的关系上。游民群体所崇尚的"义气",十分看重一个"报"字。小说、戏曲作品中,关公之所以在华容道放走曹操,不仅是因为他是一个重情义的人,还因为他不得不回报曹操的恩惠。小说《三国志通俗演义》中,曹操祈求关公放过自己时说:"曹操兵败势危,到此无路,望将军以昔日之言为重。"③ 这个"昔日之言",指的是关公当年离开许都时对曹操所说的话,当时关公曾说:"久感丞相大恩,微劳不足补报;异日萍水相会,别当酬之。"④ 关公这时回答曹操:"昔日关某虽蒙丞相厚恩,某曾解白马之危以报之。今日奉命,岂敢为私乎?"他认为自己斩颜良、诛文丑而解白马之围已报答了曹操的恩惠,但是曹操又说:"五关斩将之时,还能记否?"这里是说关公过五关斩六将,曹操仍然命人下令放他走。毛宗岗评点这句说:"此事在白马解围之后,则公未及报也。"⑤ 关公与曹操的这番对话始终围绕一个"报"字展开,"报"

---

① 罗贯中. 三国志通俗演义 [M]. 上海:上海古籍出版社,1981:777.

② 罗贯中. 三国志通俗演义 [M]. 上海:上海古籍出版社,1981:783.

③ 罗贯中. 三国志通俗演义 [M]. 上海:上海古籍出版社,1981:487.

④ 罗贯中. 三国志通俗演义 [M]. 上海:上海古籍出版社,1981:261.

⑤ 罗贯中. 三国演义 [M]. 毛宗岗,批评. 济南:齐鲁书社,1991:623.

在中国人道德观念中占据重要地位，如果一个人受了别人恩义却不报答，那就是令人不齿的"不义"行径，就是不讲"义气"。所以，曹操反复提到"报"字，给了关公极大的道德压力。最后，关公只能冒着违抗军令的风险，选择报答曹操，保全"义气"，放走了曹操。

宋元以后的戏曲、小说中，通过刻画关公与刘备、张飞的手足之情，通过描写关公对曹操恩义的回报，塑造出了一个义气深重的英雄形象，这一形象来源于宋元下层民间艺人对历史人物的想象。宋元的民间艺人大多来自下层游民群体，他们把自己的生活经历还有他们崇尚的"义气"观念融入关公这一人物中，创造出了独特的义薄云天的艺术形象。随着关公形象的深入人心，"义气"观念也在中国社会产生了极大的影响。

第三节　"秉烛夜读""斩貂蝉"与"义气"观念影响下的传统女性观

"义气"观念来源于宋元以来的游民群体，这一群体中的民众因为他们独特的人生经历，难免有较为严重的轻视女性的倾向。三国题材的戏曲、小说中的不少故事反映了下层游民的思想观念，在这些作品中，关公一直被塑造为大义凛然、不近女色的英雄人物。在各种关公的故事中，"秉烛夜读"和"斩貂蝉"这两个著名的传说比较集中地反映了"义气"观念影响下的传统女性观。

一、"秉烛夜读《春秋》"

在宋元讲史小说《三国志平话》中，张辽劝说关公投降时，关公提出三个条件，第一条就是他与刘备的两位夫人要"一宅分两院"①。嘉靖本《三国志通俗演义》中，关公提出的三个条件第二条为："二嫂嫂处，请给皇叔俸禄养赡，一应上下人等皆不许到门。"到许昌后，"曹操拨一府，另与云长居住。云长分一宅为两院，内门外拨老军十人以守之，关公自居外宅。"② 这都是要说明关公为人洁身自好，尽量避男女之嫌。

万历年间万卷楼本《三国志通俗演义》，在写到关公投降曹操后护送二夫人还许昌时，文中插入一条夹批"考证"。"考证"中说："《三国志·关羽本传》：'羽战败下邳，与昭烈之后俱为曹操所掳，曹欲乱其君臣之义，使后与羽共居一室。羽避嫌疑，执烛侍后，以至天明，正是一宅分为两院之时也。'故《通鉴》断论有曰：'明烛以达旦，乃云长之大节耳。'"③ 这条考证的内容并不见于《三国志》和《资治通鉴》，完全是评点者的伪造，但是毛宗岗将它改写之后放入了小说正文。毛宗岗批评《三国演义》中这样写："于路安歇馆驿，操欲乱其君臣之礼，使关公与二嫂共处一室。关公乃秉烛立于户外，自夜达旦，毫无倦色。操见公如此，愈加敬服。"这一故事情节是后人在罗贯中的小说《三国志通俗演义》的基础上不断添改而成，目的就是为了表现关公大义凛然，不受女色诱惑。所以毛宗岗在此处评点道："操以三事中第二事试之，而公男女之辨凛然。"④ 这个"男女之辨凛然"显然是这个故事的关键所在，后世的戏曲、民间传说中又将关公喜读《春秋》的传说和这一故事结合起来，把"秉烛立于户外"改为秉烛夜读《春秋》。

这个秉烛夜读的故事，后来成了明清三国题材戏曲的重要剧目，如明代传奇《古城记》第十三出《秉烛》，写的就是这一故事。剧中写关公护送二夫人前往许都，夜里在驿馆投宿。曹操部下许褚命驿丞只准备一间房，

---

① 丁锡根. 宋元平话集［M］. 上海：上海古籍出版社，1990：795.

② 罗贯中. 三国志通俗演义［M］. 上海：上海古籍出版社，1981：242.

③ 罗贯中. 三国志通俗演义［M］. 万历万卷楼本. 上海：上海古籍出版社，1991：469.

④ 罗贯中. 三国演义［M］. 毛宗岗，批评. 济南：齐鲁书社，1991：300.

一床铺盖，一枝小烛，准备等到烛尽之时，让人高喊"嫂叔通奸！"关公于庭中秉烛夜读《春秋》，四更时烛欲灭时，他又砍下木壁板，燃烧壁板直到天明。剧中详细描写了关公秉烛夜读时的心境，不少唱词十分精彩。如有一段唱词这样写："凭着俺凛凛钢刀扶社稷，还有这一枝明晃晃银烛，照见咱赤胆忠心。俺自有鲁男子雅操，待学取柳下惠同班。一个坐怀不乱，一个闭户无干，一怹他订下了清白千年案。俺轰轰烈烈，要把古人扳。"① 清代传奇《鼎峙春秋》中第三本二十出《秉烛人有一无二》、晚清昆曲《秉烛待旦》等，内容与《古城记·秉烛》大同小异。不少地方戏中也有类似剧目，也可见这一故事影响力之大。

小说《三国志通俗演义》中写关公到许都后，曹操赏赐关公甚厚，除金银外还有"美女十人以侍之"，但是关公却"将所赐美女尽送入内门，令服侍二嫂嫂"②，清代的不少戏曲作品对这一情节进行大胆的艺术加工，表现了关公的不近女色。如明传奇《古城记》第十三出《却印》、清代花部《小宴》、晚清昆曲《小宴却物》等，表现的都是这一故事。如清代花部《小宴》，张辽奉曹操之命宴请关公，赠送黄金、美女、袍带和印信，其中写张辽以美女四人诱惑关公时十分细致生动。四个美女风情万种，出场后就唱道："忆绸缪，终朝卖俏逞风流。红裙舞动翩翩袖，迎新送旧几时休。客来往，不断头，全凭箫管度春秋。"她们向关公劝酒，又唱道："打一回双陆下一回棋，又何须苦推辞。功名二字天排定，遇酒饮三杯。青春不再回，光阴能有几，遇酒不吃笑伊痴。要解愁烦，除非是酒，常将美酒解离愁。醒时节，醉时节，还依旧，离恨愁。酒在心头，事在心头，事在心头。"关公则表示："俺本是飘零孤馆客中人，何用你斓珊竹叶在樽前唱，樽前唱！"③ 张辽频繁向关公劝酒，意图灌醉关公，让他纳了这些美

---

① 胡世厚. 三国戏曲集成：明代卷［M］. 上海：复旦大学出版社，2018：114.
② 罗贯中. 三国志通俗演义［M］. 上海：上海古籍出版社，1981：242.
③ 胡世厚. 三国戏曲集成：晚清昆曲京剧卷［M］. 上海：复旦大学出版社，2018：124～125.

女,关公则严词拒绝,让张辽把美女们都带回丞相府。

二、"斩貂蝉"故事

"关公斩貂蝉"也是一个非常著名的民间传说故事。貂蝉是《三国演义》中出现的著名美女,小说中王允利用她挑拨董卓与吕布的关系,使得吕布杀死了董卓。关于貂蝉,一些学者认为她是真实存在的历史人物。如清人梁章钜在《浪迹续谈》中说:"黄右原告余曰:'《开元占经》卷三十三荧惑犯须女占,注云:"《汉书通志》:曹操未得志,先诱董卓,进刁蝉以惑其君。"此事异同不可考,而刁蝉之即貂蝉,则确有其人矣。'《汉书通志》今亦不传,无以断之。"但是鲁迅先生指出:"案今检《开元占经》卷三十三,注中未尝有引《汉书通志》之文。"① 看来梁章钜的这一说法是不大可靠的。大多数学者都认为,貂蝉是虚构的文学形象,并不是真实的历史人物。如俞樾认为:"又问:'貂蝉事,有其人乎?'余曰:'王允与吕布谋诛董卓,初无妇人与其事。惟《后汉书·吕布传》曰:"卓以布为骑都尉,誓为父子,甚爱信之。尝小失意,卓拔手戟掷之,布拳捷得免。布由是阴怨于卓。卓又使布守中阁,而私与傅婢情通,益不自安。"然则俗传凤仪掷戟事,固出有因。而所谓貂蝉者,即因婢事而附会成之也。'"② 俞樾的这一推断较为合乎情理,貂蝉这一形象极有可能是文学家根据《后汉书·吕布传》的相关内容杜撰出来的。

有趣的是,虽然貂蝉是虚构的文学形象,但民间却还流传着"关公斩貂蝉"的传说。这一故事并不见于小说《三国演义》,但民间却有不少戏曲作品演绎这一故事。明人祁彪佳的《远山堂剧品·具品》中记载:"《斩

---

① 鲁迅. 小说旧闻钞 [M]. 济南:齐鲁书社,1997:20.
② 朱一玄,刘毓忱. 三国演义资料汇编 [M]. 天津:南开大学出版社,2012:626.

貂蝉》，北五折。《庄岳委谈》云：'《斩貂蝉》不经见，自是委巷之
谈。'"① 清人黄丕烈编的《也是园藏书古今杂剧目录》中则著录有"《关
大王月夜斩貂蝉》"②。这些剧本现在都已失传，《关大王月夜斩貂蝉》与
祁彪佳所记载的《斩貂蝉》是否同一部作品也不得而知，作品的创作时代
及具体内容也难以考察。

不过清代以后，花部、京剧及许多地方戏中都有《斩貂蝉》的剧目，
如《清车王府藏曲本》有花部《斩貂蝉》一出。剧中写曹操水淹下邳、诛
杀吕布之后，张飞把吕布之妻送给了关公。关公却想："貂蝉乃治世之才
女，王司徒献连环计与董卓，凤仪亭勾私情于吕布，若将他收在帐下，岂
有不学奉先之故也。"③ 关公担心他如果接受了貂蝉，将会步吕布之后尘。
他又在灯光之下观看《春秋》，细思书中"奸佞谋位，妖女丧邦"的道理。
关公将貂蝉唤来，见她"花容月貌，好一嫦娥女降下凡尘"。关公问貂蝉
周三杰、汉三杰等历史人物事迹，她对答如流。关公问她当世英雄，她见
风使舵，称赞张飞胜过吕布。关公认为，貂蝉为讨好自己而故意贬低吕布，
是心计极深的妖女，决心要杀她。关公拔剑斩貂蝉，但貂蝉习有吕布的让
刀之法，躲过了这一剑。关公又假称灯光不明，让貂蝉前去剪灯花，趁机
将她斩杀。《缀白裘》十一集中收录的梆子戏《斩貂》、京剧《斩貂蝉》与
花部《斩貂蝉》故事情节大致相同，只是唱词更为通俗、流畅。这几出戏
显然是把貂蝉塑造为心机深沉、祸国丧邦的妖女，关公则代表国家大义斩
杀了她。这些作品无非是延续了传统的红颜祸水的观念，对女性存在着极
大的偏见。

江云、韩致中等人收集了湖北襄樊一带流传的一个有趣的民间故事

---

① 中国戏曲研究院. 中国古典戏曲论著集成：第六册［M］. 北京：中国戏剧出版社，
1982：404.

② 中国戏曲研究院. 中国古典戏曲论著集成：第七册［M］. 北京：中国戏剧出版社，
1982：192.

③ 胡世厚. 三国戏曲集成：清代花部卷［M］. 上海：复旦大学出版社，2018：135.

《关公月下斩貂蝉》。传说中，吕布死后，貂蝉落入刘备手中，"刘备得到貂蝉后，见她果然如花似玉、天下无双，就想纳她为妾。旁边的张飞也动了情，不禁眼珠跟着貂蝉转"。关公暗想："董卓、吕布都是因为宠貂蝉丢了功业，送了性命；现在大哥、三弟也被貂蝉的美色迷住了。天长日久，也难免相互嫉妒，伤了兄弟和气事小，万一重蹈董、吕后辙，怎能图大业、重兴汉室江山呢？"就打定主意要斩貂蝉。故事中这样写道：

> 关公平时都眯着眼睛，什么时候睁眼，就要杀人。眼下，他卧蚕眉倒竖，眼珠瞪得比铜铃还大，直对着貂蝉，见她长得千娇百媚，面如扑粉，眉目传情，比出水的芙蓉还要美，真叫人不忍心动手伤她半根毫毛，不由心软了，赶紧侧身，面向别处。这是中秋节的晚上，月光正亮，照出了貂蝉的影子，亭亭玉立，楚楚动人，好像一幅美人画铺在地上。关羽看看，心里更惊：连影子都能使人入迷销魂，留在世上怎会不祸害大哥和三弟呢？定要横下心来！他拿起青龙偃月刀，最后看了看貂蝉的影子：这时候，她被吓得瑟瑟战栗，样子像是风中的杨柳、雨打的牡丹，似乎更加动人，让人怜爱。关羽再也没有勇气看下去了，不禁双目紧闭，青龙偃月刀也失手掉了下来，恰好落在地上的影儿上。谁知这一下，貂蝉竟应声倒下，身首分家了。原来貂蝉的身影，遇刀也会饮刃伤身，一代美人就这样被关羽斩了。①

这个故事生动地描写了月光下貂蝉的美貌、关公激烈的内心波动，令人印象深刻。最后刀落在人影上而导致貂蝉身死的情节，也十分奇特。不过，故事的思想主题还是比较庸俗，主要表达的还是关公为保全兄弟义气

---

① 江云，韩致中. 三国外传［M］. 上海：上海文艺出版社，1986：54~55.

而斩杀了貂蝉。

马昌仪所编的《关公的民间传说》中所收集的民间故事中也有一篇《关公月下斩貂蝉》。故事中说吕布被杀之后，貂蝉也要被处死。但是，刀斧手见到貂蝉天仙一般的容貌，"甭说下不得手，连魂儿都不知道跑哪儿去了！"张飞听说后怒气冲冲地赶到刑场，"到了跟前，只见貂蝉望着张飞微微一笑，张飞手中的丈八蛇矛就拿不住、举不起了，那股子怒气也一下子云消雾散了"。关公对众人说："大丈夫坐怀不乱，不斩貂蝉，怎除人间美人计！"关公提青龙偃月刀来到刑场："这工夫明月当空，貂蝉一见关公提刀来到跟前，微微一笑。关公看也不看，手起刀落，只听'嗖——嚓！'一声，貂蝉身首分离，人头落地！关公一手握刀，一手提着貂蝉的脑袋，回军营去了，打这以后，人们都说关公心正无邪，乡间都称他'关圣帝君'。"[1]这个故事与《武王伐纣平话》中姜太公斩杀妲己的情节十分相似。《武王伐纣平话》中这样写道："二声鼓响，于小白旗下，刽子手待斩妲己。妲己回首戏刽子，用千娇百媚妖眼戏之，刽子堕刀于地，不忍杀之。"先后有三个刽子手因不忍杀妲己，被姜子牙斩首。后来，与妲己有杀母之仇的殷郊前去行刑，"用练扎于面目，不见妖容"[2]，才杀死了妲己。显然，这个斩貂蝉的民间故事，是把貂蝉比作了妲己。

事实上，关于关公斩貂蝉的故事，也有一些学者很不以为然。如武梫瘿在《三国剧论》中说："貂蝉，奇女子也。牺牲一身以纾主忧，而救国难者也。恶可以寻常女子绳之哉？又恶可以寻常女子名节二字绳之哉？……若关公者，熟读《春秋》者也。西子奉勾践命，志在沼吴，与貂蝉奉司徒命，志在死卓、布父子，同一辙也。关公不责西施，而乃月下斩貂蝉。余敢谓关公圣人，必不为此杀风景事。"[3] 他的评论颇有几分道理。

① 马昌仪. 关公的民间传说 [M]. 石家庄：花山文艺出版社，1995：205.
② 丁锡根. 宋元平话集 [M]. 上海：上海古籍出版社，1990：481.
③ 朱一玄，刘毓忱. 三国演义资料汇编 [M]. 天津：南开大学出版社，2012：719.

不过戏曲《斩貂蝉》在民间一直很流行，它在一定程度上反映了中国人的某种心理需求。

明清时期民间的一些宗教性质的宝卷中，也有关公拒绝美女诱惑的故事。如明代的《护国佑民伏魔宝卷》中讲述关帝由人成神的过程，其中有这样一个故事："感动菩萨，慢佗之中化一神堂古庙，大雨一阵赶关爷入庙避雨。菩萨变化美貌女子，故装心痛，哀告：'将军救我一命，按我一把，我病消退。'关爷听说：'你是女子，我是男人，不好向前治你根结。'扇深出刀纂。菩萨起在虚空，高声大叫：'我不是别人，我是南海观世音菩萨。至你色心，真乃赤心。财色双忘，许你成神，护我金身。'云消雾散，去了菩萨。"① 在这个故事中，观音菩萨化身为美女考验关公，关公洁身自好，没有动心。观音菩萨赞叹他的德行，许他成神。

事实上，历史上的名将关羽并不是像宋元以后的戏曲、小说中所写的这样不近女色。《三国志》裴松之注引《蜀记》记载："曹公与刘备围吕布于下邳，关羽启公，布使秦宜禄行求救，乞娶其妻，公许之。临破，又屡启于公。公疑其有异色，先遣迎看，因自留之，羽心不自安。"② 这段文字说曹操、刘备围攻吕布于下邳时，关羽知道吕布部下秦宜禄之妻是美人，想要夺取她。这与后世文学作品中所塑造的关公形象大相径庭。

关公之所以被塑造为大义凛然、不近女色的英雄，既与中国传统的"红颜祸水"的女性观有关，也与游民群体的"义气"观念有很大的关系。宋元以后的不少戏曲、小说，如《三国演义》《水浒传》都在很大程度上来源于游民群体的生活经历，反映了游民群体的观念。宋元以后的游民大多是男性，他们生活处境艰难，大都独来独往，所以对女性的态度也都比较冷淡。在他们看来，真正的好汉应该尽量远离女性。如《水浒传》中的

---

① 周燮藩. 中国宗教历史文献集成：民间宝卷（第四册）［M］. 合肥：黄山书社，2005：496.

② 卢弼. 三国志集解［M］. 上海：上海古籍出版社，2012：2507.

宋江,虽然他娶了阎婆惜为妾,但是"宋江是个好汉,只爱学使枪棒,于女色上不十分要紧"①。如孔亮,小说中称赞他是"相貌堂堂强壮士,未侵女色少年郎"②。好色也多半都是奸恶之人,如西门庆、裴如海等,即使是梁山好汉王英,也因为好色而被人看不起。不少游民都会一些武艺,他们认为亲近女色会对身体有损伤,如卢俊义,"平昔只顾打熬气力,不亲女色"③。游民群体最看重的是"义气",就是朋友、兄弟之间相互扶助的情义。但是,男人一旦成家之后,处理很多事情时就会顾忌妻子、儿女。这样一来,朋友、兄弟间的"义气"和夫妻之间的情意,就难免会有冲突。如《水浒传》中的杨雄与石秀本是关系极好的结义兄弟,但是在潘巧云的挑拨下,也差点反目成仇。《水浒传》中很多好汉,如鲁智深、武松、李逵等都是孑然一身,所以能够做到了无牵挂。为了突出"义气"的重要,《水浒传》甚至有一种厌恶女性的倾向。小说中一些给人留下深刻印象的女性,如阎婆惜、潘金莲、潘巧云等,都是水性杨花、奸诈狠毒的反面人物。至于梁山上的一些女性如孙二娘、顾大嫂、扈三娘等,都是武艺高强的男性化的女性。

小说《三国演义》中出现的女性数量不多,但反面人物不少,如汉灵帝之母董太后、汉灵帝之妻何太后、刘表之妻蔡氏等,为争权夺利而不择手段,最后下场悲惨。刘备、关公和张飞三人,关公和张飞的妻子小说基本没有提到。刘备早年虽然有甘、糜二位夫人,但他四处漂泊,似乎对妻子也不大在意。张飞镇守徐州时被吕布偷袭,城池被破,导致刘备家眷失陷城中。张飞向刘备请罪,刘备回答说:"古人有云:'兄弟如手足,妻子如衣服。衣服破,而尚有更换;使手足若废,安能再续乎?'吾三人桃园结义,不求同日生,誓愿同日死。今日虽无了城池老小,安忍教兄弟中道而

---

① 施耐庵,罗贯中. 水浒传 [M]. 北京:人民文学出版社,2016:261.
② 施耐庵,罗贯中. 水浒传 [M]. 北京:人民文学出版社,2016:414.
③ 施耐庵,罗贯中. 水浒传 [M]. 北京:人民文学出版社,2016:821.

亡?"① 为兄弟而舍弃妻子，体现的正是游民群体所崇尚的"义气"观念。

明代民间流传的说唱词《花关索传》，讲述了关公之子关索的生平事迹。这部唱词的开端这样写道："关、张、刘三人结为兄弟，在姜子牙庙里对天设誓，宰白马祭天，杀黑牛祭地。只求同日死，不愿同日生。哥哥有难兄弟救，兄弟有事哥哥便从。如不依此愿，天不遮，地不载，贬阴山之后，永不转人身。刘备道：'我独自一身，你二人有老小挂心，恐有回心。'关公道：'我坏了老小，共哥哥同去。'张飞道：'你怎下得手，杀自家老小？哥哥杀了我家老小，我杀了哥哥底老小。'刘备道：'也说得是。'"文中又接上一段张飞的唱词："张飞当时忙不住，青铜宝剑手中存。来到蒲州解梁县，直到哥哥家里去。逢一个时杀一个，逢着双时杀二人。杀了一十单八口，转过关平年少人。叫道叔叔可怜见，留作牵龙备马人。张飞一见心欢喜，留了孩儿称我心。走了嫂嫂胡金定，当时两个便回程。"② 这部唱词中写刘、关、张三人结义，刘备担心家小成为羁绊、累赘，关羽和张飞二人分头杀死对方家人。这种惨无人道的做法，反映的也是一种极端残忍的游民观念。类似的情节在《水浒传》中也有一些，如宋江为了逼迫秦明上山落草，杀死了他的妻小一家；吴用为逼朱仝上梁山，命李逵杀死了朱仝照看的小衙内。这些都是中国古代下层游民群体在特殊社会环境中所表现出来的残忍与暴虐，应当受到严厉批判和唾弃。

自宋元以来，中国民间的游民群体将他们所崇尚的"义气"观念融入关公这一文学形象之中，使得关公成为"义气"的典范。但是，游民群体中大多数成员都是男性，他们受到所处的社会环境及自身的人生经验限制，又受传统"红颜祸水"的观念影响，难免对女性产生了极大的偏见。他们又将这种偏见掺杂到关公形象之中，将关公塑造为一个大义凛然、不近女色的英雄。这样一种女性观显然是受到落后的传统思想的影响，产生于特

---

① 罗贯中. 三国志通俗演义 [M]. 上海：上海古籍出版社，1981：142.
② 朱一玄. 明成化说唱词话丛刊 [M]. 郑州：中州古籍出版社，1997：2.

定的社会环境和社会群体中，是完全不可取、应该彻底摒弃的。

值得注意的是，现代的三国题材的传说故事、戏曲、小说、电影等文学作品中，关公形象已经发生了很大的变化，特别是关公对待女性的态度。如当代学者马昌仪收集的关公传说故事中，有一个故事名为《月夜送貂蝉》。故事写曹操在下邳处死吕布后，为挑拨刘、关、张三人关系，把貂蝉送给关公处置。关公见到貂蝉后，责备貂蝉"先侍董卓，后嫁吕布，风月场上丑事做尽"。貂蝉却回答："将军只知其一，不知其二。当初董卓乱政，吕布助纣为虐，社稷有累卵之危，黎民有倒悬之急。众朝臣面对强贼，束手无策，王恩公无奈，这才巧设连环，求妾舍身。贱妾虽是女流之辈，为了保国安民，岂敢珍惜自身。现在二贼被除，不想妾也成了千古罪人，世事如此颠倒，能不叫人伤心?"①关公细想之后，认为貂蝉之言合情合理，不觉动了恻隐之心。关公在月夜之下，又挑了二十名精壮小校，让貂蝉换了衣服，混在军中，送貂蝉出城而去。这个传说故事，把关公月下斩貂蝉改为关公月下送貂蝉，展现了他的仁义之风，改编得非常精彩。

山西作家刘颖娣创作的晋剧《貂蝉轶事》，也是写关公与貂蝉的故事。但是这部剧一改以往传统戏曲中关公斩貂蝉的故事模式，重新塑造了关公和貂蝉的形象。剧中写曹操、刘备攻破下邳城后，吕布被杀，貂蝉也被俘。貂蝉不愿被再次卷入政治斗争，想要返回家乡。曹操为挑拨刘、关、张的关系，将貂蝉赐给刘备。关公了解貂蝉的身世后，赞叹她："赛西施若天仙绝世美艳，更可培柔弱女意气不凡。知恩图报不惧险，心忧国民智除奸。功在社稷不贪恋，甘弃荣华恋故园。"② 关公对她十分敬仰，尽力帮她回转家乡。曹操阻拦貂蝉回乡，貂蝉痛骂曹操。曹操要杀死貂蝉，关公反对他杀死这位巾帼英雄，但最终貂蝉还是被曹操杀死。这个剧所表现的关公对貂蝉的敬仰与同情，体现的是一种进步的女性观，与《斩貂蝉》等传统剧

① 马昌仪. 关公的民间传说 [M]. 石家庄：花山文艺出版社，1995：205.

② 胡世厚. 三国戏曲集成：山西地方戏卷 [M]. 上海：复旦大学出版社，2018：195.

作有天壤之别。这是一种可喜的进步，它反映的也是我们整个国家、整个社会的进步。

第四节 关公崇拜中"义气"观念的影响

自宋元以来数百年间，随着小说《三国演义》及相关题材的戏曲、曲艺作品的广泛传播，关公崇拜中的"义气"观念在中国社会中产生了巨大的影响。正如邱炜萱所说："自有《三国演义》出，而世慕为拜盟歃血之兄弟，占星排阵之军师者多。"不过，正如上文所说，宋元以来的"义气"观念内涵复杂，且与中国古代的游民群体有着密切联系，这一观念既造成了一些积极正面的影响，又有一些消极、不良的后果。

一、"义气"观念的积极作用

关公崇拜中的"义气"虽然自宋元才广泛流行，但也并非凭空而来。这一观念主要继承了先秦两汉以来的朋友之义、侠义精神的传统，又结合了宋元下层民众的人生经验。中国古代社会很重视朋友之义，"朋友"也是五伦之一。宋人洪迈认为："朋友之义甚重。天下之达道五，君臣、父子、兄弟、夫妇而至朋友之交。故天子至于庶人，未有不须友以成者。天下俗薄，而朋友道绝。见于《诗》。不信乎朋友，弗获乎上。见于《中庸》《孟子》。朋友信之，孔子之志也；车马衣裘，与朋友共，子路之志也；与朋友交而信，曾子之志也。《周礼》六行，五曰任，谓信于友也。汉、唐以来，犹有范张、陈雷、元白、刘柳之徒，始终相与，不以死生贵贱易其心。本朝百年间，此风尚存。呜呼，今亡矣!"① 侠义精神，正如司马迁在《游侠列传》中说的："今游侠，其行虽不轨于正义，然其言必信，其行必果，已诺必诚，不爱其躯，赴士之厄困，既已存亡死生矣，而不矜其能，羞伐其德，盖亦有足多者焉。"②侠义精神的核心理念也就是不爱其躯、扶危济困。这种精神自先秦两汉以来，也是薪火相传、不绝如缕。但"朋友之义""侠义"精神也有较大的局限性。洪迈所说的"朋友之义"，主要流行于士大夫群体中。文人士大夫在中国古代社会中，毕竟只是少数人。特别当士大夫群体道德败坏时，"朋友之义"就会出现洪迈所感叹的"今亡矣"的局面。侠义精神也主要流行于游侠群体的小圈子中，并没有产生很大的社会影响。而且，汉代以来对游侠的批评之声也从未止息，如班固就批评他们"不入于道德，苟放纵于末流"③。

关公崇拜中的"义气"观念继承了"朋友之义"、侠义精神的传统，但主要流行于民间的游民群体中。游民群体身处社会下层，人数众多，与士大夫、游侠等群体相比，影响也更为深远。随着小说、戏曲、曲艺等通俗文学的广泛传播，"义气"观念也在中国社会的各个阶层中有了更为深远、广泛的影响。义气观念的积极影响之一，就是它在一定程度上超越了传统宗法、地域观念的束缚，使没有血缘、同乡关系的个体之间也能够心意相通、彼此尊重。中国是一个农业社会，大多数民众都生活于农村，从事农业生产。而且中国人重视血缘、重视家庭，所以有很强的宗法观念。但游民群体脱离了乡土，游走于城镇之中，他们为更好地维持生计，只能摆脱乡土观念、宗法观念的束缚，尽量与来自不同地域、没有血缘关系的同伴结识，寻求彼此之间心灵与情感上的交流。游民生活都较为贫困，经济实力、地位相差不大，所以彼此之间地位较为平等。《三国演义》中，

---

① 洪迈. 容斋随笔 [M]. 北京：中华书局，2007：120.
② 司马迁. 史记 [M]. 北京：中华书局，2007：3181.
③ 班固. 汉书 [M]. 北京：中华书局，1964：3699.

刘备、关羽和张飞来自不同的地域，从事不同的职业，没有任何血缘关系，却如亲兄弟一般心意相通、生死相随，完全超越了地域、宗法观念的限制，所以他们成了后世"义气"的典范。《水浒传》中的梁山好汉也是来自天南海北，各个行业的人物都有，最终聚集到一起，真正实现了《论语》中所说的"四海之内皆兄弟"的理想。

义气观念的另一个积极影响就是，它强调人与人之间危难之际的慷慨无私的救济、扶助。中国传统社会之所以重乡土、重亲情，原因之一就是遇到天灾人祸时，族人、乡民能够给予救助。脱离了乡土、宗法秩序的游民，则会尽量多结交朋友，尽量多帮助他人，以免自己危难时孤立无援。《三国演义》中刘、关、张三人虽然都是杰出的英雄，却四处漂泊、历经坎坷，其遭遇也与飘零江湖的游民颇为相似。三人也几经离散，但是始终相互扶助、不离不弃。《水浒传》中的好汉，如晁盖、宋江、鲁达等之所以受人敬仰，也是因为他们都能豪爽地救人于危难之际。明清以后的戏曲、小说等通俗文学作品中，结义、结拜的情节比比皆是，"义气"更是成了日常广泛使用的词语之一，关公在中国古代民众心目中更是成了"义气"的化身。"义气"观念内涵复杂，其中强调人与人真诚相待、相互扶助的方面具有一定积极的价值。

二、"义气"观念的消极影响

关公崇拜中的"义气"观念也难免带来不少流弊。"义气"观念产生于游民群体中，游民群体漂泊于城镇市井之中，生活艰难。为了维持生存，他们敢于进取、敢于冒险，道德观念、法律意识比较淡薄。《水浒传》中所写的不少好汉，如张青、孙二娘、李俊等都干过抢劫、杀人等违法之事，一定程度上反映了某些游民的生活状况。这样一来，"义气"观念也就难免带来许多消极的影响。

宋元以来的游民阶层人数众多、龙蛇混杂，虽然有许多手工业者、江湖艺人等，但也有不少游手好闲的泼皮、无赖。这些人聚集在一起，也效法刘关张桃园结义结成兄弟，也讲所谓的"义气"，为非作歹、欺压良善。如《金瓶梅》中，西门庆邀请应伯爵、谢希大、常峙节等一帮无赖，在玉皇庙结为十兄弟，结义誓词中说："伏为桃园义重，众心仰慕而敢效其风；管鲍情深，各姓追维而欲同其志。况四海皆可兄弟，岂异姓不如骨肉？"① 事实上，"十兄弟"结义的说法并不仅仅是一种文学虚构，是实有其事的。小说《金瓶梅》一般被认为成书于万历年间，而明万历初年，大臣郑钦在《棍徒结党虐害良善凌辱大臣疏》中向皇帝奏报，京城中有锦衣卫韩朝臣勾结市井无赖，"结义十兄弟，号称十虎，横行各地方，非朝夕故矣"②。又如，明末小说《梼杌闲评》写明代太监魏忠贤生平事迹，揭露阉党罪恶。书中第六回写魏忠贤早年与两个无赖李永贞、刘瑀结识，三人在三义庙结为兄弟。小说中写道："进忠道：'这是个甚么庙，如此倒塌？'永贞道：'这是个三义庙，闻得公公说，张翼德是我们这里人，故立庙在此。前日要约前后庄出钱修理。'刘瑀道：'我想当日刘、关、张三人在桃园结义，誓同生死，患难不离。后来刘玄德做了皇帝，关、张二人皆封为神。我们今日既情投意合，何不学他们，也拜为生死弟兄，异日功名富贵、贫贱患难，共相扶持，不知你们意见若何？'二人道：'甚妙。'三人寻路归来。次日，择了吉日，宰了一羫肥羊，买了一大坛酒并金银纸马，叫了几个孩子抬到庙上摆齐，对神歃血为盟。进忠年长为兄，永贞第二，刘瑀第三。"③ 有时，结拜之时要祭拜关公。如《续金瓶梅》中，西门庆的仆从来安，勾结张小桥、张大一抢夺吴月娘的财物。后来他们又约定在村中关王庙结拜，"明日请个香纸来，咱弟兄两人先明一明心，村里关王庙先设了誓，从今后，你我比亲兄弟一样，如有负心的，不得好报！"④ 类似的事例

---

① 兰陵笑笑生，著. 张竹坡批评金瓶梅 [M]. 张道深，评济：南：齐鲁书社，1991：26.
② 郑钦. 伯仲谏台疏草：卷下 [M]. 丛书集成初编本. 北京：商务印书馆，1936：24.
③ 佚名. 梼杌闲评 [M]. 古本小说集成. 本上海：上海古籍出版社，1992：211~212.
④ 丁耀亢. 续金瓶梅 [M]. 古本小说集成本. 上海：上海古籍出版社，1990：192.

极多。晚清小说《施公案》中第四三五回写一个名叫无量的恶僧，聚集了十八个师兄弟，聚集在关王庙中，"他窝藏妇女，好盗邪淫"①，无恶不作。关王庙本是宣扬忠义、正义的地方，居然成了坏人为非作歹的巢穴，也是对神灵莫大的亵渎。小说《三国演义》中刘关张三人桃园结义是要誓同生死、报效国家，但是这些地痞、无赖却要效仿桃园结义结成小团体为非作歹。

关公崇拜中"义气"的观念还对明清时期的各种帮会活动产生了很大的影响。梁启超认为："今我国民绿林豪杰，遍地皆是，日日有桃园之拜，处处为梁山之盟，所谓'大碗酒、大块肉、分秤称金银、论套穿衣服'等思想，充塞于下等社会之脑中，遂成为哥老、大刀等会。"② 刘关张桃园结义，成为明清以来不少帮会效法的榜样。日本学者平山周认为："后汉末造，三国肇始之际，则有黄巾贼。因平黄巾贼而崛起者，则有刘备、关羽、张飞三杰。是三杰者，结义桃园，约为兄弟，虽非以同年月日生，愿以同年月日死，为后世秘密结社之模式。"③ 帮会成员也一般都会结拜为兄弟，结拜时的仪式也常模仿桃园结义。如天地会入会之时，宣读誓词中有这样的话："今夜吾人各介绍数新信徒于天地会，仿桃园结义故事，约为兄弟，洪其姓，金兰其名，以合为一家。"④ 天地会《刘关张桃园结义诗》中说："桃园开放万里香，久闻知己访忠良。天下英雄居第一，桃园结义刘关张。"⑤ 天地会入会仪式上特意摆放有桃枝，"以明刘备、关羽、张飞结义之意"⑥。哥老会的《东梁山出山柬之文》中说："窃思世衰道微，正英雄建业之秋，水秀山清，本豪杰立功之地。古帝王乌牛白马，告天地而起义

① 不题撰人. 施公案 ［M］. 济南：齐鲁书社，1998：906.
② 阿英. 晚清文学丛钞：小说戏曲研究卷 ［M］. 北京：中华书局，1960：18.
③ 平山周. 中国秘密社会史 ［M］. 北京：商务印书馆，2017：5.
④ 平山周. 中国秘密社会史 ［M］. 北京：商务印书馆，2017：54.
⑤ 萧一山. 近代秘密社会史料 ［M］. 长沙：岳麓书社，1971：293.
⑥ 徐珂. 清稗类钞 ［M］. 北京：中华书局，2010：3641.

桃园，破黄巾而三分鼎足。"①

关公更是许多帮会最崇拜的神灵之一。天地会举行入会仪式时，会场"中祀关羽"。哥老会举行开山式时，"场中正面墙上，祀五祖、关羽等神"②。天地会的各公所"均祀关羽每以六月二十四日为其忌日，以五月十三日为其生诞，皆庆祝"③。哥老会聚会时也常在关帝庙，"戊戌年十月十五日，在镇江府西城外鹤林寺，坐北朝南而立，齐集关帝五祖殿前，各踊跃进山，英雄聚会，豪杰同心，义声震河岳，仁德扇区夏，所厚望也"④。帮会群体信仰关公，崇尚"义气"之风，主要是要通过"义气"观念来团结帮中成员。天地会的一份花帖中说："自古称忠义兼全，未有过于关圣帝君者也。溯其桃园结义以来，兄弟不啻同胞，患难相顾，疾病相扶，芳名耿耿，至今不弃。似等仰尊帝忠义，窃劳名聚会。"⑤ 许多帮会的誓词、帮规都非常强调帮会成员之间团结互助的重要性。如天地会《三十六誓》第七誓："兄弟患难之时，无银走路，必要相帮，钱银水脚，无论多少。如有不念亲情者，五雷诛灭。"第十一誓："兄弟寄妻托子，或有要事相托，如不做者，五雷诛灭。"⑥ 这里所说的"亲情"，也就是兄弟结义之情。

值得注意的是，一些帮会，如天地会，也常以"忠义"号召帮众。天地会入会仪式的会场，名为"忠义堂"。《忠义堂诗》中说："忠义堂前过万军，将军一对两边分。若有奸心辕门斩，忠心义气伴明君。"⑦ 天地会确实是以"反清复明"为口号的，也组织过一些反抗清朝统治的起义。但是，天地会所说的"忠义"，与历代统治所宣扬的忠于皇权、忠于国家的

---

① 徐珂. 清稗类钞［M］. 北京：中华书局，2010：3665.
② 徐珂. 清稗类钞［M］. 北京：中华书局，2010：3664.
③ 徐珂. 清稗类钞［M］. 北京：中华书局，2010：3639.
④ 徐珂. 清稗类钞［M］. 北京：中华书局，2010：3640.
⑤ 中国人民大学清史研究所，中国第一历史档案馆. 天地会：第六册［M］. 北京：中国人民大学出版社，1982：304.
⑥ 平山周. 中国秘密社会史［M］. 北京：商务印书馆，2017：51.
⑦ 萧一山. 近代秘密社会史料［M］. 长沙：岳麓书社，1971：293.

"忠义"有很大的不同。天地会成员所说的"忠义",其实指的是对帮会、兄弟的忠诚。正如罗尔纲先生所说:"天地会的'忠义',则作为对团体的效忠,对兄弟的仗义。"① 所以天地会的"忠义",其实也就是"义气"。

近代以来,中国社会中有许多游民组成的帮会组织。毛泽东同志在《中国社会各阶级的分析》中指出:"此外,还有数量不小的游民无产者,为失了土地的农民和失了工作机会的手工业工人。他们是人类生活中最不安定者。他们在各地都有秘密组织,如闽粤的'三合会'、湘鄂黔蜀的'哥老会'、皖豫鲁等省的'大刀会'、直隶及东三省的'在理会'、上海等处的'青帮',都曾经是他们的政治和经济斗争的互助团体。处置这一批人,是中国的困难的问题之一。"② 这些帮会中如天地会、小刀会等,的确在团结民众推翻清王朝腐朽统治过程中发挥过一些积极的作用。但是,清末以来,中国各地出现了许多帮会,这些帮会中有大量的土匪、流氓等不法之徒,他们聚集在一起为非作歹,对社会秩序造成了很大破坏。如民国时期的四川省,"下流会党,名目繁多,人数既众,品类尤杂",其中著名的有"江湖会""孝义会"。"江湖会"势力最大,"多亡命无赖及不肖绅衿,常为乡里所苦"③。又如上海的"青帮"在四一二反革命政变中被国民党反动派及帝国主义势力操纵和利用,杀害了大批共产党员及革命群众。类似的反动帮会势力还有很多,这也足可见新中国成立前社会秩序的黑暗与混乱。这些帮会组织的成员也经常宣扬所谓的"义气",他们的"义气"就是一种胡作非为的小团体主义,没有任何道德意识和正义感,为人所唾弃,应该受到法律严厉的惩处。

关公崇拜中的"义气"来源于宋元以来的游民群体,随着《三国演义》《水浒传》等通俗文学的广泛传播,数百年对中国社会产生了不小的

---

① 中国会党史研究会. 会党史研究 [M]. 上海:学林出版社,1987:4.
② 毛泽东. 毛泽东选集:第一卷 [M]. 北京:人民出版社,1991:8.
③ 隗瀛涛,赵清. 四川辛亥革命史料 [M]. 成都:四川人民出版社,1981:134.

影响。这一观念中有继承自先秦两汉以来的朋友之义和侠义精神传统，在促进不同地域、不同行业民众间的相互信任、相互扶助方面，发挥了不少积极作用。但是由于游民群体敢于冒险，道德、法律意识淡薄，"义气"观念又与他们的人生经历有着密切的关联，所以，这一观念就难免给中国社会带来许多不良影响。中国古代社会中地痞、无赖、流氓及帮会势力宣扬他们所谓的"义气"，给社会秩序带来很大危害，这是需要认真对待、严厉打击的。在"义气"观念影响下，中国古代社会中存在对女性的极大偏见，这也是需要严肃批判、彻底摒弃的。

第六章

关公崇拜中的"情义"观念

　　"情义"是中国传统文化中重要的道德理念之一，它强调道德规范需要以真挚的情感为根本，强调人与人之间情感沟通与共鸣的重要性。这种重视情感的观念，对中国人的思想、行为都产生了深远的影响。在宋元以后的三国故事中塑造的刘备、关羽、张飞、赵云等蜀汉人物，都是有情有义的人物，他们之间深厚的情义打动了后世无数读者。在各种小说、戏曲作品中，关公更是重情重义的典型。也正是因为关公形象中浓厚的"情义"迎合了中国人的心理需求，所以关公崇拜才在中国社会产生了深远的影响。

第一节　"情义"观念的内涵

　　"情义"一词，原义指人情与义理。《宋书·文帝本纪》："昔汉章南巡，加恩元氏，况情义二三，有兼曩日。思播遗泽，酬慰士民。"① 不过，宋元以后，"情义"成了戏曲、小说中的常用词汇，一般表示深情厚谊之

---

　　① 沈约. 宋书 [M]. 北京：中华书局，1974：76.

义，指人与人之间有深厚的情感，能够彼此仗义相助。如《西游记》第五十六回："大圣闻言，忍不住笑道：'师父，你老人家忒没情义。'"① 《醒世恒言·乔太守乱点鸳鸯谱》："但是空费他这番东西，见得我家没有情义，倘后来病好相见之间，觉道没趣。"② 在这些语句中，"情义"一词显然更突出强调人与人之间的深厚感情。"情义"一词的广泛使用，背后反映的是中国人的道德观念和为人处世之道。

"情义"一词虽然在古代汉语中出现较晚，但是为人处世重感情却是中国的古老传统。在中国古代传统的道德观念中，情感始终占据着十分重要的地位。道德是人们共同遵守的行为准则和规范，有着很强的理性色彩。但是，中国古代的儒家学者却非常看重情感与道德的联系。他们认为情感是道德的重要基础，失掉"真情"的道德是没有生命力的。蒙培元认为："正如古希腊哲学偏重智性（知性）一样，儒家哲学从一开始就偏重于情感，它的知识学、认知论和意识问题都是与情感联系在一起的。"③

先秦的儒家学者孔子将真诚的情感视作道德的根基。如《论语·阳货》记载，弟子宰我问孔子："三年之丧，期已久矣。君子三年不为礼，礼必坏；三年不为乐，乐必崩。旧谷既没，新谷既升，钻燧改火，期可已矣。"孔子对"三年之丧"是这样看的："予之不仁也！子生三年，然后免于父母之怀。夫三年之丧，天下之通丧也，予也有三年之爱于其父母乎！"④ 宰我和孔子对"三年之丧"的不同看法，代表的是两种不同的道德观念。宰我从理性、功利的视角出发，认为守孝三年时间太长，妨碍了礼乐的推行，完全没有必要。孔子反对这一看法，他主要从情感的角度来看待这一问题。他认为子女守孝三年，是出于他们对父母真诚的爱意。这种子女与父母之间浓浓的、真诚的爱意，才是孝道的基础。如果没有了这份真情，那么孝

---

① 吴承恩. 西游记［M］. 北京：人民文学出版社，1980：685.
② 冯梦龙. 醒世恒言［M］. 北京：人民文学出版社，1956：159.
③ 蒙培元. 情感与理性［M］. 北京：中国社会科学出版社，2002：14.
④ 杨伯峻. 论语译注［M］. 北京：中华书局，2009：186.

道也就流于形式，离消亡不远了。李泽厚认为："我以为这是全书最关键的一章，……孔子将'礼'建立在心理情感原则（'心安'）上。于是儒学第一原则乃人性情感。……孔子的贡献在于将外在礼制（规范）变为内在心理（情感），此核心情感却非宗教性的'畏''敬''庄'等等，而是以亲子关系为核心的'孝——慈'。"① 孔子的哲学充满着一种浓重的情感色彩。孔子所主张的"己所不欲，勿施于人""夫仁者，己欲立而立人，己欲达而达人，能近取譬，可谓仁之方也已"②，也是一种"推己及人"的道德原则。这种"推己及人"也就是从心理、情感上体恤他人，设身处地为他人着想。《论语》中所记载的孔子言行，最多的是关于道德伦理的，都带着感人的温情。如《论语·颜渊》记载： "樊迟问仁。子曰'爱人。'"③ 他将"仁"的内涵解释为关爱他人。钱穆认为孔子所说的"仁"，"只是一种同情心，人与人有同情，即是仁"④。在行动上，他也是以此为准绳。《论语·乡党》记载："厩焚。子退朝，曰：'伤人乎?'不问马。"⑤《论语·卫灵公》记载："师冕见，及阶，子曰：'阶也。'及席，子曰：'席也。'皆坐，子告之曰：'某在斯，某在斯。'师冕出，子张问曰：'与师言之道与?'子曰：'然，固相师之道也。'"⑥ 这些事迹所体现的正是孔子对他人体贴入微的关怀与爱护。

孟子继承了孔子的仁爱精神，也主张："亲亲而仁民，仁民而爱物。"⑦孟子认为，人皆有恻隐之心、羞恶之心、辞让之心、是非之心等"四端"。这"四端"，事实上也就是人发自内心的种种真诚的情感。如恻隐之心，也就是一种同情心。孟子认为："所以谓人皆有不忍人之心者，今人乍见孺

① 李泽厚. 论语今注［M］. 北京：生活·读书·新知三联书店，2008：488.

② 杨伯峻. 论语译注［M］. 北京：中华书局，2009：64.

③ 杨伯峻. 论语译注［M］. 北京：中华书局，2009：129.

④ 钱穆. 现代中国学术论衡［M］. 北京：生活·读书·新知三联书店，2001：24.

⑤ 杨伯峻. 论语译注［M］. 北京：中华书局，2009：104.

⑥ 杨伯峻. 论语译注［M］. 北京：中华书局，2009：168.

⑦ 杨伯峻. 孟子译注［M］. 北京：中华书局，2009：298.

子将入于井,皆有怵惕恻隐之心,非所以内交于孺子之父母也,非所以要誉于乡党朋友也,非恶其声而然也。"① 孟子认为,人看到孩子将掉入井中时所油然而生的这种惊惧、同情的心理,没有掺杂任何功利意图,是一种纯粹的、真诚的情感。这种真诚、纯粹的心理与情感,是善性的萌芽,是道德修养的根基。《孟子·离娄上》记载:"曾子养曾皙,必有酒肉;将彻,必请所与,问有余,必曰:'有。'曾皙死,曾元养曾子,必有酒肉;将彻,不请所与;问有余,曰:'亡矣。'将以复进也。此所谓养口体者也。若曾子,则可谓养志也。事亲若曾子者,可也。"② 孟子在这里对比曾子和曾元孝养父母的事迹,他所强调的"养志",是要说明孝道首先应当有发自内心对父母的敬爱。

值得注意的是,在某些特殊的情景或事件中,遇到了情与理、情与义的冲突时,儒家学者有时甚至主张不惜为保全私人情感而违背理、义。如《论语·子路》:"叶公语孔子曰:'吾党有直躬者,其父攘羊,而子证之。'孔子曰:'吾党之直者异于是:父为子隐,子为父隐,直在其中矣。'"③《孟子·尽心上》:"桃应问曰:'舜为天子,皋陶为士,瞽瞍杀人,则如之何?'孟子曰:'执之而已矣。''然则舜不禁与?'曰:'夫舜恶得而禁之?夫有所受之也。''然则舜如之何?'曰:'舜视弃天下犹弃敝屣也。窃负而逃,遵海滨而处,终身欣然,乐而忘天下。'"④ 这两个事例有不少相似之处,它们所描述的都是一种道德上的两难困境,即在父子亲情和法律正义之间如何抉择。面对这样的难题,孔子和孟子不约而同地选择了保全父子亲情,违背法律正义。父亲偷羊,孔子认为儿子应该帮忙隐瞒。瞽瞍如果杀人,孟子认为他的儿子舜应当放弃天子之位,带父亲逃亡。孔子、孟子之所以这样抉择,不仅仅是为了保全父子之间的亲情,也是为了维护传统

① 杨伯峻. 孟子译注 [M]. 北京:中华书局,2009:72.
② 杨伯峻. 孟子译注 [M]. 北京:中华书局,2009:164.
③ 杨伯峻. 论语译注 [M]. 北京:中华书局,2009:137.
④ 杨伯峻. 孟子译注 [M]. 北京:中华书局,2009:293.

的道德伦理和社会和谐。朱熹认为："父子相隐，天理人情之至也。故不求为直，而直在其中。"① 在朱熹看来，父子亲情，是传统家庭伦理中最重要、最核心的关系。如果父子之间相互攻击、反目成仇，整个社会的伦理体系也会随之坍塌。李泽厚说："中国传统法律允许家人一定程度内的隐瞒。从社会学说，这是重视家庭作为社会基础的巩固；从心理学说，这是重培植情感高于其他。"②

后世的宋明理学家虽然主张"存天理、灭人欲"，却也不否认情感与道德之间的密切关联。如程颐认为："圣人缘人情以制礼，事则以义制之。"③ 王阳明认为："除了人情事变，则无事矣。喜、怒、哀、乐，非人情乎？自视听言动，以至富贵贫贱、患难死生，皆事变也。事变亦只在人情里。"④ 正如蒙培元所说，儒家"将情感作为真正的哲学问题对待"，儒家的哲学是一种"情感哲学"。⑤ 两千多年来，儒家学派一直在学术界和民间占据主流地位。这种重家庭、重情感的观念，对中国人的思想和行为准则产生了极大的影响。

数千年来，中国一直是一个农业社会，小农经济在整个社会中占据主导地位，家庭是社会生产的基本单元。冯友兰先生把中国文化称为"生产家庭化文化"，他认为："在以家为本底生产制度中，一个生产者在他的家庭内生活，亦在他的家庭内工作。……他们的无论什么，都离不开家；所以他们的无论什么，都以家庭为本位。"⑥ 正因为中国一直是一个以家庭为本位的社会，所以非常看重家庭伦理。中国人一直非常看重血缘、亲情和亲属关系。费孝通先生认为："我们社会最重要的亲属关系就是这种丢石头

① 朱熹. 四书章句集注 [M]. 北京：中华书局，2016：147.
② 李泽厚. 论语今注 [M]. 北京：生活·读书·新知三联书店，2008：364.
③ 程颢，程颐. 二程集 [M]. 北京：中华书局，2004：87.
④ 王阳明，邓艾民. 传习录注疏 [M]. 上海：上海古籍出版社，2015：36.
⑤ 蒙培元. 情感与理性 [M]. 北京：中国社会科学出版社，2002：9.
⑥ 冯友兰. 贞元六书：新事论 [M]. 北京：中华书局，2014：281.

形成同心圆波纹的性质。亲属关系是根据生育和婚姻事实所发生的社会关系。从生育和婚姻所结成的网络，可以一直推出去包括无穷的人，过去的、现在的和未来的人物。"① 这也就是费先生所说的中国传统社会的"差序格局"。正因为中国是一个保守的农业社会，又十分重视亲情、血缘，所以中国人在处理人际关系时，既要注意秩序的稳定、和谐，又很重视人与人之间的情感沟通。中国人在与人交往时，特别讲究人情、情理、情义。情理是维持社会和谐的重要原则，不可或缺。正如《礼记》中所说："礼义之经也，非从天降也，非从地出也，人情而已矣。"② 梁漱溟也认为："西洋自始（希腊城邦）即重在团体与个人间的关系，而必然留意乎权力（团体的）与权益（个人的），其分际似为硬性的，愈明确愈好，所以走向法律，只求事实确定，而理想生活自在其中。中国自始就不同，周孔而后则更清楚地重在家人父子间的关系，而映于心目者无非彼此之情与义，其分际关系似为软性的，愈敦厚愈好，所以走向礼俗，明示其理想所尚，而组织秩序即从奠定。"③

这种独特的"情义"观念，对中国社会方方面面都产生了很大的影响。中国人在处理人际关系时，尤其注意人与人间的"人情"的处理。梁漱溟认为："中国人的生活，既一向倚重于家庭亲族之间，到最近方始转趋于超大家庭的大集团，'因亲及亲，因友及友'，其路仍熟，所以遇事总喜托人情。"④ 中国人的"人情"来源于血缘、家庭，进而延伸到广泛的社会人际关系中。中国在处理"人情"关系时，既注重心理、情感上的沟通，也很注意利益的交换。《礼记·曲礼》："礼尚往来；往而不来，非礼也；来而不往，亦非礼也。"⑤ 翟学伟认为："中国人情关系也是一种交换行为。

---

① 费孝通. 乡土中国 [M]. 北京：北京大学出版社，2005：26.
② 孙希旦. 礼记集解 [M]. 北京：中华书局，2010：1354.
③ 梁漱溟. 中国文化要义 [M]. 上海：上海人民出版社，2005：108.
④ 梁漱溟. 中国文化要义 [M]. 上海：上海人民出版社，2005：60.
⑤ 孙希旦. 礼记集解 [M]. 北京：中华书局，2010：11.

人们常有'送人情'的说法，中国谚语中的'人情人情在人情愿'，也表示人情是一种社会交换。"① 人情关系的处理，是要在情感和利益上达到一种微妙的平衡。

第二节　情深义重的蜀汉君臣

在三国时期的魏、蜀、吴三个政治集团中，蜀汉君臣一向是以重情重义著称的。从《三国志》的相关记载来看，刘备本人始终是一个极重情义的政治家。汉末群雄中，刘备家境较为贫寒，实力也很弱小，多年辗转依附于各方势力。但是他的一批部下，始终忠心耿耿地追随他。之所以如此，就是因为刘备是一个极重情意、富有亲和力的人。刘备曾总结自己的政治经验说："今指与吾为水火者，曹操也。操以急，吾以宽；操以暴，吾以仁；操以谲，吾以忠。每与操反，事乃可成耳。"② 三国时期的学者傅幹也称赞刘备："宽仁有度，能得人死力。"③ 可见刘备是一个宽容、仁爱的政治家。刘备对自己的部下一直是礼贤下士、关爱有加。他早年在做平原相时，"外御寇难，内丰财施，士之下者，必与同席而坐，同簋而食，无所简择，众多归焉"。他的仁义德行曾感化过刺杀他的刺客："郡民刘平素轻先主，耻为之下，使客刺之。客不忍刺，语之而去。"④ 刘备至荆州投靠刘表时已年近五旬，却能够虚心求贤，三次前往茅庐寻访当时只有二十七岁的诸葛亮。刘备的一些部下，即使后来脱离了蜀汉集团，也始终不忘他的恩情。黄权曾为刘备的部下，随刘备出征东吴。刘备在夷陵之战中大败，黄

---

① 翟学伟. 人情、面子与权力的再生产［M］. 北京：北京大学出版社，2013：103.

② 卢弼. 三国志集解［M］. 上海：上海古籍出版社，2012：2545.

③ 卢弼. 三国志集解［M］. 上海：上海古籍出版社，2012：2362.

④ 卢弼. 三国志集解［M］. 上海：上海古籍出版社，2012：2330.

权无法回到蜀中，不得已投降了曹魏。有蜀国降人传言刘备诛杀了黄权的家人，黄权却说："臣与刘、葛推诚相信，明臣本志。疑惑未实，请须后问。"① 后来刘备去世消息传来，"魏群臣咸贺而权独否"。作为一个君主，能够使投身异国的旧臣如此眷恋，也足可见刘备人格的独特魅力。

汉末战乱频仍、生灵涂炭，屠杀民众的惨剧时有发生，董卓、曹操等军阀曾多次屠城。当此之时，刘备却能坚持关爱民众。建安十三年（208年），曹操攻取荆州，刘琮投降，荆州民众多投奔刘备。刘备带领民众转移，"比到当阳，众十余万，辎重数千两"，行军极为缓慢，"日行十余里"。有人劝刘备舍弃民众，速往江陵。刘备说："夫济大事必以人为本，今人归吾，吾何忍弃去！"② 晋代学者习凿齿评论说："先主虽颠沛险难而信义愈明，势逼事危而言不失道。追景升之顾，则情感三军；恋赴义之士，则甘与同败。观其所以结物情者，岂徒投醪抚寒、含蓼问疾而已哉！其终济大业，不亦宜乎！"③ 刘备夺取益州后，有人建议将成都房舍及城外土地、桑田分给诸位将领。赵云劝谏说："益州人民，初罹兵革，田宅皆可归还，今安居复业，然后可役调，得其欢心。"④ 刘备欣然采纳了他的建议。

宋元以后的戏曲、小说在相关史料的基础上，更是着力塑造刘备君臣重情重义的形象。小说、戏曲的创作者，最初主要是一些民间艺人。他们的史学素养不是很高，讲述历史故事时，常常将民间视角引入其中，以朴素的民间观念来解读历史事件、评判历史人物。罗贯中的《三国志通俗演义》是三国题材文学的集大成者，它是在大量流传于民间的三国故事基础上整理而成的，书中的许多内容反映了下层民众的观念。小说的开篇就是著名的故事"桃园三结义"，没有任何血缘关系的刘备、关羽和张飞三人结成了异姓兄弟。三人在结义时发誓："念刘备、关羽、张飞虽然异姓，结

---

① 卢弼. 三国志集解 [M]. 上海：上海古籍出版社，2012：2728.
② 卢弼. 三国志集解 [M]. 上海：上海古籍出版社，2012：2344.
③ 卢弼. 三国志集解 [M]. 上海：上海古籍出版社，2012：2344.
④ 卢弼. 三国志集解 [M]. 上海：上海古籍出版社，2012：2531.

为兄弟，同心协力，救困扶危，上报国家，下安黎庶，不求同年同月同日生，只愿同年同月同日死。皇天后土，以鉴此心，背义忘恩，天人共戮！"① 三人这种"不求同年同月同日生、只愿同年同月同日死"的深厚情义极为感人，成为后世兄弟结义的典范。小说之所以要以这个感人的结义故事作为开篇，主要也是要大力宣扬真情真义的独特价值。刘关张的兄弟情义，无疑也是整部小说最重要的线索之一。

小说《三国演义》用了大量笔墨来记叙刘关张三人在危难、离乱之际仍然不离不弃的故事。刘备早年因势力弱小，与部下四处颠沛流离。小说第十五回写刘备命张飞镇守徐州，张飞却醉酒误事，徐州被吕布偷袭，刘备家眷也失陷城中。张飞羞愧，拔剑要自刎，"玄德向前抱住，夺剑掷地曰：'古人云："兄弟如手足，妻子如衣服。衣服破，尚可缝；手足断，安可续？"吾三人桃园结义，不求同生，但愿同死。今虽失了城池家小，安忍教兄弟中道而亡？况城池本非吾有；家眷虽被陷，吕布必不谋害，尚可设计救之。贤弟一时之误，何至遽欲捐生耶！'说罢大哭。关、张俱感泣。"② 毛宗岗评论说："今之因姒娌不睦而致兄弟不睦者多矣，同胞且然，何况异姓？观玄德数语，胜读《棠棣》一篇。"③ 小说中写刘备在徐州被曹操打败后，与关公、张飞二人失散。关公为保全刘备家眷，不得已投降曹操。后来为追寻刘备，封金挂印，千里走单骑。张飞躲避于芒砀山中，后又占据古城。张飞听说关公投降曹操，与关公见面后，"挥矛望关公便搠"。直到关公斩杀蔡阳以明心志后，"甘夫人说云长前后历过之事，张飞方哭，参拜兄长"④。刘关张三人古城相会是小说中最精彩的章节之一。小说中写道："张飞、糜竺、糜芳迎接入城，各相拜诉。二夫人具言云长之事，玄德感叹不已。于是杀牛宰马，先拜谢天地，然后遍劳诸军。玄德见兄弟重聚，将

① 罗贯中. 三国志通俗演义 [M]. 上海：上海古籍出版社，1981：5.
② 罗贯中. 三国演义 [M]. 毛宗岗，批评. 济南：齐鲁书社，1991：163.
③ 罗贯中. 三国演义 [M]. 毛宗岗，批评. 济南：齐鲁书社，1991：163.
④ 罗贯中. 三国演义 [M]. 毛宗岗，批评. 济南：齐鲁书社，1991：276.

佐无缺,又新得了赵云,关公又得了关平、周仓二人,欢喜无限,连饮数日。"① 这种"感叹""欢喜"的场景十分感人。

在小说《三国演义》中,刘备不仅与张飞、关羽情同手足,他与赵云、徐庶、诸葛亮、庞统等人也亲如家人。赵云本为公孙瓒部下,与刘备初见时,"玄德甚相敬爱,便有不舍之心"②。曹操进攻徐州时,刘备带兵前往救援陶谦,向公孙瓒借调赵云相助。曹操退兵之后,赵云返回河北。小说中写道:"陶谦劳军已毕,赵云辞去,玄德执手挥泪而别。"③ 后来,赵云一番离乱后,才再与刘备在卧牛山相遇。刘备"大喜",感叹:"吾初见子龙,便有留恋不舍之情。今幸得相遇!"赵云说:"云奔走四方,择主而事,未有如使君者。今得相随,大称平生。虽肝脑涂地,无恨矣。"④ 赵云在长坂坡浴血奋战救回刘备之子阿斗,刘备为表达对赵云的感激、关爱之情,接过阿斗,"掷之于地曰'为汝这孺子,几损我一员大将!'"赵云十分感动,"泣拜曰:'云虽肝脑涂地,不能报也!'"⑤ 徐庶曾是刘备谋士,曹操扣押徐母,他无奈离刘备而去。小说这样写刘备、徐庶分离的情形:"玄德不忍相离,送了一程,又送一程。庶辞曰:'不劳使君远送,庶就此告别。'玄德就马上执庶之手曰:'先生此去,天各一方,未知相会却在何日!'说罢,泪如雨下。庶亦涕泣而别。玄德立马于林畔,看徐庶乘马与从者匆匆而去。玄德哭曰:'元直去矣!吾将奈何?'凝泪而望,却被一树林隔断。玄德以鞭指曰:'吾欲尽伐此处树木。'众问何故。玄德曰:'因阻吾望徐元直之目也。'"⑥ 至于刘备与诸葛亮的君臣之情,更是感人至深。刘备为请诸葛亮出山而三顾茅庐的情节,是小说中最精彩的章节之一。

---

① 罗贯中. 三国演义 [M]. 毛宗岗, 批评. 济南: 齐鲁书社, 1991: 345.
② 罗贯中. 三国演义 [M]. 毛宗岗, 批评. 济南: 齐鲁书社, 1991: 75.
③ 罗贯中. 三国演义 [M]. 毛宗岗, 批评. 济南: 齐鲁书社, 1991: 121.
④ 罗贯中. 三国演义 [M]. 毛宗岗, 批评. 济南: 齐鲁书社, 1991: 345.
⑤ 罗贯中. 三国演义 [M]. 毛宗岗, 批评. 济南: 齐鲁书社, 1991: 319.
⑥ 罗贯中. 三国演义 [M]. 毛宗岗. 批评. 济南: 齐鲁书社, 1991: 445.

刘备请得诸葛亮后,"待孔明如师,食则同桌,寝则同榻,终日共论天下之事"①,这种做法甚至使关羽、张飞二人十分不悦。刘备向二人解释说:"吾得孔明,犹鱼之得水也。两弟勿复多言。"②

值得注意的是,刘备是《三国演义》全书中最容易落泪的人物,小说中写到刘备"哭泣"的情景有三十多次。如请诸葛亮出山时,被诸葛亮拒绝后,"玄德泣曰:'先生不出,如苍生何!'言毕,泪沾袍袖,衣襟尽湿。"③ 在荆州他携民逃难时,"路过刘表之墓,玄德率众将拜于墓前,哭告曰:'辱弟备无德无才,负兄寄托之重,罪在备一身,与百姓无干。望兄英灵,垂救荆襄之民!'言甚悲切,军民无不下泪。"④ 逃难路上,刘备遇到曹军,百姓七零八落,部下不知去向,"玄德大哭曰:'十数万生灵,皆因恋我,遭此大难;诸将及老小,皆不知存亡。虽土木之人,宁不悲乎!'"⑤ 类似的情节在书中还有很多。与汉末乱世的军阀袁绍、吕布、曹操等人相比,刘备这一"爱哭"的性格,并不是一个弱点,这恰恰说明他是一个有人情味、有情有义的政治家。有学者认为:"刘备的魅力主要不来自血统,而是来自一种独特的、恒久的、浓浓的亲和力,一种毕生不曾放弃的、既是伦理追求又是伦理面具的宽仁厚德风神。"⑥ 事实上,刘备这种仁慈、"爱哭"的特点,是下层民众想象中理想的君主形象。他们认为统治者不应该冷酷无情、为争权夺利而不择手段,应该是像刘皇叔这样仁爱而有人情味。

小说《三国演义》中曹操的残忍无情,与刘备的重情重义形成了鲜明

---

① 罗贯中. 三国演义 [M]. 毛宗岗,批评. 济南:齐鲁书社,1991:469.
② 罗贯中. 三国演义 [M]. 毛宗岗,批评. 济南:齐鲁书社,1991:484.
③ 罗贯中. 三国演义 [M]. 毛宗岗,批评. 济南:齐鲁书社,1991:468.
④ 罗贯中. 三国演义 [M]. 毛宗岗,批评. 济南:齐鲁书社,1991:506.
⑤ 罗贯中. 三国演义 [M]. 毛宗岗,批评. 济南:齐鲁书社,1991:510.
⑥ 刘敬圻. 明清小说补论 [M]. 北京:生活·读书·新知三联书店,2004:221.

的对照。如曹操杀死吕伯奢全家之后,说:"宁使我负天下人,休教天下人负我。"① 又如他进攻徐州为父报仇时,"大军所到之处,鸡犬不留,山无树木,路绝行人"②。又如曹操要杀死董贵妃时,小说这样写道:"帝告之曰:'董妃五个月孕,望丞相见怜。'操叱之曰:'若非天败,吾已灭门矣。尚留此女为吾后患!'帝又曰:'贬于冷宫,待分娩了,杀之未迟。'操曰:'汝欲留此逆种与母报仇?帝泣告曰:'乞全尸而死,勿令彰露。'操教取白练乎面前。帝曰:'卿于九泉之下,勿怨朕躬!'言讫,泪下如雨。操怒曰:'犹作儿女之娇态!'速令武士推出,勒死于宫门外。"③ 这段文字生动地写出了曹操的冷血与残忍。正是有了曹操的衬托,才使得刘备的重情重义显得弥足珍视。

第三节 重情重义的关公形象

在宋元以后的小说、戏曲中,关公被塑造为重情重义的典范人物。特别是小说《三国演义》,在刻画关公的忠诚、勇猛之外,也用了不少笔墨来表现他的重情重义。关公的重情重义,既表现在他与刘备、张飞的手足情义上,也表现在他与曹操、张辽、普净等人物的关系上。陈寿在《三国志》中评价关羽:"羽善待卒伍而骄于士大夫。"④ 曹操的谋士程昱评价关公:"某素知云长傲上而不忍下,欺强而不凌弱;人有患难,必须救之,仁义播于天下。"⑤ 关公的为人表面上十分高傲,但是他傲视的对象是有权

① 罗贯中. 三国志通俗演义 [M]. 上海:上海古籍出版社,1981:39.
② 罗贯中. 三国志通俗演义 [M]. 上海:上海古籍出版社,1981:99.
③ 罗贯中. 三国志通俗演义 [M]. 上海:上海古籍出版社,1981:233.
④ 陈寿. 三国志 [M]. 裴松之,注. 北京:中华书局,1961:944.
⑤ 罗贯中. 三国志通俗演义 [M]. 上海:上海古籍出版社,1981:487.

势、有地位的人。对待下层士卒、苦寒的弱者，他却是充满仁爱之心。这可能跟他出身社会下层的人生经历有很大关系。

小说《三国演义》中用了大量笔墨来描写关公与刘备、张飞的兄弟情义。桃园三结义时，关公与刘备、张飞相约"不求同年同月同日生，只愿同年同月同日死"。他毕生忠诚追随，努力践行这一誓言，直至临沮遇难时也没有丝毫改变。小说中，关公不得已投降曹操的一段经历，最能展现他的重情重义。刘备战败于徐州，生死不明。关公被围困于土山，听张辽劝说后无奈投降。他下山入城，见甘、糜二夫人。嘉靖本《三国志通俗演义》中写道："关公引败兵入下邳，见人民安妥不动，径到府中来见二夫人。甘、糜二夫人听的关公到来，急出迎之。公乃痛哭，拜于地上。二夫人曰：'皇叔今在何处？'公曰：'不知去向。'二夫人曰：'二叔因何痛哭如此？'公曰：'关某出城死战，被困于土山，兵微将寡，张辽招安，某以此事说知，曹操应允，放某入城。不曾得嫂嫂言语，未敢擅便。某思兄颜，见嫂嫂故垂血泪。'"① 毛宗岗评点本《三国演义》对这段文字作了较大的删改，刻意删去了关公"痛哭"的这一细节。可能是毛宗岗认为"痛哭"这一举动有损于关公高大的英雄形象。事实上，嘉靖本中"痛哭"这一细节写得极好。关公在小说中是一个勇猛刚毅的武将形象，刮骨疗毒之时都悠闲自若，所以很少有伤心落泪之时。这一次罕见的"痛哭"，不但写出了关公面对战场大败、手足离散这一惨变的无限伤痛，也写出了关公对刘备出自内心的、极为真诚的情意。它不但对关公的英雄形象毫无损伤，反倒使人物形象更为丰满，拉近了人物与读者间的距离。

小说用了大量的细节，来表现身处曹营的关公对刘备的百般眷恋和思念。如"一日，操见云长所穿绿锦战袍已旧，操度其身品，取异锦作战袍一领赐之。关公受之，穿于衣底，上用旧袍罩之。操笑曰：'云长何如此之

---

① 罗贯中. 三国志通俗演义［M］. 上海：上海古籍出版社，1981：241.

俭乎?'公曰:'某非俭也。'操曰:'吾为汉相,岂无一锦袍与云长?何以旧袍蔽之?不亦俭乎?'公曰:'旧袍乃刘皇叔所赐,常穿上如见兄颜,岂敢以丞相之新赐而忘兄之旧赐乎?故穿于上。'操叹曰:'真义士也!'虽然操口称其义,心中不悦。"① 又如:"操见关公但得所赐,未尝欢喜。忽一日,操请公宴。临散,送公出府,见公马瘦,操曰:'公马因何瘦?'公答曰:'贱躯颇重,马不能乘,因此常瘦。'操令左右备一马来。须臾,使关西汉牵至,身如火炭,眼似銮铃。操指曰:'公识此马否?'公曰:'莫非吕布所骑赤兔马乎?'操曰:'然。吾未尝敢骑,非公不能乘。'连鞍奉之。关公称谢。操怒曰:'吾累赐美女金帛,未尝下拜;今吾赐马,喜而再拜,何贱人而贵畜耶?'公曰:'吾知此马日行千里,今幸得之,若知兄长下落,可一日而见面矣。'操愕然而悔。"② 又如:"操唤张辽曰:'吾待云长不薄,常怀去心,何也?'辽曰:'容某探其情,即当回报。'张辽次日往见关公,因共话间,辽曰:'某荐兄在丞相处,不曾落后乎?'公曰:'感激丞相,待我甚厚。只是吾身在此,心在兄处。'辽曰:'兄言差矣!凡大丈夫处世,不分轻重,非丈夫也。吾思玄德待兄,未必过于丞相;兄只怀去念,何故也?'公曰:'吾足知曹公待吾甚厚。奈吾受刘将军厚恩,誓以共死,不可背之。吾终不留此。必立效以报曹公,然后方去。'辽曰:'倘玄德弃世,公何所归乎?'公曰:'愿从于地下耳。'"③ 无论是珍爱刘备所赠旧袍,还是得到赤兔马后希望能一日见兄面,或是愿意从故主于地下,都生动地展现了关公对刘备深厚的情义。

小说中刘备与关公失散后,投奔河北袁绍。曹操与袁绍交战,关公为曹操斩杀袁绍将领颜良、文丑。这时刘备才得知关公投降了曹操。刘备命人送信与关公,"关公看书毕,哭而言曰:'某非不欲寻兄,奈不知其所

---

① 罗贯中. 三国志通俗演义 [M]. 上海:上海古籍出版社,1981:243.
② 罗贯中. 三国志通俗演义 [M]. 上海:上海古籍出版社,1981:244.
③ 罗贯中. 三国志通俗演义 [M]. 上海:上海古籍出版社,1981:245.

也。吾安肯事曹公而图富贵乎?'"① 关公又回书一封,书信中这样写道:
"窃闻义不负心,忠不顾死。羽自幼读书,粗知礼义,观羊角哀、左伯桃之
事,未尝不三叹而流泪也。前守下邳。内无积粟,外无援兵;欲尽死节,
奈有二嫂之重,未敢断首碎躯,死于沟壑。近自汝南方知信,须当面辞曹
公,奉二嫂归也。昔日降汉之时,已曾预言;今已有微功之报,不容不从。
忽的兄书,视之如梦。某但怀异心,天地可表。披肝沥胆,笔楮难穷。瞻
拜有期,伏惟照鉴。"② 这封书信并不见于《三国志》等史料,完全出于小
说家的文学虚构,但是很贴切地表明了关羽内心复杂的情感。书信一方面
写出了关公投降曹操后无奈、懊悔的心境,一方面又表明了他坚守誓言、
忠于故主的坦荡胸襟,很好地传达了关公内心的想法。书信中引用的羊角
哀、左伯桃生死与共的典故,也令人印象深刻。关公千里走单骑,终于与
刘备在汝南相见。两人相见时,小说中写道:"玄德、简雍行出界首,孙乾
接着,同至关定家。云长迎门接拜,执手啼哭不已。"③ 关公在刚投降曹操
后见二嫂时,曾经"痛哭",此处见到刘备时,又"啼哭不已",足可见他
是一个情意深重的性情中人。

　　正因为关公与刘备、张飞之间有着这样极为深厚的情感,所以在他遇
害之后,刘备、张飞才表现得极为悲痛。小说中写在关公遇害之时,刘备
虽没有收到确切消息,但已有不祥的预感:"玄德自觉浑身肉颤,睡卧不
安,起坐内室,秉烛看书,愈觉神思昏迷",梦到关公请求他为自己复仇。
当得知关公去世消息后,"玄德听罢,大叫一声,昏绝于地"④。接着又写
道:"汉中王昏倒于地,众文武急救,半晌方醒,扶入内室。孔明劝曰:
'王上少忧。"死生有命,富贵在天。"关公平日刚而自矜,今日遭此祸也。

　　① 罗贯中. 三国志通俗演义 [M]. 上海:上海古籍出版社,1981:256.
　　② 罗贯中. 三国志通俗演义 [M]. 上海:上海古籍出版社,1981:256.
　　③ 罗贯中. 三国志通俗演义 [M]. 上海:上海古籍出版社,1981:278.
　　④ 罗贯中. 三国志通俗演义 [M]. 上海:上海古籍出版社,1981:746~747.

王上且宜保守万金之躯，徐徐报仇。'玄德曰：'孤与关、张二弟桃园结义时，誓同生死。今云长已亡，孤岂能独享富贵乎！若不雪恨，乃负当日之盟也！'言讫，又哭绝于地。众官急救方醒。一日哭绝三五次，众官劝解，玄德三日不进水食，但痛哭而已，泪湿衣襟，斑斑成血。孔明与众官再三劝解。"① 后来，刘备又"亲出南门祭葬，号哭终日，继之日夜"。刘备虽然以"爱哭"著称，但关公去世后是他哭得最凄惨的一次，多次"痛哭""哭绝于地"，甚至是达到了泣血的程度。嘉靖本《三国志通俗演义》这一章节的标题为"汉中王痛哭关公"，是十分贴切的。如此细致乃至夸张的描写，也正是为了突出他与关公无可替代的深厚情谊。后来，刘备准备兴兵征讨东吴时，赵云苦苦劝阻，刘备回答说："朕不与弟报仇，虽有万里江山，何足为贵？"② 刘备最大的敌人，一直是实力强大的曹魏，他出征东吴的决策显然很不理智。但是，这种不理智，却又正好表明他是一个重情重义的君主。关羽与张飞的感情同样极为深厚，所以在听到关公遇害的消息后，张飞也极为悲痛。小说中这样写道："却说张飞自守阆州，闻知关公被东吴所害，旦夕号泣，血湿衣襟。诸将但以酒解之。飞若醉，怒气愈加。帐上帐下但有犯者，即以鞭挞之，多有鞭死者。每醉，望南切齿睁目，怒恨甚急；酒醉酒醒时，放声痛哭，悲伤不已。"张飞见到刘备时，"拜伏于地，抱先主足而哭。先主抚飞背，亦哭"③。后来，张飞准备兴兵为关公复仇，终因怒打部下范强、张达，被二人暗杀身亡。

在小说、戏曲作品中，关公不仅与刘备、张飞情义深厚，与其他人物交往时，有时也很有人情味。如张辽，他与关公是同乡，二人关系也很亲密。张辽本是吕布部下，吕布战败后被曹操擒获。小说《三国演义》中，曹操擒获张辽后将要杀他时，关公向曹操求情："关某素知文远忠义之士，

---

① 罗贯中. 三国志通俗演义 [M]. 上海：上海古籍出版社，1981：747.

② 罗贯中. 三国志通俗演义 [M]. 上海：上海古籍出版社，1981：777.

③ 罗贯中. 三国志通俗演义 [M]. 上海：上海古籍出版社，1981：777~778.

吾以性命保之。"① 也正因为二人之间关系亲密,刘备徐州战败后,张辽才会前往土山劝说关公投降曹操。赤壁之后,张辽跟随曹操逃至华容道,关公在此阻拦,刚放走曹操,又见到张辽。小说中写道:"正犹豫中,张辽纵马至,云长见了,亦动故旧之心,长叹一声,并皆放之。"② 从"长叹一声"这个细节,也可以看出关公与张辽之间不同寻常的情义。如《三国演义》中写关公过五关时,在沂水关镇国寺遇到了同乡普净长老,二人见面后亲切攀谈。小说中写道:"过了沂水关,到镇国寺前下马。众僧鸣钟出迎。本寺有僧三十余人,数内长老正是云长同乡,法名普净长老。长老已知其意,向前来与关公问讯。关公答之,净长老曰:'将军离蒲东几年?'公曰:'近二十年矣。'净曰:'还认得贫僧否?'公曰:'离乡多年,不能相识,僧曰:'贫僧家与将军家只隔一河。'卞喜见净长老说乡里故事,只恐走泄,叱之曰:'吾欲请将军赴宴,汝僧何多言也!'云长曰:'不然。乡人见乡人,安得不相叙旧情耶?'"③ 从关公对普净的态度,可以看出他是一个很重乡情、念旧情的人。又如小说中关公取长沙时,曾与老将黄忠三次交手。第二次交手时,关公准备用拖刀计胜黄忠。小说中写道:"又斗五六十合,胜负不分。两军齐声喝来。鼓声正急时,云长拨马便走。黄忠赶来。云长回头看得马来至近,却待用刀背砍,忽然一声响处,见黄忠被战马前失,掀在地下。云长急回马,双手举刀,大喝曰:'我饶你性命!快换马来厮杀!'黄忠急提起马蹄,飞身上马,奔入城中。"④ 黄忠马失前蹄后,关公放走了他,让他换马再战。这里既写出了关公为人光明磊落,不屑在对手失误时下手,其实也写出了他对黄忠的体恤与同情。正因为二人惺惺相惜,所以才有了后来的黄忠射关公盔缨,对关公手下留情的情节。

---

① 罗贯中. 三国志通俗演义 [M]. 上海:上海古籍出版社,1981:197.
② 罗贯中. 三国志通俗演义 [M]. 上海:上海古籍出版社,1981:488.
③ 罗贯中. 三国志通俗演义 [M]. 上海:上海古籍出版社,1981:265.
④ 罗贯中. 三国志通俗演义 [M]. 上海:上海古籍出版社,1981:508.

历史上的武将关羽，是地方豪强刘备忠诚的部属。但是，在宋元戏曲、小说中，来自社会下层的艺术家们从民间视角对刘备、关公和张飞这些历史人物做了重新加工。小说、戏曲中的关公与武将关羽最大的区别之一，就是它们都着力突出关公与刘备的手足情义。关公之所以高度忠诚于刘备，不仅仅是因为他们是君臣，更因为他们是生死与共的手足兄弟。所以在小说《三国演义》中，关公反复提道："吾与玄德公结生死之交，生则同生，死则同死"①"吾乃解良一武夫，蒙吾主以手足待之"②。数百年，刘关张之所以一直是后世异姓兄弟的典范，就是因为三人之间一直保持着一种深厚的、真挚的情义。

第四节　"华容道"故事中"情义"的观念

"华容道"是三国故事中最精彩的，为人熟知的篇章之一。王国维认为："《三国演义》无纯文学之资格，然其叙关壮缪之释曹操，则非大文学家不办。"③ 罗贯中在小说《三国演义》中创作出这个经典的故事后，后世又有许多戏曲、曲艺对它进行了加工改造。这些改编版"华容道"在故事情节上与小说相比，有了不小的变化。"华容道"故事内核表现的实际上是关公这一人物内心中"忠义"观念与"情义"的冲突。从小说到各种改编版"华容道"故事情节的变化，也可以看到中国人对待"情义"观念的变化。

---

① 罗贯中. 三国志通俗演义［M］. 上海：上海古籍出版社，1981：255.
② 罗贯中. 三国志通俗演义［M］. 上海：上海古籍出版社，1981：736.
③ 朱一玄，刘毓忱. 三国演义资料汇编［M］. 天津：南开大学出版社，2012：449.

一、小说《三国演义》中的"华容道"故事与"情义"观念

"华容道"故事在正史中没有任何相关记录，极有可能是出于文学虚构。关羽在赤壁之战中的事迹，《三国志》这样记载："孙权遣兵佐先主拒曹公，曹公引军退归。先主收江南诸郡，乃封拜元勋，以羽为襄阳太守、荡寇将军，驻江北。"① 这段文字并没有看到关羽阻击曹操的任何事迹。盛巽昌认为："曹操陆路走华容道（湖北监利北 60 里），并未遇到关羽伏兵。据史传，当时刘备乘曹操遁走，正与周瑜谋取南郡（江陵）。另派诸葛亮、关羽、赵云收取江南长沙、桂阳等郡。关羽此时当不在江北。"② 《三国志平话》中出现了关公在"滑荣路"拦阻曹操的故事，但文字极为简略，情节与后世华容道故事大为不同。书中这样写："曹公寻滑荣路去行，无二十里，见五百校刀手，关将拦住。曹相用美言告云长：'看操与寿亭侯有恩。'关公曰：'军师严令。'曹公撞阵。却说话间，面生尘雾，使曹公得脱。关公赶数里，复回。"③ 《三国志平话》的这一故事中，曹操乞求关公放过自己，关公却拒绝了。天空突然起雾，曹操趁机逃走。关公追赶曹操数里，没有追上，才率部撤回。

罗贯中《三国志通俗演义》中的"华容道"故事，也写关公在华容道阻挡曹操，但故事情节却与《三国志平话》大相径庭。小说中写曹操在赤壁之战中大败之后，由乌林败退，经过华容道时人困马乏，却遭遇了设伏于此的关公。曹操无奈，只能哀求关公放过自己。小说中这样写道：

> 言未毕，一声炮响，两边五百校刀手摆开，当中关云长提青
>
> 龙刀，跨赤兔马，截住去路。操军见了，亡魂丧胆，面面相觑，

① 卢弼. 三国志集解 [M]. 上海：上海古籍出版社，2012：2511.
② 盛巽昌. 三国演义补证本 [M]. 上海：上海书店出版社，2019：297.
③ 丁锡根. 宋元平话集 [M]. 上海：上海古籍出版社，1990：825.

皆不能言。操在人丛中曰："既到此处，只得决一死战！"众将曰："人纵然不怯，马力已乏，战则必死！"程昱曰："某素知云长傲上而不忍下，欺强而不凌弱；人有患难，必须救之，仁义播于天下。况丞相旧日有恩在彼处，何不亲自告之，必脱此难矣。"操从其说，即时纵马向前，欠身与云长曰："将军别来无恙！"云长亦欠身答曰："关某奉军师将令，等候丞相多时。"操曰："曹操兵败势危，到此无路，望将军以昔日之言为重。"云长答曰："昔日关某虽蒙丞相厚恩，某曾解白马之危以报之。今日奉命，岂敢为私乎？"操曰："五关斩将之时，还能记否？古之人，大丈夫处世必以信义为重。将军深明《春秋》，岂不知庾公之斯追子濯孺子者乎？"云长闻之，低首良久不语。当时曹操引这件事。说犹未了，云长是个义重如山之人，又见曹军惶惶，皆欲垂泪；云长想起五关斩将放他之恩，如何不动心？于是把马头勒回，与众军曰："四散摆开。"这个分明是放曹操的意。操见云长勒回马，便乘空和众将一齐冲将过去。云长回身时，前面众将已自护送操过去了。云长大喝一声，众皆下马，拜哭于地。云长不忍杀之。正犹豫中，张辽纵马至。云长见了，又动故旧之心，长叹一声，并皆放之。①

《三国志通俗演义》中的"华容道"故事，显然是对《三国志平话》中的情节做了脱胎换骨的改编。在这个新的"华容道"故事中，关公阻挡曹操已经不是故事的核心，它着力要表现的是关公顾念旧情，放走了曹操。盛巽昌认为，华容道故事可能是借鉴明初燕王靖难之役中的东昌惨败之事。朱棣在东昌大败之后，经威县北撤，沿途遇阻，只好率十余骑在阵前乞行，

---

① 罗贯中. 三国志通俗演义［M］. 上海：上海古籍出版社，1981：486~487.

他说:"我常获尔众即释之,我数骑暂容过,无相厄也。"① 朱棣的这一事迹确实与华容道故事有不少相似之处。但是,学术界一般认为《三国志通俗演义》成书于元末明初。《三国志通俗演义》的出现,要早于明初的靖难之役,这一看法可能不大可靠。其实,自唐宋以来,就有大量的关于三国的故事流传于民间。《三国志通俗演义》的作者罗贯中,很可能是借鉴了某些民间传说,创作出了华容道这样的故事情节。这一故事对关公英雄形象的塑造起到了极为重要的作用。

"华容道"故事这一章节,嘉靖本《三国志通俗演义》中的回目为"关云长义释曹操"。毛宗岗评点《三国演义》时对原书的回目做了很大调整,但是这个标题却被保留了下来,看来他也认为这一标题是很贴切的。这个回目中的关键词毫无疑问是一个"义"字,整个"华容道"故事也是围绕一个"义"字展开。程昱劝曹操哀求关公时,称赞关公"仁义播于天下",曹操祈求关公时也说:"大丈夫处世必以信义为重。"作者在描写关公心理时写道:"关公是个义重如山之人。"中国传统文化中的"义"字含义十分丰富,这里的"义"应该指的是"情义"。武樀瘿评论三国戏剧《华容道》时说:"华容道上,关公不杀曹操。操之命,关公活之也。然余则谓非关公活之,仍操自活之耳。彼其时,操之掩面欲泣,做种种乞哀之状,举不足以动关公心,所足以动关公之心而拨转马头让操逃去者,即当日留书作别,追赠锦袍,桥上数言,依依不舍之一切神情,至此全于关公心目中发现。关公义气干云,睹斯现状,遂不复作怒目之金刚,而为低眉之菩萨矣。……噫!关公之义,曹操之奸,尚以一时之情意为他日买命之根。吾人处世,慎无图一时之快意,致异时无面目以相见也。"②武樀瘿认为曹操之所以能在华容道逃过一劫,是因为他以往日的种种"情意"打动了关公,使得关公不忍心下手。小说细致地描写了关公的心理活动,反复

① 盛巽昌. 三国演义补证本 [M]. 上海:上海书店出版社, 2019:297.
② 朱一玄, 刘毓忱. 三国演义资料汇编 [M]. 天津:南开大学出版社, 2012:710.

出现了如"如何不动心""心中不忍""愈加不忍"等词语，很好地展现了关公极重情义的一面。毛宗岗在评点《三国演义》时，对这一章回的文字做了若干修改，有些改动很值得注意。如曹操向关公祈求的言语，嘉靖本中原文为"望将军以昔日之言为重"，毛评本改为"望将军以昔日之情为重"。又如原文中"张辽纵马至。云长见了，又动故旧之心"，改为"张辽骤马而至，云长见了，又动故旧之情"①。毛宗岗之所以要这样改动，也主要是为了突出一个"情"字，这个"情"字在故事中的地位很重要。

"华容道"故事真正的精彩之处，不仅仅是写出了关公的重情重义，更重要的是写出了关公内心中"忠义"与"情义"两种观念的激烈冲突。小说写关公的"犹豫"，他的"长叹一声"，都是要突出他内心的矛盾纠结。从纲常伦理来说，关公与刘备是君臣，他应该绝对忠诚于刘备。既然曹操是刘备最大的敌人和威胁，关公无疑应当践行"忠义"的理念，必须擒获或者斩杀曹操及其部下。但是，关公昔日投降曹操时，曹操对他极为青睐，赠送大量礼物，又对他封赏不断。关公封金挂印出走之时，曹操又亲自前往送行，表现得极为慷慨大度。关公过五关斩六将，曹操也没有怪罪，还派使者放行。这往日种种的恩情，显然不是一句"各为其主"能抹除的。武樗瘿说："孟德之待关公，即古之折节下士、屈己求贤者，无以过之。其礼之也愈恭，知其爱之也愈挚。是固由于关公正气浩然，足以令奸雄慑服，然苟非操有知人之明，恐亦未能若是之恭且敬也。而乃施之者殷殷勤勤，受之者疏疏落落。……吾尝综论操之于关公，特限于熏莸之不能同器，冰炭之不能同炉，故始终不能罗致关公以为己用耳。若第论其待关公之厚、爱关公之深，不得不推为关公生平第一知己。观玄德致书，有必欲取功名，图富贵，愿献备首级以成全功之言，翼德亦有擂鼓三通之事，刘、张二公且不能如操之始终信服关公矣。操诚关公第一知己哉！"②武樗

---

① 罗贯中. 三国志通俗演义 [M]. 上海：上海古籍出版社，1981：622.
② 朱一玄，刘毓忱. 三国演义资料汇编 [M]. 天津：南开大学出版社，2012：710.

瓒认为曹操爱关公至深，是"关公第一知己"，这一看法是很有道理的。正因为小说中关公是一个极重情义的人，所以也就面临着如何在"情义"与"忠义"间取舍的问题。毛宗岗评论"华容道"故事时这样说："怀惠者小人之情，报德者烈士之志。虽其人之大奸大恶，得罪朝廷，得罪天下，而彼能不害我，而以国士遇我，是即我之知己也。我杀我之知己，此在无义气丈夫则然，岂血性男子所肯为乎？使关公当日以公义灭私恩，曰：'吾为朝廷斩贼，吾为天下除凶！'其谁曰不宜？而公之心，以为他人杀之则义，独我杀之则不义。故宁死而有所不忍耳。曹操可以释陈宫而不释，关公可以杀曹操而不杀，是关公之仁异于曹操。"① 毛宗岗所强调的是，曹操对关公有知遇之恩，斩杀知己不是血性男子应当做的事情，所以关公"不忍"这样做。

其实，每一个个体在社会生活中都会处在一个复杂的人际关系网络中。在处理各种人际关系时，难免会遇到各种利益难以平衡、各种伦理观念彼此冲突的情况，这时要做出抉择必然是十分艰难的。在中国人的伦理观念中，情感始终占据着极为重要的地位。许烺光认为，中国人的生活方式或处世态度是一种"情境中心"的处世态度，他认为："情境中心的处世态度以一种持久的、把近亲联结在家庭和宗族之中的纽带为特征。在这种基本的人类集团中，个人受制于寻求相互间的依赖。就是说，他之依赖于别人正如别人之依赖于他，并且他完全明白报答自己恩人的义务，无论这一还报在时间上要耽延多久。"② 这种"情境中心"理论，就是要说明中国人的伦理观念来源于家庭中的血缘亲情，进而推广到其他各种社会关系。这种处世态度，极为重视人与人之间的依赖关系。这种依赖，既有一种现实利益的关联，也有一种彼此之间心灵、情感的沟通。在中国社会中，处理人际关系时，讲"人情"、讲"情义"是非常重要的，没有"人情味"

① 罗贯中. 三国志通俗演义 [M]. 上海：上海古籍出版社，1981：615~616.
② 许烺光. 宗族·种姓·俱乐部 [M]. 北京：华夏出版社，1990：1~2.

"不近情理"的人是被人厌恶的。

从"华容道"故事来看，虽然曹操是刘备的仇敌，假如关公公私分明，擒获或斩杀曹操，确实是践行了"忠义"理念，但这样一来他也就成了一个没有人情味，甚至有点忘恩负义的人。这显然不符合中国人固有的传统伦理观念。在中国传统社会中，不忠诚于君主固然不可取，但是冷酷无情也是被人憎恶的。汉代学者刘向所编的《说苑》中记载了这样两个故事："乐羊为魏将以攻中山。其子在中山，中山悬其子示乐羊，乐羊不为衰志，攻之愈急。中山因烹其子而遗之羹，乐羊食之尽一杯。中山见其诚也，不忍与其战，果下之。遂为文侯开地。文侯赏其功而疑其心。孟孙猎得麑，使秦西巴持归。其母随而鸣，秦西巴不忍，纵而与之。孟孙怒而逐秦西巴。居一年，召以为太子傅。左右曰：'夫秦西巴有罪于君，今以为太子傅，何也？'孟孙曰：'夫以一麑而不忍，又将能忍吾子乎？'"① 这两个故事也很能反映中国人的价值观。乐羊子为国家大义，舍弃了亲生骨肉，虽然功勋卓著，却因为过于冷酷而受到君主的猜疑。秦西巴放走小鹿，确实是违抗了君主的命令，但是这也正说明他是一个有仁爱之心的人，所以很快也因此事而得到重用。正因为关公顾念旧情放走仇敌曹操的行为，迎合了中国人的主流道德伦理观念，才使得他成了无数中国人心目中重情重义的英雄人物。

清人诸联的《明斋小志》中记载："顾培真（文虎）自陕西归，云过河南，游许州郊外，有大石桥，当年关公去曹归汉，孟德送行处也。对桥有庙，极宏敞，塑像竟依《演义》所载，骑马横刀，左塑曹操鞠躬状，后怒目而立者为许褚，旁列将校，献袍捧金，殿上旧有对曰：'亦知我故主尚存乎？自今日走遍天涯，休说万钟千驷；曾许尔立功而去也，倘他年相逢歧路，无忘尊酒绵袍。'系青浦人张姓者著，惜忘其名，后剥落废置，及修

---

① 刘向，著. 说苑校证［M］. 向宗鲁，校证. 北京：中华书局，2009：113~114.

庙撰新联，帝梦示庙祝曰：'新对不可用，当悬旧者。'因修而揭之，土人云。"① 文中的许州就是三国时期的许都，今河南许昌。小说《三国演义》所写曹操送别关公，正在此地。文中所记的对联极好，好就好在写出了关公既忠于故主又不忘旧情的英雄形象。有趣的是，文中还特意向读者说明已成神灵的关帝也很欣赏这副对联。

二、戏曲、曲艺作品《华容道》故事中的"情义"观念

清代以后，三国题材的戏曲、曲艺作品十分盛行，许多剧作中，《华容道》都是很重要的剧目。如清代传奇《鼎峙春秋》是著名的宫廷大戏，它是由整部《三国演义》改编而成的戏曲作品，共十本两百四十出。这部传奇中也有《华容道》的故事，其情节与小说大致相同，唱词也基本取自小说原文，并没有什么特色。不过剧中提到曹操仅剩"残兵十八骑"，这一细节后来被各地戏曲所吸收。清代中期以后，花部、京剧、晋剧、滇剧、山东柳子戏、南阳三弦书等戏曲、曲艺中，也都有表现《华容道》故事的作品。这些民间戏曲作品中的《华容道》故事，情节大同小异，都改编自《三国演义》，但关公和曹操的唱词却各有特色。

清代花部乱弹的《华容道》又名《挡曹》，在唱词上很有特色。剧中写赤壁大战后，曹操率领十八骑残兵败将逃至华容道，被关公带兵拦住。曹操向关公哀求："曹孟德在马上满脸赔笑，尊一声汉君侯细听根苗，下江南八十万人马不少，实指望扫东吴得胜回朝。只落得十八骑残兵来到，望君侯释放我性命一条。"他又说起往日旧情："想当初待君侯恩高义好，上马金银美酒红袍。官封你寿亭侯爵禄不小，望君侯念旧情放我走逃。"关公不答应，他又说："曹孟德在马上泪珠连，尊声君侯听我言。往日恩情无半点，百般哀告也枉然。杀曹操只用一线地，君侯！留得美名万古传。"最

---

① 朱一玄，刘毓忱. 三国演义资料汇编 [M]. 天津：南开大学出版社，2012：601.

后，关公只能感叹道："往日里杀人不眨眼，铁打心肠也未然。背地我把诸葛怨，思前想后悔是难。杀也难，放也难，实实难坏关美髯。"① 最后他也只能让部下摆开一字长蛇阵，放曹操回中原。与小说《三国演义》相比，花部乱弹的唱词更为坦率直白、热烈真诚，很好地反映了曹操和关公的心理活动。

全国各地戏曲、曲艺作品中的《华容道》，大都与花部乱弹的风格相近。如京剧《华容道》的唱词，明显是由花部乱弹改编而来的，不过文字更为顺畅、贴切。如曹操的唱词："杀曹操不过污秽一席地，你枉有个名儿天下传。"② 经过改动之后，唱词的语义显然更加明白、流畅。又如关公的唱词："往日里杀人不眨眼，铁打心肠软如棉。背地里只把军师怨，前思后想是枉然。罢，罢，罢，关某岂作无义汉，宁可人头挂高杆。"③ 后面的"关某岂作无义汉，宁可人头挂高杆"两句，很好地刻画出了关公的英雄气概。晋剧《华容道》的情节、唱词与花部、京剧都很相似。剧中曹操先向关公卖惨："吾中了小周郎苦肉计巧，只烧得众兵将皮开肉焦。只剩下十八骑荒不择道，汉君侯若不信仔细观瞧。"然后又苦苦哀求："你挂印封金不辞而去，我赶去亲送你美酒红袍。君侯呀君侯！在许昌曾许我云阳答报，为甚么把人情一旦撇抛！"关公只能感叹："吾往常杀人不睁眼，而今心肠软如绵。背地我把军师怨，华容道上我好为难。关某岂做无义汉，宁愿我斩头挂高杆。"④ 这些唱词对曹操、关公的心理活动刻画都较为细致、生动。

有些地方戏中《华容道》的故事情节和唱词，又在京剧的基础上做了一些改造加工，特色更加鲜明。如陕西同州梆子中，曹操有这样一段唱词：

---

① 胡世厚. 三国戏曲集成：清代花部卷［M］. 上海：复旦大学出版社，2018：453.
② 胡世厚. 三国戏曲集成：晚清昆曲京剧卷［M］. 上海：复旦大学出版社，2018：701.
③ 胡世厚. 三国戏曲集成：晚清昆曲京剧卷［M］. 上海：复旦大学出版社，2018：701.
④ 胡世厚. 三国戏曲集成：山西地方戏卷［M］. 上海：复旦大学出版社，2018：445～446.

"见贤侯咬牙关话总不倒，想必我君臣们在劫难逃。莫奈何再上前苦苦哀告，启贤侯莫上气细听分晓。你本是大丈夫量似海岛，我本是小人辈情愿受刀。割我头交军令去把功表，我无情又无义君自知晓。"①"无情又无义"五个字说得极好，表面上是说自己，但实际上是指桑骂槐嘲讽关公。关公只能叹息："细思想宁教吾首级高挂，怎肯把无义字落于后朝。"河南南阳的三弦书《华容道》中，曹操先向关公叙旧情，然后说："到如今华容道中我身有难，二公呵，当年的事提一提。罢，罢，罢，下马来把你的刀磨快，我自刎人头你把功立。"关公听后也是很无奈："曹操哭的如酒醉，马上叹坏二千岁：再说拿了奸操相，人说我不仁不义；再说不拿奸操相，大军帐难以见军师。临出征我与先生三击掌，我言说不拿住曹操不回归。罢，罢，罢，大丈夫能叫名在人不在，有人无名尽是虚。叫三军摆下一字长蛇阵，看看老贼知不知。"② 山东的柳子戏《华容道》中，曹操有一段大唱词叙说他往日对关公的恩情，唱词结尾处他又说："你饶我操，我操得其生；你不饶我操，我操也不惧其死，何劳贤侯动手！张辽许褚把马鞚解下，咱自备绳索，你到军师面前献功。（对张辽）他是君子多忘事，咱是小人记事长。话不照前言，可该我死！"关公也很无奈地说："噢呼呀！又被他讲到理上来了，能以失信于天下，岂肯失信于曹贼！"③ 在这些地方戏曲、曲艺中，曹操的形象变得更为丰满。这些作品都加入了曹操向关公表示愿意主动投降受死的细节，这一艺术处理十分成功。关公如果杀死主动求死的曹操，无疑就成了冷酷无情的小人。所以关公最终被打动，放走了曹操。尤其是柳子戏中，曹操的大段唱词很有感染力，唱词结尾处他甚至理直气

① 陕西省文化局. 陕西传统剧目汇编：同州梆子第 2 集 [M]. 西安：陕西文化局，1961：99.

② 南阳市文化局. 南阳曲艺作品全集：第四卷 [M]. 郑州：河南大学出版社，2004：267.

③ 山东省戏曲研究室. 山东地方戏曲传统剧目汇编：柳子戏第二集 [M]. 济南：山东省戏曲研究室，1984：211~212.

壮地叱责关公，使得关公无言以对。曹操之所以能叱责关公，也是因为他占据着"情义"这个道德的制高点。

当代作家方同德所创作的京剧剧本《曹操与关羽》，对曹操、关羽的形象做了更大的改造。这一剧作改变了《三国演义》中的故事情节，着力表现曹操与关公之间的深厚情谊。剧本中第八场《放曹》所写的就是《华容道》的故事，不过情节与传统故事大为不同。剧作中，关羽在华容道与曹操见面后，二人先互叙旧情。曹操说："八年前，我送将军的情景恍如昨日，如今又在华容道相逢，不知将军别来可好？"关公则唱道："八年前的情景犹在眼前，不由我怦然思绪万千。旧事重提他用意明显，身处两难我羞愧难言。"叙旧过后，曹操直接向关羽点明刘备派关羽扼守华容道，就是要放自己逃走。他说："华容道乃我必经之道，他不派其他人来扼守，唯独派将军前来，知将军义重如山，定会放行。这就是玄德老弟带来的问候，这也是玄德老弟对我盛情送行。"关羽唱道："一番话说的我醍醐灌顶，大哥他心仁慈受恩永铭。杀曹操本非我愿心何忍，华容道天赐良机报旧恩。"① 然后关羽下马，亲自为曹操送行。曹操率人马走后，幕后又唱道："关羽义释曹操留下英名，二千年的故事流传至今，且听那东流水拍岸声，今人再把旧事细细品评。"② 剧作也在这一故事高潮处结束。方同德剧作的剧情改编与传统故事最大的不同处，就是它去掉了原来故事中"忠义"与"情义"的冲突，全力表现关羽与曹操的深厚情谊，关公形象也更富有人情味。

从元末明初的《三国志通俗演义》，到清朝末年的各种地方戏，再到当代京剧，《华容道》故事的面貌有了很大的变化。其中最大的变化之一，就是清代以来的戏曲、曲艺作品都着力表现曹操与关公的旧日情义，着力表现关公的重情重义。小说所表现的"忠义"与"情义"的冲突，逐渐被

---

①　胡世厚. 三国戏曲集成：当代卷［M］. 上海：复旦大学出版社，2018：253.
②　胡世厚. 三国戏曲集成：当代卷［M］. 上海：复旦大学出版社，2018：254.

淡化了，以至于出现当代剧作中关羽与曹操在华容道依依惜别这样的故事情节。这种故事情节演变的背后所折射出来的，也正是中国人道德伦理观念的变化。

中国人由家庭伦理而发展出来的讲人情、重情义的观念深入人心，影响深远。中国读者品读三国故事时，希望看到的不仅仅是忠义、勇猛的武将，他们更希望看到的是有人情味、接地气的英雄。所以，关公的形象在文学作品中，也变得内心更为复杂、情感更为丰富。关公之所以受到中国人的热烈崇拜，正是因为他的重情重义。他不但与刘备、张飞情义深厚，对仇敌曹操也能够顾念旧情，是十分难得的。正是这份温厚深沉的情义，使得他成为后人仰慕的典范人物。

第七章

关公崇拜中的"信义"观念

在宋元以后的戏曲、小说等通俗文学作品中，关公一直是以"信义"著称的。小说《三国演义》中，曹操的谋士程昱曾说："某素知云长傲上而不忍下，欺强而不凌弱；恩怨分明，信义素著。"① 刘备在白帝城永安宫时梦中与关公、张飞相见，关公说："臣等非人，乃鬼也。上帝以臣二人平生不失信义，皆救命为神。"② 关公形象中的这一"信义"观念，与中国古代商人群体中流行的诚信理念颇有相通之处。明清以后关公崇拜在商人群体中广泛流行，关公被人尊奉为"财神"，这与关公崇拜中的"信义"观念有一定的关系。

第一节 关公形象与"信义"观念

"信义"一词最早出现在《左传》中，《左传·定公十四年》："谚曰：'民保于信。'吾以信义也。"③ "信义"与人们常说的"信用""诚信"有

---

① 罗贯中. 三国演义 [M]. 毛宗岗, 批评. 济南：齐鲁书社, 1991：622.
② 罗贯中. 三国演义 [M]. 毛宗岗, 批评. 济南：齐鲁书社, 1991：1047.
③ 杨伯峻. 春秋左传注 [M]. 北京：中华书局, 2016：1782.

相通之处，但也有一些不同。"信用""诚信"的基本含义是信守承诺、言行一致。如《左传·宣公二年》："贼民之主，不忠；弃君之命，不信。"①"信义"则强调行事不仅要讲信用，还要合乎道义。先秦的儒家学者孔子、孟子认为，行事必须首先合乎道义，不分是非的信用是不可取的。孔子认为："言必信，行必果，硁硁然小人哉！"②孟子也说："大人者，言不必信，行不必果，惟义所在。"③在孟子看来，有德的君子不一定事事都守信用，重要的是能坚守道义。"信义"一词，正是融合了诚信和道义的观念，强调行事既要讲诚信，还要合乎道义。后世文献使用"信义"一词，一般也都表示这一含义。如《三国志·邓艾传》："赦冤魂于黄泉，收信义于后世。"④《三国志·先主传》裴松之注引《献帝春秋》："绍答曰：'刘玄德弘雅有信义，今徐州乐戴之，诚副所望也。'"⑤

小说《三国演义》中也多次使用"信义"一词，如刘备投靠曹操后，有人劝曹操杀死他，郭嘉劝阻说："不可。主公兴义兵，为百姓除暴，惟仗信义以招俊杰，犹惧其不来也；今玄德素有英雄之名，以困穷而来投，若杀之，是害贤也。"⑥刘备三顾茅庐见到诸葛亮时，诸葛亮赞美他："将军既帝室之胄，信义著于四海，总揽英雄，思贤如渴。"⑦小说这两处出现的"信义"一词，仅用信用来解释是不大合理的，它们都是讲诚信、重道义的意思。

小说《三国演义》中，在罗贯中的笔下，关公确实如程昱所说，是一个"信义素著"的英雄人物。关公出场后，就与刘备、张飞结拜为兄弟，三人在结义时立誓："念刘备、关羽、张飞虽然异姓，结为兄弟，同心协

① 杨伯峻. 春秋左传注［M］. 北京：中华书局，2016：720.
② 杨伯峻. 论语译注［M］. 北京：中华书局，2009：138.
③ 杨伯峻. 孟子译注［M］. 北京：中华书局，2010：173.
④ 卢弼. 三国志集解［M］. 上海：上海古籍出版社，2012：2079.
⑤ 卢弼. 三国志集解［M］. 上海：上海古籍出版社，2012：2332.
⑥ 罗贯中. 三国演义［M］. 毛宗岗，批评. 济南：齐鲁书社，1991：187.
⑦ 罗贯中. 三国演义［M］. 毛宗岗，批评. 济南：齐鲁书社，1991：467.

力，救困扶危，上报国家，下安黎庶。不求同年同月同日生，只愿同年同月同日死。皇天后土，实鉴此心，背义忘恩，天人共戮!"① 后来三人经历了不少离乱波折，但是关公一生都信守承诺，践行这一誓言。关公所讲的"信义"，也就是上报国家、下安黎庶，生死追随刘备。刘备徐州战败之后，关公不得已投降了曹操。虽然曹操赏赐他高官厚禄，以金银、美女等诱惑他，他也没有改变自己的立场。正如毛宗岗所说："心恋故主，坚如铁石：金银美女之赐，不足以移之；偏将军、汉寿亭侯之封，不足以动之；分庭抗礼、杯酒交欢之异数，不足夺之。"② 他得知刘备消息后，马上向刘备回信说："某窃闻义不负心，忠不顾死，是大丈夫之志也。"③ 他很快就离开曹营前往河北寻找刘备。小说中，关公辞别曹操时，留下书信给曹操，书信中说："某生于汉朝，少事刘皇叔，誓同生死。前者下邳失据，许降丞相，所请三事，已领恩诺，某所以归焉。拔擢过望，实难克当。今探知故主刘皇叔见在袁绍军中，身为寄客，使某旦夕不安。三思丞相之恩，深如沧海；返念故主之义，重若丘山。去之不易，住之实难。事有先后，当还故主。尚有余恩未报，候他日以死答之，乃某之志也。"④ 书信中首先说明自己当年与刘备"誓同生死"，表示自己必须坚守誓言。又说"事有先后，当还故主"，表明故主刘备在先，自己必须信守承诺。小说中，关公晚年败走麦城时，东吴派诸葛瑾前来劝降，关公对诸葛瑾说："吾乃解良一武夫，蒙吾主以手足待之，安肯背义投敌贼乎？城虽破，但有死而已!"⑤ 关公所说的"安肯背义"，也就是不能背弃刘、关、张三人桃园结义时的誓言。他在陷入绝境之际仍然没有忘记当年的誓言和承诺。

小说中，关公在处理他与曹操的关系时也表现出了重信义的风范。当

① 罗贯中. 三国演义 [M]. 毛宗岗，批评. 济南：齐鲁书社，1991：7.
② 罗贯中. 三国演义 [M]. 毛宗岗，批评. 济南：齐鲁书社，1991：308~309.
③ 罗贯中. 三国演义 [M]. 毛宗岗，批评. 济南：齐鲁书社，1991：316.
④ 罗贯中. 三国演义 [M]. 毛宗岗，批评. 济南：齐鲁书社，1991：316~317.
⑤ 罗贯中. 三国演义 [M]. 毛宗岗，批评. 济南：齐鲁书社，1991：948.

刘备徐州战败、关公不得已投降曹操时，他先向劝降的张辽提出了三个条件：“一者，吾与皇叔同设誓时，共扶汉室，吾今只降汉帝，不降曹公，凡有杀戮，不禀丞相；二者，二嫂嫂处，请给皇叔俸禄养赡，一应上下人等皆不许到门；三者，但知刘皇叔去向，不管千里万里，便当辞去：三者缺一，断然不肯降。”① 这三个条件，第一条是表明政治立场，也是不违背当年结义时的誓言；第二条是要照料刘备的家眷；第三条则是不忘故主，誓死追随。关公提出这样的三个条件，说明他是一个很讲道德原则的人，也是一个光明磊落的人。后来在曹营时，他也是按照这三个条件来做的。当他得知刘备的消息之后，马上就向曹操拜辞。曹操故意躲避不见，他向二位嫂嫂表示：“只在早晚辞了曹公，便请嫂嫂上车。堂中所有原赐之物，尽皆留下，寸丝亦不可带去。”于是，他写了辞书一封留给曹操，“遂将累次所赐金帛，一一封记，悬寿亭侯印于库中”②。毛宗岗称赞关公：“来得明白，去得明白。推斯志也，纵无二嫂之羁绊而孑然一身，亦必不给曹操而遁去也。明知袁绍为曹操之仇，而致书曹操明明说出，更不隐讳。不知兄在，则斩其将；既知兄在，则归其处。心事无不可对人言者。有人如此，安得不与日月争光。”③ 关公在投降曹操后至离开曹营的过程，始终光明正大、意志坚定，没有丝毫可以指摘之处。后来在华容道上，曹操面对前来拦阻的关公，恳求他放过自己时说：“五关斩将之时，还能记否？大丈夫以信义为重。”④ 关公之所以放走曹操，既是因为他讲义气、重情义，也是因为曹操所说的“信义”二字。当年关公离开许都时，多次表示日后会报答曹操的恩义。他在留给曹操的书信中说：“尚有余恩未报，候他日以死答之，乃某之志也。”⑤ 曹操赶到霸陵桥，前来为他送行，关公又对他说：

① 罗贯中. 三国演义 [M]. 毛宗岗，批评. 济南：齐鲁书社，1991：298.
② 罗贯中. 三国演义 [M]. 毛宗岗，批评. 济南：齐鲁书社，1991：317.
③ 罗贯中. 三国演义 [M]. 毛宗岗，批评. 济南：齐鲁书社，1991：309.
④ 罗贯中. 三国演义 [M]. 毛宗岗，批评. 济南：齐鲁书社，1991：623.
⑤ 罗贯中. 三国志通俗演义 [M]. 上海：上海古籍出版社，1981：257.

"久感丞相大恩，微劳不足补报；异日萍水相会，别当酬之。"① 如果不放过曹操，那就违背当年许下的诺言，"信义素著"的关公当然不能这样做。所以，他也只能选择违抗军令，放走曹操。

关公形象中所体现的"信义"观念，其内涵就是为人要讲诚信、重道义、轻财重义。小说《三国演义》中塑造的关公，从始至终一直是一个襟怀坦荡、光明磊落的英雄人物。面对无数金银财帛的诱惑，他能够大义凛然地坚守自己"上报国家、下安黎庶"的理想。他又是一个一诺千金的志士，历经无数挫折还能够坚定地践行自己的誓言和承诺。从各个方面来看，他都无愧于"信义素著"这一评价。

第二节　明清晋商与关公崇拜

明代以后，关公崇拜也在商人群体中逐渐流传开来，许多商人把关公当作保护神。如《云南通志》记载，云南定远县人孟继祥，在广东经商失利，不能归乡。"值残腊，念母妻，悲咽昏睡，梦关王谕曰：'吾悯尔信义，欲归，瞑目攀吾刀柄。'继祥如命，但觉耳内飒飒风声，将旦，命继祥开眼，则身在狮子山塔下矣。"② 又如《乐善录》记载，明天启年间，浚县小商人李准，"开杂粮店，赀仅千金，交易公平，好行善，约友七人为矜残会，凡乞人口哑、目瞽、足跛，以及老病者，皆破格施济，七人各持疏募金，多寡皆供于关帝前，以明无他。久之，六人以赔累难支，次第辞去。准仍一心奉行，交易益公平，家赀几尽，终无怠志，但祈帝阴庇。一日，

---

①　罗贯中. 三国志通俗演义［M］. 上海：上海古籍出版社，1981：261.
②　太原寒世子. 关帝灵感录［M］. 上海：上海道德书局，1937：115.

准生子,掘地埋胞衣,得黄金十锭,前六人闻之,皆赧然曰:'此关帝之赐也。'"① 在这些民间传说中,关公经常护佑一些讲信义、好行善的商人。

明清商人群体中,山西的晋商尤其仰慕、崇敬关公。关公崇拜能够走向全盛,与他们的大力推动是分不开的。明清五百多年间,晋商一直是中国经济实力最强、影响最大的商人集团之一。晋商的崛起,与明代初期政府推行的开中制有密切关系。《明史·食货志》记载:"召商输粮而与之盐,谓之开中。"② 明初中国北方边镇驻守大量军队,以防御蒙古各部的侵扰。边镇远离中原地区,军饷运输一直较为困难。为了解决这一问题,明代官府出榜招商,由商人输送粮食等物资到边镇。然后商人到官府换取"盐引",到指定盐场支盐,把盐销售到指定的地区。盐引就是官府发放的盐业销售许可证。盐业是利润很高的行业,一直由官府专卖。开中制实施之后,不少晋商取得了运盐的特权,从中获得了高额利润。山西河东地区的解州盐池,一直是中国古代重要的盐产地。晋商一直凭借"盐引",经营解州盐池的盐业。关公是山西解州人,也一直被认为是解州盐池的保护神。所以,关公一直是山西商人们崇拜的神灵之一。

晋商虽然因经营盐业而兴起,但是他们的商业活动却不仅限于盐业,他们还涉及茶叶、丝绸、票号等多种行业。而且他们的商业活动遍布全国各地,还与俄罗斯及中亚各国进行贸易。明清时期,中国各地都市都出现了由同乡或同行建造的会馆。会馆是身在外地的同乡或同行们聚会、停留的场所。何炳棣认为:"会馆是同乡人士在京师和其他异乡城市所建立,专为同乡停留聚会或推进业务的场所,狭义的会馆指同乡所公立的建筑,广义的会馆指同乡组织。"③ 山西和陕西两省邻近,两地商人之间相互联系紧密,他们在全国各地共同建造了许多山陕会馆。山西、陕西商人财力雄厚,

---

① 太原寒世子. 关帝灵感录 [M]. 上海:上海道德书局,1937:77.

② 张廷玉. 明史 [M]. 北京:中华书局,1974:1935.

③ 何炳棣. 中国会馆史论 [M]. 台北:学生书局,1966:11.

所以各地的山陕会馆也都占地面积较大，规模较为宏伟壮观。如保存至今的河南南阳社旗县的山陕会馆，占地面积约 13000 平方米，由大照壁、悬鉴楼、大拜殿、春秋楼等建筑群组成。

山西、陕西商人都很崇拜关公，所以各地的山陕会馆中大都建造有关帝庙、春秋楼等建筑，用以祭祀、供奉关公。如山东聊城的山陕会馆就是为"祀神明而联桑梓"的目的而建造的，所祭祀的神明就是关帝。整个会馆由山门、过楼、戏楼、钟鼓楼、南北看楼、关帝大殿和春秋楼等建筑共同构成。其中关帝大殿是会馆的中心建筑，殿中供有三米高的关帝圣君像。春秋楼是因关公秉烛夜读《春秋》而得名，也是供奉关帝的处所。各地的山陕会馆中，一般都有供奉关帝的大殿和春秋楼。如河南社旗的山陕会馆，有大拜殿和春秋楼，都是供奉关公的神殿。汉口的山陕会馆，因为会馆中供奉关公的大殿建筑宏伟，所以被当地称为西关帝庙。现存的河南开封、河南周口、安徽亳州、四川自贡等地的山陕会馆，建筑格局也都大体相似，供奉关公的大殿都是整个会馆的中心建筑。所以在不少地方，山陕会馆都被当地称为关帝庙。各地山陕会馆的关帝庙，也像各地的关庙一样，在一些重要的节日举行大型的祭祀和庙会活动。

山西、陕西商人之所以如此崇拜关公，在各地山陕会馆中隆重祭祀关公，既是为了借助关公来团结同乡，同时也为了宣扬关公身上所体现出来的信义精神。王日根在《中国会馆史》中指出："当我们把会馆的研究引向深层的文化领域时，便觉得别有洞天，无论是会馆的由小到大、由弱到强，或合并，或分立，或孤室衰颓，或高屋华构，或此起彼落，景万端，然而，它们几乎都有着相近的文化内涵，即'敦厚仁恕，保全信义"①。"敦厚仁恕"，也就是指在外地的同乡彼此关爱、相互扶助。"保全信义"，也就是同乡之间互相真诚相待、讲信修睦。山陕会馆之所以大修关帝庙、

---

① 王日根. 中国会馆史 [M]. 上海：东方出版中心，2018：387.

祭拜关公，主要也是为了达到"敦厚仁恕，保全信义"的目的。河南南阳社旗山陕会馆雍正二年《同行商贾公议论戥秤定规》中说："概赊旗店四方客商杂货兴贩之墟。原初马头卖货行户原有数家，年来人烟稠多，开张卖载者二十余家。其间即有改换戥秤，大小不一，独网其利，内弊难除。是以合行商贾会同集头等，齐集关帝庙，公议：秤足十六两，戥依天平为则，庶乎较准均匀者公平无私，俱各遵依。同行有和气之雅，宾主无疎戾之情。公议之后，不得暗私戥秤之改换，犯此者罚戏三台。如不遵者，举秤禀官究治。惟恐日后紊乱规则，同众禀明县主蔡老爷，金批钧谕，永除大弊。"① 这篇碑文记载了清代赊旗镇商人同行制定称量银钱的戥秤标准一事，要求商家做到公平无私，不能欺诈弄巧。值得注意的是，商人们聚会议定行规的地点是在关帝庙。这也说明在这些商人心目中，关帝是公正、信义的化身，监督着他们的一举一动。

河南洛阳山陕会馆咸丰二年《关圣帝君仪仗记》碑文中说："圣王御宇首重明禋，祀典所载仪至隆、制至肃也。而我朝所尤重者，宣圣而外，椎关圣帝君。内自京师，外至大都小邑，莫不敕建庙宇，祀春秋无少缺。岂惟是祈福云尔哉？亦以帝君之忠义神武，实足以震浮起靡，为万世则。故既载诸祀典，以崇其德而报其功，而又推其磊落光明之概以风示商贾，使熙熙攘攘竞刀锥子母者，日夕祇承于帝君之旁，庶其触目惊心，不至见利忘义，角诗张而尚诅诈也。然吾尝北之燕赵，东游齐鲁，南之吴楚之交，凡通都剧邑，商贾辐辏之区，莫不有帝君庙。秦晋所集会馆尤多，其祇事帝君尤勤。以至而究其所以事之之意，不过藉物以为求媚之具，至以义为利之说恒略而弗讲焉。噫，可叹也已。"② 这篇碑文明确指出，在山陕会馆祭拜关公的目的，是要以关帝磊落光明的人格感化商贾，使他们懂得"以

---

① 许檀. 清代山东、河南等省商人会馆碑刻资料选辑［M］. 天津：天津古籍出版社，2013：110.

② 许檀. 清代山东、河南等省商人会馆碑刻资料选辑［M］. 天津：天津古籍出版社，2013：77.

义为利"的道理，不至于为了蝇头小利而欺诈世人。

山西商人、陕西商人都是明清时期实力雄厚的商人集团，他们的商业活动遍及全国，各地都有他们建造的山陕会馆。在他们的宣传、推动下，关公崇拜在商人群体中更为广泛地流行起来。

第三节　"武财神"与"信义"观念

清代以后，关公开始被商人们尊奉为"武财神"。关于关公如何成为财神，民间有不少传说。如道教传说中，宋徽宗崇宁年间，关公平定解州盐池蛟患之后，随张天师朝见皇帝。宋徽宗大惊，"掷崇宁钱与之，曰：'以封汝。'世因祀为崇宁真君。"① 宋徽宗将崇宁钱赏赐关公，所以后世传说中关公因此事而成为财神。也有传说关公投降曹操后，曹操赏赐大量金银钱帛给他，关公不为所动。关公离开曹营之时，将曹操所赐金银全部留下，并制作了一本账册，清清楚楚地记录了财物数目。因为关公不为财物动心，又发明了记账法，所以后世尊他为"财神"。还有传说认为，关公的青龙偃月刀十分锋利，这个"利"和做生意求取利益的"利"字同音，能帮助商人获利。这些传说极有可能是在关公成为财神之后，民间为解释他成为财神的缘由而编造、附会的传说故事，所以这些说法并不可信。

事实上，在关公之前，中国古代民间传说中已经有了多位财神。中国古代民间所尊奉的财神，有正财神和偏财神之分。传说中正财神是引导人们走正路发财致富的财神，偏财神是专门执掌横财的财神。正财神又分为文财神和武财神，文财神有比干、范蠡，武财神有赵公明和关公。偏财神

---

① 徐道. 历代神仙演义［M］. 沈阳：辽宁古籍出版社，1995：1098.

则有五路、五显、五通等神灵。中国地域广大，各地文化、习俗差异也比较大，这众多的财神信仰也反映了我国各地文化、习俗的多样性。虽然财神信仰在中国古代民众中影响巨大而广泛，但财神的出现其实是比较晚的。吕微认为："在民间信仰的诸神系统中，财神是出现得最晚的神灵之一，它的起源目前仅能追溯到北宋。"① 与前代相比，宋代的经济高度发达，商业活动空前繁荣，民间信仰中的财神出现于此时并非偶然。

　　中国古代的众多财神中，较早出现的是范蠡、赵公明等。文财神范蠡原是春秋末期著名的政治家，曾经辅佐越王勾践灭吴，成就霸业。他功成身退，隐居民间，从事商业活动。《史记·越世家》记载："范蠡浮海出齐，变姓名，自谓鸱夷子皮。耕于海畔，苦身戮力，父子治产。居无几何，致产数千万。齐人闻其贤，以为相。范蠡喟然叹曰：'居家则致千金，居官则至卿相，此布衣之极也。久受尊名，不祥。'乃归相印，尽散其财，以分与知友乡党。而怀其重宝，间行以去，止于陶。以为此天下之中，交易有无之路通，为生可以致富矣。于是自谓陶朱公。复约要父子耕畜，废居，候时转物，逐什一之利。居无何，则致赀累巨万。天下称陶朱公。"② 范蠡能靠过人的智慧致富，而且能够以豁达的态度对待财物，一直被商人们所敬仰。范蠡在宋代时已被民众尊奉为财神。宋代太学士人的《临江仙》词云："莫怪钱神容易致，钱神尽是愚夫。为何此鬼却相於。只因频展义，长是泣穷途。韩氏有文曾饯汝，临行慎莫踌躇。青灯双点照平湖。蕉船从此逝，相共送陶朱。"③ 词中写宋代的送穷祈财的祭祀活动，已将陶朱公当作财神对待。

　　武财神赵公明，最早出现在干宝的《搜神记》中，是阴间取人性命的鬼将。陶弘景的《真诰》中则说他是"五方神"，也就是瘟神。隋唐以后，

---

① 吕微. 隐喻世界的来访者：中国民间财神信仰 [M]. 北京：学苑出版社，2001：1.
② 司马迁. 史记 [M]. 北京：中华书局，1982：1752.
③ 唐圭璋，主编. 全宋词 [M]. 北京：中华书局，1965：2959.

赵公明被列入"五瘟神"之一,《三教源流搜神大全》中记载他为"五瘟使者"之一的"秋瘟赵公明"。但在元明以后的道教传说中,赵公明又成了战神,被称为"赵元帅"。《三教源流搜神大全》记载,赵公明是终南山人,精修至道,功成之后被玉帝召为神霄副帅。后来,张天师在龙虎山炼丹时,赵公明守护丹炉有功,被封为正一玄坛元帅。传说中赵公明能够"驱雷役电,唤雨呼风,除瘟翦疟,保病禳灾",而且,"讼冤伸抑,公能使之解释公平,买卖求财,公能使之宜利和合"①。经过道教的这番改造,赵公明成了战神和财神。明代著名神魔小说《封神演义》中,赵公明被封为"正一龙虎玄坛真君"②,率领招宝天尊、纳珍天尊、招财使者、利市仙官四位部下,彻底转变为财神。

比干、五路、五显、五通等则可能是清代以后才被民众当作财神来供奉的。文财神比干,是殷商末年的贤臣,因多次劝谏殷纣王,被剖心而死。在小说《封神演义》中,比干被封为文曲星,也就是北斗第四星。民间传说中,比干因为"无心",处事能够公正无私,所以清代以后被供奉为文财神。民间传说中偏财神有五路、五显、五通等神灵。五路神一般认为是源于先秦的"五祀"。郑玄认为:"五祀,门、户、中溜、灶、行也。"③"五祀",就是先秦时期祭祀的门神、户神、中溜神、灶神和路神。《铸鼎余闻》卷四记载:"五路神俗称为财神,其实即五祀门行中霤之行神,出门五路皆得财也。"④ 五路神就是东西南北中五方道路之神。古人出门之前要祭祀路神,希望出门得财。清代以后,五路神被人当作财神供奉。五显神,本来是江西德兴、婺源一带的地方神灵,兄弟死后五人为神,宋代时被封为王。《夷坚志》记载:"德兴五显庙,本其神发迹处。故赫灵示化,

---

① 佚名. 三教源流搜神大全 [M]. 北京:中华书局,2019:120.
② 许仲琳. 封神演义 [M]. 北京:人民文学出版社,1973:1004.
③ 郑玄. 礼记注 [M]. 北京:中华书局,2021:55.
④ 宗力,刘群. 中国民间诸神 [M]. 石家庄:河北人民出版社,1987:653.

异于他方。"① 五通神则是江南地区一群鬼的通称，它们大都是山精野怪。《夷坚志》记载："大江以南地多山，而俗礼鬼，其神怪甚诡异，多依岩石树木为丛祠，村村有之。二浙江东曰五通，江西闽中曰木下三郎，又曰木客，一足者曰独脚五通，名虽不同，其实则一。"② 五显神和五通神因为能给人带来意外之财，所以清代以后也被当作财神供奉。

　　与以上的众多财神相比，关公成为财神是比较晚的，他是清代以后才被当作财神来供奉的。但是在所有财神中，武财神关公的影响却是最为深远的。在中国文化中，财神不仅仅是能够执掌财富的神灵，他们的形象还体现着中国人对财富的看法，也体现着传统的道德观念。范蠡象征着智慧，这一形象传达给世人的理念是：获取财富要靠出众的才智，处理财富要有豁达的态度，既要能聚财又要能散财。比干和赵公明象征着公平、公正，这两个形象传达给世人的理念是：买卖交易要做到公平无私，才能获得财富。关公之所以被人尊奉为财神，则是因为这一形象体现了商业活动中不可或缺的"信义"精神。

　　两千多年来，儒家思想一直是中国社会的主流思想。儒家在经济观念上一直主张先义后利、以义制利，认为社会道义比经济利益更为重要。孔子认为："君子喻于义，小人喻于利。"③ 孟子认为："鸡鸣而起，孳孳为善者，舜之徒也。鸡鸣而起，孳孳为利者，跖之徒也。欲知舜与跖之分，无他，利与善之间也。"④ 荀子认为："先义而后利者荣，先利而后义者辱。"⑤ 《礼记·大学》更为全面地阐述了儒家的经济理念，文中提出："生财有大道，生之者众，食之者寡，为之者疾，用之者舒，则财恒足矣。仁者以财发身，不仁者以身发财。未有上好仁而下不好义者也，未有好义

---

①　洪迈. 夷坚志［M］. 北京：中华书局，1981：696.
②　洪迈. 夷坚志［M］. 北京：中华书局，1981：1378.
③　杨伯峻. 论语译注［M］. 北京：中华书局，2009：38.
④　杨伯峻. 孟子译注［M］. 北京：中华书局，2010：289.
⑤　楼宇烈. 荀子新注［M］. 北京：中华书局，2018：51.

其事不终者也，未有府库财非其财者也。孟献子曰：'畜马乘不察于鸡豚，伐冰之家不畜牛羊，百乘之家不畜聚敛之臣，与其有聚敛之臣，宁有盗臣。'此谓国不以利为利，以义为利也。长国家而务财用者，必自小人矣。彼为善之，小人之使为国家，菑害并至。虽有善者，亦无如之何矣！此谓国不以利为利，以义为利也。"① 汉代的大儒董仲舒也主张："正其宜（义）不谋其利，明其道不计其功。"② 儒家学者大都主张重义轻利，认为人追求经济利益时必须受到道德规范的约束。他们认为，如果人人都无原则地追求一己私利，必然导致彼此之间矛盾冲突，并进而导致社会秩序混乱。儒家的这一套"义利"观，对中国人的思想观念产生了深刻的影响。商人在中国古代社会的地位一直不高，处于"士农工商"四民之末，与这一观念有很大的关系。

宋代以后，随着商业活动的日益繁荣，商人地位有所提高。特别是明清以后，随着市民社会的不断发展，商人和商业活动的重要性日益凸显。许多著名文人如李梦阳、王阳明、黄宗羲等人，都开始肯定商人在社会发展中的重要作用。黄宗羲在《明夷待访录》中提出著名的"工商皆本"的主张，他认为："世儒不察，以工商为末，妄议抑之。夫工固圣王之所欲来，商又使其愿出于途者，盖皆本也。"③ 许多文人和商人交往密切，商人题材的文学作品如《三言二拍》《金瓶梅》等开始大量涌现，甚至有不少读书人开始放弃科考转而经商，如小说《二刻拍案惊奇》谈到徽商时说："徽州风俗，以商贾为第一等生业，科第反在次者。"④ 晋商群体中也有不少人弃儒从商，如《榆次县志》记载："（清）杨友桂，弟友梅，东阳镇人。……桂性极通敏，读书颇有得，因口外商业极须整理，故弃儒为

---

① 郑玄. 礼记注 ［M］. 北京：中华书局，2021：794.
② 班固. 汉书 ［M］. 北京：中华书局，1962：2524.
③ 黄宗羲. 黄宗羲全集：明夷待访录：第一册 ［M］. 杭州：浙江古籍出版社，1985：41.
④ 凌濛初. 二刻拍案惊奇 ［M］. 济南：齐鲁书社，1995：740.

商。"① 又如《灵石县志》记载:"(清)张元庆,张家庄人,弃儒归商,经商起家,性好施,光绪三年,亲族中赖以生活者十数家。"②

明清时期的商人们也受到了儒家思想的影响,不少商人在经营商业活动时,也努力践行儒家的伦理观念。明清时期出现了不少"贾而好儒""亦儒亦贾"的商人。如山西的榆次常家是著名的"儒商世家",这个家族素有"世兼儒贾为业"之称。明清时期的徽商也以"好儒"著称,不少徽商很重视子弟教育,经商成功之后,在家乡兴建书院、家塾。清代许多著名的皖派学者如戴震、程瑶田等,都得到了徽商的大力扶助。许多商人也深受儒家义利观的影响,主张经商也应该以道义为本。如明代山西蒲州著名商人王文显认为:"夫商与士异术而同心,故善商者处财货之场,而修高洁之行,是故虽利而不污;善士者引先王之经,而绝货利之径,是故必名而有成。故利以义制,名以清修,恪守其业,天之鉴也。"③ 明清的晋商一直崇尚"利以义制"的观念。直至清末、民国初期,著名晋商渠仁甫签订合同时,合同开头先要写明:"尝思财由义聚,利赖人生"④,或者先写:"窃闻以义为先,古训若揭。"⑤

关公之所以在明清以后受到晋商及广大商人的崇拜,主要还是因为他身上体现出的"信义"观念与儒家的义利观念、商人们的职业伦理都很一致。关公在曹营中时,面对曹操赏赐的无数金银财帛毫不动心,能够始终坚守大义。离开曹营时,又能将所有财物封存,退还曹操。他的这种轻财重义的风范,与儒家重义轻利的观念十分相近。至于关公坚守誓言、至死不渝的操守,与商人商业活动中的诚信理念也很相近。

---

① 张正明. 明清晋商商业资料选编 [M]. 太原:山西经济出版社,2017:247.
② 张正明. 明清晋商商业资料选编 [M]. 太原:山西经济出版社,2017:247.
③ 李梦阳. 空同集 [M] //影印文渊阁四库全书:第1262册. 上海:上海古籍出版社,2012:420.
④ 山西省晋商文化基金会. 渠仁甫备忘录 [M]. 太原:三晋出版社,2013:280.
⑤ 山西省晋商文化基金会. 渠仁甫备忘录 [M]. 太原:三晋出版社,2013:284.

中国古代的商人都十分看重信义，认为信义是商业活动的根本。尤其是山西的商人，一向以信义著称。晋商之所以数百年来在中国商业界屹立不倒，就是因为他们不管是经营什么商业活动，都能坚持以诚信为本。著名学者梁启超评价山西商人说："晋商笃守信用。"山西商人总结了许多关于经商的谚语，如"售货无诀窍，信誉第一条""秤满、斗满、尺满足"，都非常强调诚信的重要性。山西著名商人乔致庸经常告诫子弟，经商要"首重信，次讲义，第三才是求利"①。晋商群体中讲信誉的商人和商号比比皆是，不胜枚举。如《山西通志》记载，明代山西蒲州商人王三鉴，在天津经商。"王世法亦蒲人，将之海滨携金百两寄三鉴所。世法暴卒，三鉴亦他往。世法子挽丧，以为父无所遗也。后二年，三鉴归里，其子窘甚，三鉴以寄金付之，封沿宛然。"② 王三鉴不贪图他人钱财，在同乡去世后将其钱财原封不动地归还于他的家人，可以说是一个极重信义的商人。《翼城县志》记载："（清）冯学诗，字子兴，史家圪塔人，性刚直，幼贫，受继母虐待，迫不能容，乃携妻分爨，作肩挑生涯，以求生活。…与人交易，所用秤斗常满出平入，绝不愿从中取巧焉。"③ 冯学诗作为一个贫寒的小商人，与人交易却能够秤斗满平，不弄虚作假，难能可贵。清末时，乔家的复盛油坊曾销售一批胡麻油，有伙计为谋取私利在油中掺假。掌柜发现之后立即开除涉事伙计，以纯净的好油另行换售，并训诫其他伙计，若再犯定当严惩不贷。④ 晋商的诚信精神也受到了社会各界的广泛赞誉。当时的人评价山西人的票号："山右商人，所立票号，法制精密，人尤敦朴，信用最著。"⑤

---

① 薛勇民. 走向晋商文化的深处：晋商伦理的当代阐释［M］. 北京：人民出版社，2013：131.
② 张正明. 明清晋商商业资料选编［M］. 太原：山西经济出版社，2017：161.
③ 张正明. 明清晋商商业资料选编［M］. 太原：山西经济出版社，2017：166.
④ 李留澜. 晋商案例研究：第1卷［M］. 北京：中华书局，2007：11~12.
⑤ 刘锦藻. 清朝续文献通考：卷十八［M］. 杭州：浙江古籍出版社，1988.

　　古人所说的"信义",不仅要讲诚信,还要坚守道义。明清的不少晋商在经营商业活动之时,能够做到轻财重义、扶危济困。如《山西通志》记载,明代山西临汾商人王瑞,"重义轻财,解纷息争。一日贩商盐价增至七两,瑞五两卖之,众皆非焉,瑞曰:'小贩无利,恐阻国课,吾为众倡。'"① 王瑞作为一个大盐商,在盐价暴涨之时能够考虑到小商小贩的利益和国家的盐税收入,坚持不涨价,实在可贵。清代著名政治家祁寯藻的《马首农言》记载:"道光十二年,各处大荒,囤粮指价,贫民握钱,无处易米。晋省介休、太谷、忻州,有绅士富户某某,各纠其村中富人出资,依市价籴米,储于社,派清慎者司之,减价粜给,各护其村中之穷民,所出钱本不足,更捐之,至来春米价略平乃止。此本社仓捐赈之法,有共见之利,而无不见之害,诚盛德事也。"② 祁寯藻所提到山西的富户,在大荒之年出资购粮,减价出售,这种仗义救助村民的举动值得称颂。又如《民国昔阳县志》记载:"吕德泰,邑穆家会人,幼随父远贾京畿。咸丰庚申之变,铺资损失殆尽,事定,或耸其持簿索债可再振旗鼓,乃面婉从,而暗将债簿付之一炬。此与孟尝焚券事略同,而难易有别矣。"③ 咸丰庚申之变,指的是 1860 年第二次鸦片战争时期英法联军攻入北京的事件。北京的大量商铺在动乱中被帝国主义侵略者焚毁。在国家动乱之际,这位山西商人吕德泰在自己遭受巨大损失的情况下,还焚烧了债券,免除了他人的债务。他的这一体恤他人、顾全大局的高风亮节,实在令人敬仰。类似的事例很多。这些商人明显受到儒家思想的影响,表现出高尚的道德修养。

　　近代以来,在商人们的宣扬之下,广大的中国民众也开始把关公作为财神来供奉。"武财神"关公在海内外的地位和影响力甚至超越了范蠡、赵公明等财神。之所以出现这样一种现象,还因为关公形象中体现的"信

---

　　① 张正明. 明清晋商商业资料选编［M］. 太原:山西经济出版社,2017:161.
　　② 祁寯藻. 祁寯藻集:第一册［M］. 太原:三晋出版社,2011:431.
　　③ 张正明. 明清晋商商业资料选编［M］. 太原:山西经济出版社,2017:165.

义"观念与儒家思想、商人职业伦理有很多相通之处，很好地反映了中国人对于财富的看法，也迎合了大多数中国人的民族文化心理。中国古代的商人们把关公当作"信义"的化身来崇拜，也是要借助关公的影响来规范、约束商人群体的商业活动。山西的晋商到处兴建关帝庙，经常在关帝庙中商议制定行规，也都有这方面的考虑。关公形象中体现出的讲诚信、重道义、轻财重义的传统理念，即使在当下社会中也并不过时，仍然是一笔宝贵的民族精神财富。

第八章

关公崇拜与中国古代的"正义"观念

关公是中国民众普遍信仰的神灵之一,其地位之高、影响之大无与伦比。他的庙宇遍及海内外,崇拜关公的人来自不同阶层、不同行业。有学者认为:"晋初,关帝得勇壮关侯之封号。南宋始被列入正式祭典中。清代对之为更大之崇敬,将皇室与全国置于其特殊之保护下:得武帝尊号,与孔子并列。被人视为武神、财神,及保护商贾之神。人遇有争执时,求彼之明见决断。旱时人民又向彼求雨,又可抽求病人药方。又被视为驱逐恶鬼凶神之最有力者。"① 关公能够得到全国各阶层、各行业人民的崇拜,一个很重要的原因是自唐宋以来,经过了近千年的渲染、塑造,关公已经成为一个聪明正直、一身正气的神灵,进而成为正义的守护者。因为落后的生产力、不完善的政治制度,公平、正义在中国古代社会中常常难以得到维护。许多在现实生活中困顿无助的民众,希望关公能够维护公正的社会秩序。通过考察关公崇拜这一文化现象,也能从一个侧面帮助我们了解中国古代民众的"正义"观念。

---

① 宗力,刘群. 中国民间诸神 [M]. 石家庄:河北人民出版社,1987:573.

第一节　道德完美的正义守护神

宋元以后，关公逐步从中国民间信奉的众多神灵中脱颖而出，成为中国各阶层民众共同崇拜的神灵。明清以来，关公在中国民众中的影响力更是广泛而深远。明人缪天成在《关王庙记》中说："迄今数百年，普天率土，建庙貌以奉香火，不啻千百计，为文以颂厥功，脍炙人口，亦不啻千万言。"① 关公能够在中国社会中产生这么大的影响，绝非偶然。在中国古代的众多神灵中，关公有一个特殊之处，就是在各阶层民众的共同塑造下，他已经逐渐成为一个道德完善、浩然正气的神灵。这样的神灵形象与儒家传统的道德观念高度一致，也迎合了中国古代民众对正义观念的认知。

一、"神，聪明正直而壹者也"

数千年来，中国一直是一个多神信仰的社会，中国民间流行着众多的神鬼仙佛。中国古代有一些专门搜集整理各类神灵谱系的著作，如《三教源流搜神大全》《历代神仙通鉴》等，其中收录的民间神祇有数百种之多，它们还不足以涵盖中国所有的民间神灵，但数量之多也是十分惊人了。中国民间信仰的神祇虽然数量很多，种类也很丰富，但是具有普遍性的神灵却不是很多。中国古代宗教主要有佛教、道教和伊斯兰教等。佛教和道教都有等级严密、人数众多的神灵体系。许多佛教、道教的神祇，如佛祖、观音菩萨、太上老君、张天师、八仙等，都在民间有一定的影响力。但是，这些宗教神灵也鲜明地代表着特定的宗教理念，所以它们都有较为固定的

---

① 朱一玄，刘毓忱. 三国演义资料汇编 ［M］. 天津：南开大学出版社，2012：506.

信众群体。佛道之外的中国各种民间神灵，如日神、月神、河神、山神、城隍、灶神、财神等，大都有较为明确的分工和职能。这些神灵多数反映的是部分民众的特定愿望，缺少足够的普遍性。

关公之所以能够得到全民的信奉与崇拜，是因为他是数百年来中国各阶层民众共同塑造的、带有极大普遍性的神灵。关公与一般的民间神灵有很大的不同。在唐宋以来的千余年间，在关公逐步神化的过程中，中国社会的各阶层，上到帝王，下到平民百姓，都参与了这一神灵形象的塑造。自宋以来的历代统治者接连不断地表彰关公的忠义，一次又一次为他加封称号，多次下旨修建庙宇，举行隆重的祭祀活动。士大夫群体反复论证蜀汉政权的正统性，以大量的诗歌、碑记、对联赞颂关公的忠义仁勇，编撰了大量记载关公事迹的书籍。佛教和道教则不断宣扬关公的种种灵异传说，并借关帝之名创作了大量劝人行善的经书。民间的艺人及下层文人则创作了大量关于关公的小说、戏曲、曲艺等通俗文学，将关公塑造为讲义气、有情义的平民英雄。民间许多行业的普通百姓都把关公当作行业神来崇拜，创作了不少关于关公的传说故事。在关公成为神灵的过程中，全国各阶层的民众都贡献了自己的力量。作为一个神灵，关公形象非常复杂，关公精神的内涵也非常丰富，因为他的身上寄托着各阶层民众的各种美好愿望。

关公之所以成为全民普遍崇拜的神灵，是因为这一形象与中国人的道德观念高度契合。汉代以来，儒家思想对中国人的民族心理和民族性格产生了深刻影响。儒家思想最突出的特点之一就是它非常重视人的道德修养。孟子认为："人之所以异于禽兽者几希；庶民去之，君子存之。舜明于庶物，察于人伦，由仁义行，非行仁义也。"① 在孟子看来，人和禽兽的区别十分微小，那就是人能够遵照仁义道德来行事。《大学》一文比较集中地体现了儒家学派的思想主张。《大学》中说："大学之道，在明德，在亲

---

① 杨伯峻. 孟子译注［M］. 北京：中华书局，2010：176.

民，在止于至善。"又说："古之欲明明德于天下者，先治其国。欲治其国者，先齐其家。欲齐其家者，先修其身。欲修其身者，先正其心。欲正其心者，先诚其意。欲诚其意者，先致其知。致知在格物。物格而后知至，知至而后意诚，意诚而后心正，心正而后身修，身修而后家齐，家齐而后国治，国治而后天下平。自天子以至于庶人，一是皆以修身为本。"① 儒家学者认为，每一个人都应该以修身为本，不断提高自身道德修养，达到至善的境界。修身的目的，也是为了能够齐家、治国、平天下。个人的小家和民众的国家是一体的，有了高尚的道德才能够整顿好家族事务，进而管理好国家。

　　正是因为中国人十分看重人的道德修养，所以中国人崇拜的英雄和神灵也大多有高尚的品行。《左传》中说："神聪明正直而壹者也。"② 又说："鬼神非人实亲，惟德是依。"③ 古人认为，神灵是聪明正直而专一的，并且只会护佑那些德行高尚的人。在中国古代民众观念中，生前忠义正直之人，死后也会成神。如清代小说《醒世姻缘传》中说："若是那样忠臣，或是有甚么贼寇围了城，望那救兵不到，看的城要破了；或是已被贼人拿住，逼勒了要他投降，他却不肯顺从，乘空或是投河跳井，或是上吊抹颈，这样的男子不但托生，还要用你为神。那伍子胥不是使牛皮裹了，撩在江里死的？屈原也是自己赴江淹死；一个做了江神，一个做了河伯。那于忠肃合岳鹏举都不是被人砍了头的？一个做了都城隍，一个做了伽蓝菩萨。就是文山丞相，元朝极要拜他为相，他抗节不屈，住在一间楼上，饮食便溺都不走下楼来，只是叫杀了他罢；那元朝毕竟傲他不过，只得依了他的心志，绑到市上杀了。死后他为了神，做了山东布政司的土地。"④ 在民众的心目中，伍子胥、屈原、岳飞、文天祥、于谦等这些忠贞节烈之士，他

---

①　朱熹. 四书章句集注［M］. 北京：中华书局，2016：1~2.
②　杨伯峻. 春秋左传注［M］. 北京：中华书局，2016：275.
③　杨伯峻. 春秋左传注［M］. 北京：中华书局，2016：338.
④　西周生. 醒世姻缘传［M］. 上海：上海古籍出版社，1981：435.

们死后都成了神灵。

民间信仰的神灵中确实也有少数品行不端者,如南京蒋王庙供奉的神灵蒋子文,《搜神记》记载他"嗜酒,好色,挑挞无度"。后来他任秣陵尉时,"逐贼至钟山下,贼击伤额,因解绶缚之,有顷遂死"①。蒋子文虽然举止轻佻,但因逐贼受伤而死,也并非一无可取。宋代以后,江南地区流行"五通神"的传说。五通神是一群鬼的通称,它们都是江南的山精野怪,能随意变幻,为害人间。洪迈的《夷坚志》中描述五通神说:"变幻妖惑,大抵与北方狐魅相似。或能使人乍富,故小人好迎致奉事,以祈无妄之福。若微忤其意,则又移夺而之他。遇盛夏,多贩易材木于江湖间,隐见不常,人绝畏惧,至不敢斥言,祀赛惟谨。尤喜淫,或为士大夫美男子,或随人心所喜慕而化形,或止见本形,至者如猴猱、如龙、如虾蟆,体相不一,皆矫捷劲健,冷若冰铁。"② 不过,这类神灵一般为某些地区的少数民众信奉,历代官方多认为它们是"邪神",经常会下令打击这些"淫祀"。

后世全民普遍信仰的神灵关公,是以历史上的名将关羽为原型逐步塑造出来的。三国时期的名将关羽英勇善战,又能坚守节义,忠诚于刘备。不过,他性格上也有一些缺点,为人高傲自大,轻视东吴,导致了痛失荆州、败走麦城的悲惨结局。宋元以后,经过佛道两教、文人、民间艺人等各种群体改造之后,关公变成了正气凛然、道德完美的英雄与神明。在宋元以后的各种诗文及小说、戏曲中,关公一生忠义,他追随刘备,立志恢复汉室、救国救民。他与刘备、张飞是结义兄弟,为人讲义气、重情义。他又熟读《春秋》,深明《春秋》大义。上层统治阶层所看重的忠君爱国的"忠义"精神、文人士大夫所崇尚的"节义"、下层民众所看重的"义气""情义",甚至是商人所注重的"信义",在关公身上得到了完美融合。

---

① 干宝撰,汪绍楹. 搜神记 [M]. 北京:中华书局,1985:5.
② 洪迈. 夷坚志 [M]. 北京:中华书局,1981:696.

民间信奉的各种神灵，都是民众观念的产物，关公形象所反映的也是中国各阶层民众在道德伦理上的追求。

明代以后的帝王在加封关公时不但强调他是"神"，更表彰他是"圣"。如万历年间明神宗加封关公为"敕封三界伏魔神威远镇天尊关圣帝君"，把关公称为"关圣"。清雍正皇帝在《御制重修关帝庙碑记》中说："人之道，非圣无以臻其极，至圣不可知，而谓之神。如《书》所颂'乃圣乃神'，与夫炎帝之称神农，夏禹之称神禹者，希焉。若神之道，旼旼穆穆，自日星河岳，爰逮坊庸门雷之各颛其职，靡不缘司契以定主名，则纯乎神，而非人之所得预者。生为英，殁为灵，其功德勿沫于世，世亦相与与俎豆尸祝以神之，然未有不推乎正直聪明，足立万祀人伦之表，故罩然尊而宗之，以为神圣焉。盖圣而神之，所以著圣道之精；神而圣之，所明神道之正。若是者尝求诸先圣、先师而外，厥惟关圣大帝克以当之。"① 雍正在这篇碑记中认为，神灵应该正直聪明，能够成为人伦表率，达到圣人的境界，关公就是合适的人选。圣人是古代儒家学者心目中至善、至美的人物，只有尧、舜、禹、汤、周公、孔子这样的人才有资格被称为圣人。司马光认为："才德全尽谓之圣人。"② 明清时期，在上层统治者看来，关公道德完善，可以和孔子并列，为"武圣"。

二、"正气"与"正义"

正因为关公是道德至善的神灵，他也就逐渐成了天地正气的化身。"正气"这一思想观念，来源于孟子的"浩然之气"。气是中国古代哲学范畴，它既是构造宇宙万物的材料，也是一种人的精神状态和道德境界。孟子描述"浩然之气"时说："其为气也，至大至刚，以直养而无害，则塞于天地之闲。其为气也，配义与道；无是，馁也。是集义所生者，非义袭而取

---

① 于敏中. 日下旧闻考 [M]. 北京：北京古籍出版社，1981：699~700.

② 司马光. 资治通鉴 [M]. 北京：中华书局，2010：57.

之也。行有不慊于心，则馁矣。"① 正气是充满天地的至大至阳之气，也是一种刚直不阿的气节。文天祥在《正气歌》中说："天地有正气，杂然赋流形。下则为河岳，上则为日星。于人曰浩然，沛乎塞苍冥。皇路当清夷，含和吐明庭。时穷节乃见，一一垂丹青。在齐太史简，在晋董狐笔。在秦张良椎，在汉苏武节。为严将军头，为嵇侍中血。为张睢阳齿，为颜常山舌。……"②

宋元以后，关公也成为文人笔下充满浩然正气的英雄人物。如明人杨瑞云《重建关王庙记》："余谓王，瑰伟奇硕人也，当恢宏其宇。彼时钟天地正气，扶汉正统，乃其庙卑卑城偏，如王平生何。"③ 清代名臣于成龙在《关圣帝君圣迹图志全集序》中说："天地有正气，下则为河岳，上则为星辰，中则为圣为贤，为忠孝廉节，莫非是气之充塞流行，而万古不朽者也。然自古以来，忠臣义士，以一身系国家之安危，关气运之盛衰，生而为人，死而为神，史策所载，何代无之。求其英风凛冽，历百世而如生；浩气磅蹲，亘千秋而不泯。普天崇祀，率土瞻依，譬如日月之丽乎天，容光必照；江河之流于地，触处皆通者，惟汉寿亭侯关夫子一人而已。"④ 清人毛程远《关帝庙碑序》中说："若汉之前将军寿亭关侯，依先主以兄弟为君臣，奔走吴魏间，离而复合，而其志益坚，气益壮。迨鼎足成，先主都蜀，乃留守荆州，时威震东北，浩然有一统之志。卒未就而捐躯殉祸，议者怜之，谓君相仅有责焉。然其忠义已塞两间矣。盖忠义者，乾坤之正气，人道之纲维，可以薄云天，可以扶日月，能尽是者谓之圣，谓之神，而一时之功

---

① 杨伯峻. 孟子译注 [M]. 北京：中华书局，2010：14.
② 文天祥. 文天祥全集 [M]. 南昌：江西人民出版社，1987：601.
③ 胡小伟. 关公崇拜研究系列之五：燮理阴阳：《关帝灵签》祖本及其研究·历代关庙碑刻辑存 [M]. 香港：科华图书出版公司，2005：392.
④ 卢湛，辑. 关圣帝君圣迹图志全集：卷一 [M]. 敦五堂藏版. 乾隆戊子季冬重镌.

业皆为陈迹，可置而弗道。"① 这些碑文都高度颂扬关公的"忠义"精神，认为这种精神是天地间的正气。类似文字还有不少。

正因为宋元以后关公被塑造为道德完美的英雄、天地正气的化身，所以也就逐渐成为古代民众心目中能够主持正义的神灵。正义是人类所追求的一种崇高的价值，它的最终目标是要建构公正、合理的社会秩序，实现整个社会的文明和谐。在中国古代文献中，"正义"一词最早是在《荀子》中出现。《荀子·儒效》中说："不学问，无正义，以富利为隆，是俗人者也。"② 这里是说不追求学问，不合于正道，崇尚富有利益，是世俗之人的行为。《荀子·正名》中说："正利而为谓之事，正义而为谓之利。"③ 这句话的意思是为追求功利而行动叫作事业，符合道义而行动叫作德行。《论语》《孟子》等文献中虽然没有出现"正义"一词，但用"义"或者"道"来表示"正义"的含义。《论语·里仁》中说："君子喻于义，小人喻于利。"④ 汤一介先生认为："这里的'义'可以解释为'公利'，'公利'是合乎'正义'的；'利'可以解释为'私利'，'私利'是不合乎'正义'的。所以'义利之辩'就是'公私之辩'。"⑤ 汤先生的这一解释很有道理。孟子说："得道多助，失道寡助"⑥，又说："春秋无义战"⑦，其中"道""义"都有"正义"的意思。汤先生认为："照我看，历史的研究归根结底应是揭示在历史运动过程中什么是合理的、合乎正义的。合乎正义的就是'善'的问题。"⑧ "真""善""美"中的"善"关注的主

① 胡小伟. 关公崇拜研究系列之五：燮理阴阳：《关帝灵签》祖本及其研究·历代关庙碑刻辑存 [M]. 香港：科华图书出版公司，2005：472.
② 楼宇烈. 荀子新注 [M]. 北京：中华书局，2018：131.
③ 楼宇烈. 荀子新注 [M]. 北京：中华书局，2018：446.
④ 杨伯峻. 论语译注 [M]. 北京：中华书局，2009：38.
⑤ 汤一介. 当代学者自选文库：汤一介卷 [M]. 合肥：安徽教育出版社，1999：652.
⑥ 杨伯峻. 孟子译注 [M]. 北京：中华书局，2010：78.
⑦ 杨伯峻. 孟子译注 [M]. 北京：中华书局，2010：300.
⑧ 汤一介. 当代学者自选文库：汤一介卷 [M]. 合肥：安徽教育出版社，1999：652.

要还是道德伦理问题。中国古代的儒家学者认为,"正义"和"道德"是完全一致的,只有合乎"道德"的,才是正义的。这样一种观念对中国人的思想观念有着深刻的影响。

在不少古代民众看来,只有道德高尚的人才能秉公执法、主持正义,如包公、海瑞等清廉正直的官员,一直被当作正义的化身看待。明清以后,道德完美、被尊为"圣"的关公,在很大程度上也被民众看作是正义的化身。小说《三国志通俗演义》写到玉泉山关公显圣时,文中有一段"传曰"评论关公,写道:"后累代加封义勇武安王、重宁真君。至今显圣,护国佑民。"①"护国佑民"四个字概括了古代民众对关公的看法,也反映了他们的美好愿望。明代民间流传的宝卷《护国佑民伏魔宝卷》,就是把关公当作护国佑民的神灵来崇拜。清代朝廷多次加封关公,最后的封号为"忠义神武灵佑仁勇威显护国保民精诚绥靖翊赞宣德关圣大帝",其中也有"护国保民"四字。在历代统治者看来,关公的"忠义"精神能够凝聚民心,在危难之际激励民众守护国家安定,一定程度上发挥了护国的作用。在古代民众心中,一身浩然正气的关公,也能够扶危济困、锄强扶弱、明辨善恶。当代学者马昌仪收集了许多全国各地的关公传说故事,他认为:"当代流传的关公显圣传说,突出了'护民'这一特点。在民众有难之时,关公的神灵便出现,惩治恶人,救民众于水深火热之中。因此,这类故事深受民众喜爱,流传极广。"②

中国古代民众所追求的正义也比较单纯,也就是国家安定和平、无灾无难,官员清正廉洁,社会和谐守礼,家庭友爱和睦。明清时期,各种托名关公劝善类的经书,如《关帝明圣经》《关帝觉世真经》,既是在劝导民众坚守道德规范,也是在向人民展示想象中的和谐社会。如《关圣帝君宝训像注》中说:"敬天地,礼神明。奉祖先,孝双亲。守王法,重师尊。

---

① 罗贯中. 三国志通俗演义 [M]. 上海:上海古籍出版社,1981:742.
② 马昌仪. 关公的民间传说:前言 [M]. 石家庄:花山文艺出版社,1995:13.

信朋友，和乡邻。别夫妇，教子孙。时行方便，广积阴功。救难济急，恤孤怜贫。创修庙宇，印造经文。舍药施茶，戒杀放生。造桥修路，矜寡拔困。重粟惜福，排难解纷。捐赀成美，垂训教人。冤雠解释，斗秤公平。亲近有德，远避凶人。隐恶扬善，利物救民。"① 这段文字中，除去少量的"创修庙宇，印造经文"之类的宗教宣传之后，它所呈现的就是一个想象中的文明、和谐、正义的社会，与儒家所提倡的仁政理想有不少相通之处。其中，"救难济急，恤孤怜贫""矜寡拔困""利物救民"等德行明显体现出来的是对公平正义的追求。这部书还以关公的口吻说："但有逆理，于心有愧者，勿谓有利而行之；凡有合理，于心无愧者，勿谓无利而不行。若负吾教，请试吾刀。"在这部经书的作者看来，关公就是这个理想社会的守护者，也是正义的守护者。

第二节　关公显圣故事中的"正义"观念

宋元以来，各种碑记、方志、笔记小说记载了大量关公显圣的传说故事。明清一些专门记载关公事迹的书籍，如《关帝志》《关帝祠志》《关帝征信编》中都专门设立了"灵异""灵应"等门类收集这些传说。明代穆氏编辑的《关帝历代显圣志传》是一部专门记载关公感应事迹的小说，共收录故事三十二则。民国时期太原人寒世子所编的《关帝灵感录》从各种文献中搜集整理了数百个关公显圣传说。当代学者马昌仪所编的《关公民间传说》，也收集了很多中国各地流传的关公显灵护民的故事。这些关公感应故事长短不一，但大多写关公如何扶危济困、惩处奸邪。这些神异的传

① 无名氏.关圣帝君宝训像注［M］.檀国显圣殿藏板.光绪壬午本。

说极有可能是崇拜关公的古代民众虚构编造而成，但是它们反映了民众对社会正义的强烈追求，对我们了解中国古代民众的心态和观念有较大的帮助。

一、裁决案件、明辨是非

宋元以来，民间有不少传说是关于关公显圣明辨是非、裁决案件的。中国古代的司法体系不太完善，官场腐败现象十分严重，刑侦手段落后，导致冤案时有发生。百姓常常企盼有清正廉洁的官员或公正无私的神明来帮助他们伸张正义。中国古代的戏曲、小说中有大量的包公、海瑞等清官的传说故事，它们反映的正是民众对正义的向往。在许多传说故事中，关公也像包公一样大公无私，通过托梦、神签、显灵等方式帮助民众主持正义，如《海盐县续图经》中记载：

> 李璋，字宗祐，号鹿城，令江右新城。民有杨玉，同稚侄杨祥往闽生理。归至长窠村，遇盗杀劫，祥归报。举家及邻不疑为祥也。璋以凶人未获，默祷于署中关帝神前，梦见一杀羊，攫负二囊伏地。因思："羊乃祥之半。"随于次日鞠祥，祥不吐实。遂问玉子大毛曰："祥归负二囊何在？"其子愕然曰："果有二囊，但仓卒未经检阅。"往取之，有血溅数点，即密遣人往祥室搜视。得一小包，内有血刃，并白银数锭，及玉生前带佩之物。举以视祥，不假桁杨，而祥自俯首伏罪。虽曰神之昭示，实璋之至诚感神，乃能烛奸也，一邑咸有神明之颂。①

在这个故事中，关帝通过托梦的方式帮助官员李璋侦破了疑难的案件。

---

① 太原寒世子. 关帝灵感录 [M]. 上海：上海道德书局，1937：115~116.

关公所托之梦中，也出现了中国古代小说中常常使用的拆字法。

袁枚小说《子不语》记载多个关公显灵断案的故事，如《十八滩头》这样写道：

> 湖南巡抚某，平时敬奉关帝，每元旦先赴关庙，行香求签，问本年休咎，无不应验。乾隆三十二年正月一日，诣庙行礼毕，求得签有"十八滩头说与君"之句，因有戒心，是年虽浅水平路，必舍舟坐轿。秋间为侯七一案，天使按临，从某湖过某地，行舟则近而速，起旱则远而迟。使者欲舟行，公不可，乃以关神签诀，诵而告之，使者勉从而心不喜。未几，贵州铅厂事发，有公受赃事，公不承认。而司阍之李奴，必欲扳公，说此银实送主人，非奴所撞骗。时李已受刑，两足委顿，奴主争辩不休。使者厉声谓公曰："十八滩头之神签验矣。李字，十八也；委顿于地，瘫也；说此银送与主人，是送与君也：关圣帝君早知有此劫数，公何辩之有？"公悚然，遂认受赃而案定。①

在这个故事中，关帝通过神签先向湖南巡抚暗示了赃官李某的罪行。巡抚严刑讯问李某，李某争辩不休。但是当巡抚拿出神签后，李某在惊惧中低头认罪。

清人陈尚古《簪云楼杂说》中记载了一个优伶装扮关公帮助冤魂洗雪冤情的故事：

> 有优者不知名姓，明万历间，在吴门演剧。诸伶相谓曰："闻某家楼宿辄死，今夕有能寝者，当以酒劳之。"大净卒然许诺，已

① 袁枚. 子不语［M］. 上海：上海古籍出版社，2012：274.

而中变,小生、副末亦然。大净曰:"三人同住可乎?"众曰:"诺。"大净扮关公,余扮平、仓从。初唱"大江东",众遥语之曰:"若尔,祟不作矣。"遂兀至三更。闻楼下哭甚哀,哭已登楼,宛然无首尸也。以两手掔其颅,直前拜跪。生若末,心悸无措,大净独喝曰:"汝何来?"曰:"冤鬼江西饶州府德安县人,罗姓汝俊名。三十六年,装米三百五十石,投枫桥吴观海,售银五百余两,而观海致之死。"大净曰:"汝之冤固也。然何缘发其实?"曰:"行凶则家人吴富杨三也。尸瘗梯下,用大石横覆,三年不得伸,唯大圣怜察。"大净曰:"汝既负冤,祟何也?"曰:"冀获申理,不意皆自怖而死,非某之罪也。"大净曰:"冤当雪,汝置彼于法。汝姑息心以待,慎勿呈形害人,以干天纪。"鬼唯唯而去。①

小说中后来优人向官府举报,冤鬼的冤情得以洗雪。这个故事描写得精彩生动,正如宁稼雨先生所说,"其格调清新健康,毫无鬼蜮之厌庇人"②。故事中关公虽然没有显圣,但优人仅靠一身关公的装束就镇住了无头冤鬼,并最终为其伸张正义,关公影响力之大也由此可见一斑。

许多关公显灵故事中,关公断案时不仅仅能明辨是非,还会教化、引导民众,维护社会秩序。如袁枚《子不语》卷九记载了这样一个故事:

杭州沈丰玉,就幕武康。适上宪有公文饬捕江洋大盗,盗名丰。幕中同事袁某与沈戏,以硃笔倒标"沈丰玉"三字,曰:"现在各处拿你。"沈怒,夺而焚之。是夜,沈方就枕,梦鬼役突人,锁至城隍庙中。城隍神高坐,喝曰:"汝杀人大盗,可恶!"

---

① 太原寒世子. 关帝灵感录 [M]. 上海:上海道德书局,1937:137.
② 石昌渝. 中国古代小说总目:文言卷 [M]. 太原:山西教育出版社,2004:653.

呼左右行刑，沈急辨是杭州秀才，非盗也。神大怒曰："阴司大例，凡阳间公文到来，所拿之人，我阴司协同缉拿。今武康县文书现在，指汝姓名为盗，而汝妄想强赖耶？"沈具道同事袁某恶谑之故，神不听，命加大杖。沈号痛呼冤，左右鬼卒私谓沈曰："城隍神与夫人饮酒醉矣，汝只好到别衙门中冤。"沈望见城隍神面红眼眯，知已沉醉，不得已忍痛受杖。杖毕，令鬼差押往某处收狱。路经关圣庙，沈高声叫屈，帝君唤入，面讯原委。帝君取黄纸硃笔判曰："看尔吐属，实系秀才。城隍神何得酗酒妄刑？应提参治罪。袁某久在幕中，以人命为儿戏，宜夺其寿。某知县失察，亦有应得之罪，念其因公他出，罚俸三月。沈秀才受阴杖，五脏已伤，势不能复活，可送往山西某家为子，年二十登进士，以偿今世之冤。"判毕，鬼役惶恐，叩头而散。沈梦醒，觉腹内痛不可忍，呼同事告以故，三日后卒。袁闻之，急辞馆归，不久吐血而亡。城隍庙塑像无故自仆。知县因滥应驿马事，罚俸三月。①

在这个故事中，同僚袁某的无端戏弄及知县的失察、酗酒城隍的妄断，导致小吏沈丰玉无故横死。关公严厉惩处了袁某、知县及城隍，为沈丰玉洗雪了冤情，维护了社会秩序。故事中的袁某很快就"吐血而亡"，也是要告诫官员们不要"以人命为儿戏"。

袁枚的《子不语》中还有一篇《关神断狱》也十分有趣，小说中写道：

> 溧阳马孝廉丰，未第时，馆于邑之西村李家。邻有王某，性凶恶，素捶其妻。妻饥饿，无以自存，窃李家鸡烹食之。李知之，

告其夫。夫方被酒，大怒，持刀牵妻至，审问得实，将杀之。妻
大惧，诬鸡为孝廉所窃，孝廉与争，无以自明，曰村有关神庙，
请往掷杯珓卜之，卦阴者妇人窃，卦阳者男子窃。如其言，三掷
皆阳，王投刀放妻归；而孝廉以窃鸡故，为村人所薄，失馆数年。
他日有扶乩者，方登坛，自称"关神"。孝廉记前事，大骂神之
不灵，乩书灰盘曰："马孝廉，汝将来有临民之职，亦知事有缓急
重轻耶？汝窃鸡，不过失馆，某妻窃鸡，立死刀下矣。我宁受不
灵之名，以救生人之命。上帝念我能识政体，故超升三级，汝乃
怨我耶？"孝廉曰："关神既封帝矣，何级之升？"乩神曰："今四
海九州，皆有关神，焉得有许多关神分享血食？凡村乡所立关庙，
皆奉上帝命，择里中鬼平生正直者，代司其事。真关神在帝左右，
何能降凡耶？"孝廉乃服。①

在这个故事中，关帝袒护了窃鸡的妇人，导致马孝廉蒙冤，看起来是
违背了正义的原则。但关帝向马孝廉解释：如果不袒护妇人，她将会被暴
虐的丈夫杀死。孝廉蒙冤，却绝不会有生命危险。所以在这种情形下，救
助弱者就成了更为重要的正义。

两千多年，儒家思想对中国社会产生了深远的影响。儒家在社会治理
方面，一直提倡以教化为主、刑罚为辅。《论语·为政》中记载："子曰：
'道之以政，齐之以刑，民免而无耻；道之以德，齐之以礼，有耻且
格。'"② 孔子认为，国家通过行政、刑罚来管理民众，他们只能暂时不会
犯罪，却没有廉耻之心。如果用道德、礼法教化民众，他们不但有廉耻之
心，还会心悦诚服。所以孔子一直希望整个社会能尽量朝着"无讼"的目

---

① 袁枚. 子不语 [M]. 上海：上海古籍出版社，2012：23.
② 杨伯峻. 论语译注 [M]. 北京：中华书局，2009：11.

标努力，他说："听讼，吾犹人也，必也使无讼乎!"① 李泽厚认为："自秦汉专制帝国形成后，法律体例及实施中，贯串的仍然是儒家的重道德、重孝慈、重人情（所谓'合情合理'）的基本精神及教义，即所谓'援礼人法，融法于俗'的礼法传统。"②

在不少关帝断案故事中，都能看出一种明显的重道德、人情胜过法律的倾向，如蒲松龄《聊斋志异》中的一篇小说《考城隍》也与关公有关，小说中写道：

> 宋公讳焘，邑庠生。一日，病卧，见吏人持牒，牵白颠马来，云："请赴试。"公言："文宗未临，何遽得考?"吏不言，但敦促之。公力病乘马从去，路甚生疏。至一城郭，如王者都。移时入府廨，宫室壮丽。上坐十余官，都不知何人，惟关壮缪可识。檐下设几、墩各二，先有一秀才坐其末，公便与连肩。几上各有笔札。俄题纸飞下。视之，八字云："一人二人，有心无心。"二公文成，呈殿上。公文中有云："有心为善，虽善不赏；无心为恶，虽恶不罚。"诸神传赞不已。召公上，谕曰："河南缺一城隍，君称其职。"公方悟，顿首泣曰："辱膺宠命，何敢多辞? 但老母七旬，奉养无人，请得终其天年，惟听录用。"上一帝王像者，即命稽母寿籍。有长须吏，捧册翻阅一过，白："有阳算九年。"共踌躇间，关帝曰："不妨令张生摄篆九年，瓜代可也。"乃谓公："应即赴任；今推仁孝之心，给假九年。及期当复相召。"又勉励秀才数语。二公稽首并下。秀才握手，送诸郊野，自言长山张某。以诗赠别，都忘其词，中有"有花有酒春常在，无烛无灯夜自

---

① 杨伯峻. 论语译注 ［M］. 北京：中华书局，2009：126.
② 李泽厚. 论语今注 ［M］. 北京：生活·读书·新知三联书店，2004：334.

明"之句。公既骑，乃别而去。及抵里，豁若梦窹。①

　　小说中的城隍，是阴间守护城池的神灵，也常常负责审判各种案件。小说所讲述的虽然是关于阴间世界的故事，但反映的其实还是现实中人的思想观念。故事中主持城隍选拔考试的有十几位神灵，但最引人注目的还是"关壮缪"，也就是关公。士子宋焘之所以被关公等神灵选中，是因为他答卷中的一句话："有心为善，虽善不赏；无心为恶，虽恶不罚。"这句话很好地反映了中国古代的法律观念和正义观念。它强调，判断一个人的是非善恶，不能仅靠行为、事实，还要从动机、人情、道德的层面来综合考量。只有这样，才算实现真正的正义。

　　明清以后的一些官员在执法、行政时，也常把关公作为榜样来学习。如刘廷玑的《在园杂志》中记载："张遂宁（鹏翮）先生平生极爱关夫子，极慕诸葛武侯之人品学问，关帝集有志书二本，武侯集有忠武志八册，俱考订详明，可法可传。总河行署川堂后，有厅事三楹，南面供奉关帝像，旁周将军持刀侍立，西面设几案，遂宁先生端坐办理公务。幕中无一友，一应案牍，俱系亲裁。有时集寮属商略，稍有私曲，即拱手曰：'关夫子在上，监察无遗，岂敢徇隐？'间有以密语干渎者，即曰：'周将军刀锋甚利，尔独不惧耶？'"② 在张鹏翮看来，关公是一位明察秋毫、公正无私的神灵，官吏们的一举一动都在他的监督之下。

　　宋元以后，因为传说中关公精通《春秋》的缘故，不少士子也开始崇拜他。科举考试对中国古代士子来说，是人生的头等大事。但是，古代的科举考试也难以做到完全公平，不少德行高尚、才华过人的知识分子一生困顿科场，这在不少古代小说如《聊斋志异》《儒林外史》中都有生动的描写。在许多民间流传的关公感应故事中，关公也是在科场中主持正义的

---

① 蒲松龄. 聊斋志异［M］. 上海：上海古籍出版社，2010：1.
② 朱一玄，刘毓忱. 三国演义资料汇编［M］. 天津：南开大学出版社，2012：563.

神灵。在这些故事中，关公公正地惩罚了那些奸邪之人，帮助那些品行高洁之人，如《科名显报录》中记载：

> 高承惠，庚子入闱，梦关圣执大刀，监察场屋，命之曰："今年三十名，乃耿某也。上帝以其心术不端、口是心非，斥削其名，已易子矣。"既而榜发，果中三十名。入谒房师，师告曰："汝卷本不佳，因某号卷内，有触犯时政语，故以汝补之。"高启某号落卷，视之正耿某也。①

在这个故事中，关公"执大刀，监察场屋"，表现得极为铁面无情，士子耿某因为"心术不端、口是心非"被关帝削去了功名。又如李炘的《卢县志》中记载：

> 任佐作廷辅，性端方正直。里有关侯庙，夙著灵显。佐童年读书庙中，时时祝侯前，以忠义自矢，生平不作一非理事，故终身蒙侯庇。景泰庚午科，任佐秋试，棘闱火，烈焰烛天，势若燎原。佐仓皇惊愕，不知所出。恍惚间见侯掖佐掷墙外，得不死。应科士俱被焚，生者仅七人。事闻，上愍之，恩赐及第，佐与焉。②

在这个故事中，任佐因为为人正直、从不做非理之事，在考场大火中被关公救出。袁枚《子不语》卷二十一《福建解元》：

> 裘文达公典试福建，心奇解元之文，榜发后，亟欲一见。昼

---

① 太原寒世子. 关帝灵感录［M］. 上海：上海道德书局，1937：137.
② 太原寒世子. 关帝灵感录［M］. 上海：上海道德书局，1937：137.

坐公廨，闻门外喧嚷声，问之，则解元与公家人为门包角口。公心薄之，而疑其贫，禁止家人索诈，立刻传见。其人面目语言，皆粗鄙无可取。心闷闷，因告方伯某，悔取士之失。方伯云："公不言，某不敢说。放榜前一日，某梦文昌、关帝与孔夫子同坐，朱衣者持福建题名录来，关帝蹙额云：'此第一人，平生作恶武断，何以作解头？'文昌云：'渠官阶甚大，因无行，已削尽矣。然渠好勇喜斗，一闻母喝即止，念此尚属孝心，姑予一解，不久当令归土矣。'关帝尚怒，而孔子无言。"此亦奇事。未几某亡。①

小说中，福建某士子被选中为解元，但他为人粗鄙、作恶多端。发榜前，文昌君、关帝和孔子三位掌管科举的神灵为此发生了争论。后来因为他还有点孝心，所以才定他为解元，不过此人很快就去世了。类似关公显灵的科场故事极多，它们表现的是士子们对科举公正的渴求，也包含着浓重的惩恶劝善的道德意图。

二、救助忠臣孝子

中国古代社会中，民间还流传着不少关公救助忠臣孝子、惩治奸邪恶徒的故事。古代民众深受因果观念的影响，认为善必有善报、恶必有恶报，但是在古代不完善的社会制度下，因果报应的法则常常失灵。司马迁在《伯夷列传》中感叹："或曰：'天道无亲，常与善人。'若伯夷、叔齐，可谓善人者非邪？积仁洁行，如此而饿死。且七十子之徒，仲尼独荐颜渊为好学。然回也屡空，糟糠不厌，而卒蚤夭。天之报施善人，其何如哉？盗跖日杀不辜，肝人之肉，暴戾恣睢，聚党数千人，横行天下，竟以寿终，是遵何德哉？"② 古代的民众无奈之下，也只能将希望寄托在神灵身上，希

---

① 袁枚. 子不语 [M]. 上海：上海古籍出版社，2012：283~284.
② 司马迁. 史记 [M]. 北京：中华书局，1963：2124~2125.

望神灵能够惩恶扬善。

在不少民间传说中，关公都是忠臣、孝子、善人的守护神。如明代嘉靖年间，奸臣严嵩受到嘉靖皇帝的宠信，为非作歹，陷害了大批忠义之士。在许多传说故事中，关公主持正义，救护了不少遭受严党迫害的忠良及其家人，如蒋超《滦州志》记载：

> 厉汝进记云：嘉靖丁未，汝进在谏垣，以直言忤时宰，被谪滇南。至己酉，行及中途，置眷属于岳阳，乃携幼子赴滇。封妻孺人，虑贵途险阻，且旋复迟之。昼而瞑目，忧溃间，见神者红服，绐红骥，示之曰："而勿忧，夫将至矣。吾当还往，有吾照拂。"妻惊惧，不知神之为谁。汝进回，具以所见告。进即焚香拜祝曰："进何忠直节义，能感神如斯，愿图无负神庇。"庚戌春，时宰竟构陷，罢斥归田。进因谒先茔，见神庙宇无存，始知被燬，已四月矣。因走告州守，扩而大之，先后历十七年始竣。①

文中所说的"时宰"，就是严嵩。厉汝进上疏弹劾严嵩，被廷杖八十，贬官云南。前往云南要经过贵州，道路十分艰险。这个故事中，他一路得到了关公的救护，才顺利与家人团聚。还有著名的锦衣卫经历沈炼，上"十罪疏"弹劾严嵩，被迫害致死。他的儿子沈襄几经波折，才死里逃生。冯梦龙《喻世明言》中的《沈小霞相会出师表》一篇就讲述了沈炼父子的悲惨遭遇。明代小说《关帝历代显圣志传》、明人王同轨的《耳谭》中都记载了关帝护佑沈炼、沈襄父子的故事。《耳谭》中这样记载：

> 民部郎沈襄，山阴人，以其父锦衣经历公炼，抗疏论奸相嵩

---

① 太原寒世子. 关帝灵感录［M］. 上海：上海道德书局，1937：176~177.

过激，徙置绝徼，寻弃市。公诸子皆冤死，复捕襄系狱且久。一日，狱吏持饭饭襄，凡囚死例给饭。时两台使皆相私人，受相指，欲毙襄狱中，俾沈氏无噍类。襄亦知之，但强饭待毙。白日忽异香满室，神御赤马，盘舞自云中语曰："我关某也。汝忠义之子，故来救汝，汝不死。"语讫，戛刀入云中，狱中人皆见之。至夜半，狱外喧声动地，两台使皆以他疏被逮去，身系银铛，后一死，一从戎。而襄果出，盖神力所扶救也。襄后令安乡，构侯庙，日夕展拜。予友胡载道过安乡，襄自述之事如此。①

在这个故事中，沈炼死后，他的儿子沈襄被捕入狱。严嵩指使人暗害沈襄之时，关公突然出现，赞许沈襄是"忠义之子"，救他出狱。

在某些传说中，清廉正直的官员也常常得到关帝的救助。如清人王复礼的《季汉五志》中记载：

胡维新记云：弘治末，余姚支湖胡公铎，任解州，敬神爱民，解人德之。比任满将行，先日，武安王令巫致一函，内云："水一盂，香一炷，马万匹，中途当有阴卫耳。"支湖莫知所谓。行日，夹道居民，门设净水一盂，蒸香一炷，过则老幼拜送，以申感戴。行至蒙城境，时流贼刘七等猖獗，适与贼遇，望中尚隔里余，支湖惶怖无策。忽大风拔木扬沙，白昼晦冥，阴云中现一关字大旗。知神默卫，乘暗亟行，与贼相左而过。鲁人至今异之。②

这则故事中的刘七，是明正德初年著名的农民起义领袖刘七。胡铎行至安徽蒙城时，与刘七起义军相遇。因为他为官清正爱民，所以得到了关

① 太原寒世子. 关帝灵感录 [M]. 上海：上海道德书局，1937：131~132.
② 太原寒世子. 关帝灵感录 [M]. 上海：上海道德书局，1937：18.

公的救助，躲过一劫，类似关公护佑忠臣、清官的故事极多。关公以忠义著称，所以在民众的心目中自然而然地就成了忠臣义士的守护神。

中国古代极为重视孝道，孝子一般会得到社会各阶层广泛的赞誉与尊敬。在不少关公显圣故事中，他也常常无私地帮助那些处于危难中的孝子及其家人，如清人黄正元所编的劝善书《御虚阶》中记载：

> 昔有少年某，事母极孝，家奉帝君甚灵赫。某被害充军，途中有帝庙，虔诣焚香，遂凭几而卧。恍惚间见帝出座指之曰："汝事母极孝，今有难，吾当救汝。"即携之马上，灵风护送，顷刻抵家。回看乘马，倏然风引而去，乃知帝庙中泥马。①

这则故事中，关公救助了被害充军的少年孝子，送他还乡。少年事后才知道自己所乘之马是庙中泥马。这一情节在民间故事中经常见到，如南宋时期就有"泥马渡康王"的传说。又如清人徐岳的《见闻录》中记载：

> 马天驷，孝感人，少警悟，好读书。康熙丙午，补博士弟子员，旋食饩。乙卯七月，赴省试，闻贼逼三衢，复反家。贼猝至，驷父出奔，遇贼将刃之。驷以身蔽，泣诉曰："此我父，愿毋加害，可杀我。"贼竟杀其父，驷跃起夺贼刃，连杀数贼。贼众至，乃杀驷。其妻余氏，遁于烂柯山。时孕已弥月，迨分娩前一夕，梦关侯告曰："汝夫为父死，不可令无后。我当与汝子。次日，果生一子。贼又至，贼首见关侯轮刀立云际，贼马皆止，策之不前，不敢登山而回。一方赖以无虞。孝子之感神如是哉！"②

---

① 太原寒世子. 关帝灵感录［M］. 上海：上海道德书局，1937：36.
② 太原寒世子. 关帝灵感录［M］. 上海：上海道德书局，1937：22~23.

文中的"贼",指的是康熙年间三藩之乱中的乱军。马天驷是少有的孝子,贼人将要杀害他的父亲,他苦苦哀求,愿意替父赴死。贼人杀死他的父亲后,他又手刃数贼,壮烈而死。故事中,关公也敬重这位孝子,护佑了他的妻子和刚出生的儿子。类似的关公救助孝子的故事极多,这也足可见孝道观念对中国人影响之深。

在一些民间传说中,积德行善的人也常常受到关公的护佑。江苏江阴一带流传着一个《关公双指救帆船》的故事。相传明万历年间,江阴的一个镇市中有一个名顾言的绅士,他腰缠万贯,"生就一副慈善心怀,凡是地方上有什么公益善事,总是尽量的捐助;至于恤贫怜弱的举动,也是数不胜数"。有一次顾言外出至南京,坐帆船返回江阴。半路上,长江上突然刮起一阵厉风,帆船在巨浪中挣扎,眼看就要沉入水底。这时一声雷鸣,关公带领关平、周仓现身于半空中。"关神将用手一指,霎时间忽的风平浪静,天也大放光明,于是大家险些失去的三魂六魄,仍各归于原位,舟人慢慢把水弄出船外,整理清楚了损坏的物件,行到镇江停泊宿夜。"① 这个故事包含明显的劝诫世人行善的意图,故事所要告诉我们的是,正因为顾言平日积德行善,所以关公才显圣救助了他。

三、惩治奸邪恶徒

中国古代社会中,因为社会的不平等、司法体系的不完善,不少地主恶霸、匪徒奸人为非作歹,却没有得到应有的惩罚。他们扰乱了社会秩序,对平民百姓的生活构成了很大威胁。普通民众无奈之下,只能将希望寄托在神灵身上。在很多民间传说中,关公常常惩奸除恶,为民众主持正义,如《感应善过格》中记载:

---

① 马昌仪. 关公的民间传说:前言 [M]. 石家庄:花山文艺出版社,1995:318.

筧桥程贡生者，性嗜利。有村僧募建关帝祠，求程书缘。一里人从旁怂恿，将所募数百金，悉贮程家。后需费，向程取之，程诬里人。里人被众切责，抑郁而死。死之日，自言："我必诉之关帝！"壬辰除夕，邻人梦程领背钩起，悬于梁上。程由是生一对口疽，久渐愈。邻以梦告程曰："吾是夜梦与汝符。"卜曰："将延黄冠建醮。"俄患处复溃烂透喉，戚友过访，皆闻铁索声。子妇登楼，见青面狰狞者，持索立程旁，惊堕楼下，而程气绝矣。①

这个故事中，一个贡生为贪图钱财，诬陷乡民，导致他人死亡。关帝显灵使贡生身染恶疾而暴死，罪行得到应有惩处。

清人张浮槎《秋坪新语》中记载的关公惩处豪强的故事更为生动，小说中写道：

江右日者罗邦治，寓姑苏城隍庙。除夜，梦阖庙内外，粪除甚整洁。罗询之，除者曰："迎关帝。"曰："可窥乎？"曰："可，但勿作声。"须臾，报帝君驾至，众客各肃列。见一尊官，公服磬折，侍于檐下。罗望门外寂然，方流盼间，忽见片云自空而下，飞入殿庭。官即向上参礼，侧坐于下，而置一小案。小案上物不能睹，亦不能睹帝君状也。忽闻大言："本郡某人之案议妥未？"官起鞠躬曰："议就，当焚之。"曰："不尽，不足蔽辜。"曰："疫之。"曰："不速，不快，不显。"曰："然则沉之？"曰："可。"即见片云自殿庭飞去，如霹雳声。罗顿惊寤，念所议某者，郡中豪富也。数世为富不仁，远近闻其风者，咸惮之。知富得恶报，然不解作何沉法。又念乱梦耳，不甚置意。

① 太原寒世子. 关帝灵感录［M］. 上海：上海道德书局，1937：23~24.

后值天中节，往观竞渡于太湖。澄波浩瀚中，金鼓彩旗，龙舟梭织，往来不可悉数。岸上士女，指画笑语，层叠如堵。蜂屯蚁聚，袂云汗雨，不足方其概也。正注目间，湖中舟舫，遥遥分列，若有所避。罗讶之，众指而目曰："某家之舸来矣。"见三螭舫，跃波而至，窗纱洞启，油幕高张。中列几榻器玩，陆离璀璨，莫能名状。其持篙鼓楫人，皆丰躯长鬣，服饰鲜整。而粉白黛绿，鬓鹅扇影，迷离掩映于虾须雾縠中者，如云而如荼也。豪华服玉珮，高坐舫首，芝盖羽扇，妖童夹持，指挥顾盼，意气不可一世。罗不禁啧啧曰："乐哉若人，人生不当如是耶！"俄而湖心羊角风起，洪涛儵立，吹三舟旋转波心，如断蓬败叶，滚滚不定。但闻满船悲号，他舟亦掀簸撞击，一时呼声震天地。岸上观者，无不恐怖失色，鸟兽奔窜。转瞬风息，他舟无恙，惟三舟尽沉水底，仅露樯竿数尺耳。水嬉因之而罢。罗归，闻人纷纷言豪家出入不平，今罹此奇祸。顿触旧梦，深叹报应之不爽也。是行也，某盖尽族登船，片时俱溺，无一存者，家财为戚族瓜分矣。①

这篇小说虽然是一个宣扬因果报应的故事，但描写极为精彩，是一篇难得的佳作。故事以罗某的经历为线索，他耳闻、目击关公惩治豪强的整个过程。故事开端，罗某在城隍庙中听到关帝降临，下旨惩罚豪强。关帝在与城隍讨论惩罚方式时，要求惩罚要迅速，还要在大庭广众之下进行，最后决定用沉水的方式。但故事却留下悬念，没有告诉读者具体如何执行。下文开始描写端午节时，罗某看到太湖中龙舟竞赛的场景。满城百姓聚集岸边，人山人海。就在这时，豪强带领三舟入场，故事进入了高潮。小说对豪强奢靡浮华的生活、顾盼自雄的气度做了细致描写。甚至旁观者罗某

---

① 太原寒世子. 关帝灵感录［M］. 上海：上海道德书局，1937：138～139.

都感叹："人生不当如是耶!"但突然间,一阵大风袭来,豪强和他的三条豪华大船都沉入水底。小说中关帝的铁面无情、豪强的不可一世和罪有应得的结局,都给人留下了极为深刻的印象。

在一些民间故事中,关公也常常直接铲除谋财害命的奸人,救助无辜的弱者,如明人王兆云的《乌衣佳话》中记载:

> 张尚书磐石未第时,读书法云寺。偶游方丈,漫以手敲僧门,门隙忽递一钥匙。启之好女在焉。女曰:"公泄渠事,彼将不利于公。奈何?"磐石踽踽无计,伏案沉思假寐,梦关圣云:"汝无震慑,吾当救汝。第取吾案旁木刀,紧支方丈扉耳。"醒如其言。僧忽归,推门刀倒,断僧脰。磐石持刀,报有司,详述颠末。有司曰:"此必尔所杀也,焉有木刀而杀斩人者?"置之狱。是夜复示梦云:"汝当白有司,取原刀植于庭,令取囹圄中当死囚,伏其旁试之,吾自有应也。"有司勉从之,置多囚于庭。磐石呼曰:"关帝有灵,使弟子不当覆盆也。"忽木刀自跃,竟断一盗魁头,血漉漉庭下。有司大骇,释之,焚其寺,放女归,申文报当道焉。①

在这一故事中,寺中恶僧窝藏妇女,被士人发现后,还要杀人灭口。关公以木刀斩杀僧人,又为士人洗雪冤情。又如《感应功过格》中记载:

> 明万历间,会稽史某,蓄米百石,日望年荒得价。时价已一两二钱,史犹未足。乃求珓于帝云:"可到一两四钱否?"帝许之。又云:"可到一两六钱否?"帝又许之。又云:"可到二两否?"恍惚见帝抽刀出案,斫其头下。史疾奔回,与妻言其故,即

---

①　太原寒世子. 关帝灵感录 [M]. 上海：上海道德书局,1937：63.

仆地死。①

这一故事中的奸商史某,在灾害之年囤积居奇、牟取暴利,与谋财害命无异。他贪得无厌,到关庙去求签问神,希望粮价能涨至二两银子一石。愤怒的关公抽刀斩向此人,他回家后很快倒地身亡。在这两个故事中,关公的青龙刀也成了正义的象征。

马昌仪收集的关公民间故事中,有一个流传于河北广宗的《关公怒斩无学鬼》的传说,也十分有趣。相传有一个财主名叫吴学,他不学无术,却嫉妒他人中秀才、中举人。于是,他四处活动,花了很多钱捐了个监生的头衔。临死之时,他还花钱买通县令,希望能把自己的灵牌送进文庙,受民众祭拜。吴学死后,他的灵牌被送入文庙,他的灵魂也进庙拜见孔子,口称"弟子"。这时,孔夫子正邀请财神、仓神和关公三人在文庙做客。孔子认为吴学不学无术,不收这个弟子。财神和仓神都收了吴学的好处,他们开始争抢着让吴学做自己的弟子。关公心想:"这个吴学不学无术,却神通广大,他竟把路子买到阴曹地府和仙界来了,这还了得。我岂能饶过。只见他凤眼圆睁,把青龙偃月刀挥,高声叫道:'圣人莫气恼,二位不要吵,这个无学鬼,吃我青龙刀。'说罢,手起刀落,把吴学的鬼头砍了下来。"② 在这个故事中,不学无术的吴学靠财物买通了县令,甚至买通了财神、仓神,作者显然是在讽刺古代社会的黑暗、腐朽,关公在故事中成了真正为民众主持正义的神灵。

四、救民众于战乱、灾难

中国古代社会战乱比较频繁,尤其是外敌入侵或改朝换代之时,经常

① 太原寒世子. 关帝灵感录 [M]. 上海:上海道德书局,1937:116.

② 马昌仪. 关公的民间传说:前言 [M]. 石家庄:花山文艺出版社,1995:311~312.

会动荡不息。在战争中，无依无靠的普通民众成为直接的受害者。每一次动乱，都会造成生灵涂炭，无数家庭妻离子散。民众无奈之下，也只能寄希望于神灵，祈求得到救助。关公原本就是三国时期的名将，英勇善战、武艺超群，所以在许多民间传说中，关公自然就成了救助民众脱离战乱，恢复和平生活的正义之神。马昌仪认为："作为忠勇和正义的化身，所向无敌的战神，关公的神灵常常出现在各种各样的抗敌、剿匪，甚至抗日救国的战斗之中，助民取胜。"①

据《太原府志》记载："祁县北白村里，绝险可避兵。正统十四年，虏围寨。其夜寨中武安王庙刀鸣，民家金铁皆有声，众惧不祥。次日寇解去，夜见寨上火光，及闻人马声，疑有备也。"② 故事中写明正统年间关庙大刀无故自鸣，村中居民家中金铁也都发出声响，十分奇异、有趣。又如清孙之騄的《二申野录》中记载：

> 正德辛未，流寇肆劫，自相、卫入晋。六月至潞之西火镇，城中戒严。苏店镇去城仅十里，万骑压境，烟尘蔽天。乃经宿逡巡而反，莫知所谓。后有被掠还者，言见潞城下，有一大人，长数丈，金甲赤面。马群嘶，策不敢前。忽大风飞走砂石，贼惊窜倒戈，昼夜行二百里，下太行稍息。或曰武安王显灵。③

文中的潞州即现在的山西长治市。这则故事中，写明朝正德年间流寇侵扰河南北部，又进入山西。长治的苏店镇因为有关公的守护，才免于战乱。

明朝嘉靖年间，倭寇侵扰我国东南沿海。民间传说中，关公多次显圣

---

①　马昌仪. 关公的民间传说：前言 [M]. 石家庄：花山文艺出版社，1995：13.
②　太原寒世子. 关帝灵感录 [M]. 上海：上海道德书局，1937：155.
③　太原寒世子. 关帝灵感录 [M]. 上海：上海道德书局，1937：156.

救护民众，协助军民抗倭。如《神武传》中记载：

> 嘉靖乙卯，倭围浙江余姚，城几陷。灵绪山之西，有关帝庙。百姓往求关帝救护，号哭在地。忽庙中阴云四起，狂风大作，共听有人扬声曰："汝等何不开门迎战！"姚人闻言，急趋出庙，见空中阴云四布，关帝持刀向前，从东南出。合城百姓一时遍传关王助阵，齐声而噪，开东南门杀出。姚人奋力当先，倭兵自相践踏，死者不可胜计，逃脱者仅三分之一。于是恢大帝庙以报其恩。①

在这则故事中，倭寇侵犯浙江余姚，城池将要陷落之际，余姚民众得到关帝护佑，大败敌人。事实上，余姚民众打败倭寇，靠的是他们自己的齐心合力、奋勇杀敌，关帝只是在精神上起到了一种鼓舞士气的作用。又如《台州府志》记载：

> 天台崇和门外有关庙久圮，庙旁有大木。嘉靖丁巳，飓风仆之，百夫莫能起，佥谓王之灵，舍而他栖也。自是倭频寇台。戊午夏，贼万余，直抵城下，大肆抢劫。辛酉四月朔震电，木立如初。或曰："岂王之灵复栖耶？"唐宪副、戚参戎往祭之。未几，倭寇花街，戚提兵一鼓悉就擒。倭言冲锋中，有绯衣赤面者，盖王之灵也。于是总制胡宗宪檄新其庙，即以所立木肖王像。②

这则故事中写戚继光在台州一带作战时，关公曾显灵助其抗倭。在这一传说中，倭寇来犯时，台州关庙前倒地的大树突然直立如初。

---

① 太原寒世子. 关帝灵感录 [M]. 上海：上海道德书局，1937：84.
② 太原寒世子. 关帝灵感录 [M]. 上海：上海道德书局，1937：157.

明末清初，战乱持续有数十年之久，全国各地民众都深受其害。这一时期，民间流传的关公护城、救民的传说也很多。如《湘山志》中记载：

> 崇祯戊寅，临蓝山寇陈朝龙、李君楚众盈万，出掠衡、永、长、袁，州县多被陷。蔡都阃御之，木瓜华守戎御之，双桥溃。三月十三日，猝之城下。婴城分堞，泛守戒严，如是者半月。城中力稍竭，望援且不至。贼更造云梯数十，趑趄不前。越数日，募敢死士，夜出焚梯。擒一守梯人，诣州鞠之，云："目见城头红光数丈，光中现关帝，跨马横刀，故不敢攻。"①

湘山在今广西全州一带。明朝末年，陈朝龙、李君楚等人进攻湘山。传说中，他们制作云梯数十部，将要进攻时，却见关公跨马横刀守护城池，才放弃了进攻。又如清人薛所蕴的《澹友轩文集》中记载：

> 覃怀多庙祀帝，北门街旧有庙，乡人张鹏翮辈相与新之。未几即鼎革，又未几寇再犯郡城，攻三日夜。城将破，贼望见帝绯袍跃马，环城若巡警者，遂咶指遁。②

文中的覃怀指的是今河南焦作市一带，鼎革指明清改朝换代。明清之际，河南北部一带常年战乱。传说中城池被进攻三昼夜，有关公的守护才得以保全。

清人张浮槎的《秋坪新语》中记载的关公守护东昌城的故事更为生动，小说这样写道：

---

① 太原寒世子. 关帝灵感录［M］. 上海：上海道德书局，1937：50~51.
② 太原寒世子. 关帝灵感录［M］. 上海：上海道德书局，1937：87.

乾隆三十九年，寿张逆匪王伦之乱，于八月二十九夜，自棠邑鸠众，潜袭东昌。东昌距棠邑四十里，郡城西面地势卑下，旧有护城大堤，高丈余。贼众方至堤外，见城头火炬缭绕，队伍严整。一赤面长髯大帅，金甲耀目，坐睥睨间，指挥拒守。贼以为有备，不敢进。至九月一日午刻，复率众大至，约去城十余里，不见一卒，贼以为无患矣。忽金鼓震地，大队军马，蜂拥而来，铠仗耀日，旗帜蔽空。中军高飘帅纛，金书关字如斗。贼始悟帝君显灵，抱头鼠窜，知夜间城头指挥者，亦帝君之救护也。于是不敢复窥东昌，径趋临清焉。时沧州吕伟斋于侯，为平山卫领运，驻扎东昌，奉檄守西门。后获逆党，皆诉所见如此。帝之威灵诚赫矣哉。①

文中的王伦之乱，指的是乾隆年间山东寿张的清水教王伦起义。小说中写王伦的部下进攻东昌时关帝守护城池的故事。其中写到关公显灵带兵抵挡敌军时，场面描写极为细致、夸张，显然是出于作者的想象。

清末到抗日战争期间，中华民族面临严重外患，危机深重。这时民间也流传着不少关公显灵帮助民众抵御外患的故事，如吉林四平一带流传着关公显圣帮助左宝贵抗击日军的传说。中日甲午之战时，左宝贵与日军在平壤、安东一带决战，与日军争夺阵地。正当左宝贵埋锅灶时，日军追杀过来。"他命令部下集合出发，赶赴前线。他不让伙食班背锅，把饭锅放在他骑的马背上，因为锅是热的，战马毛了，放开四蹄狂奔起来，而左将军眼睛也红了，手拿大刀片，冲入日军队伍中，横劈乱砍，中国军队和日本军队都看见是关公出阵了，手拿青龙偃月刀，骑赤兔马，砍起日本鬼子来，刀刀人头落地，让鬼子抱头鼠窜，左将军的队伍士气大振，不多一会儿便

---

① 太原寒世子. 关帝灵感录［M］. 上海：上海道德书局，1937：87.

把失去的阵地夺回来了。"①

抗日战争时期,上海及华东沿海一带流传着关公刀劈炸弹的传说。马昌仪收集的《关帝爷刀劈炸弹》中说:"抗战的时候,传说苏州河畔的一个小集镇曾遭日机轰炸,有人看见关帝爷身骑赤兔马,手提青龙偃月刀,把日本鬼子投下的炸弹,一个个劈入河中。百姓开心,鬼子却气得嗷嗷叫。"② 上海闵行区一带也有类似的传说:

> 四十年代,抗日战火在上海燃烧。坐落在黄浦江畔的闵行镇,也遭到日寇飞机的轰炸,但是一枚枚炸弹却都落到了黄浦江中,南北大街的米行、水果店及居民区都平安无事。据说,这是岸边的关帝老爷所建下的功勋,他保佑了闵行居民的安全。当时也曾有很多人去庙中烧香拜佛,有俩人说曾梦见关帝老爷讲,他与日寇激战以致鞋子也脱落了,还赤着脚挥舞着大刀,将飞机投下的炸弹一个个劈落江中。后来人们果见关公手中的大刀有很多锯齿形小缺口。③

这些传说极有可能是各地民众虚构的故事,并不可信,但是它们反映了战乱中的中国民众对击败日寇、恢复和平的强烈期盼。实际上,真正打败日寇的并不是什么神灵,而是团结一致、浴血奋战的广大抗日军民。

中国古代社会中,民众面对一些瘟疫、洪水、旱灾等灾难时,往往很难得到有效的救助。这时民众也只能向神灵祈祷,祈求得到神灵的救助。在不少民间传说故事中,关公常常挺身而出,救护百姓于灾难之中。如明人钱希言的《狯园》中记载:

---

① 马昌仪. 关公的民间传说:前言 [M]. 石家庄:花山文艺出版社,1995:326.
② 马昌仪. 关公的民间传说:前言 [M]. 石家庄:花山文艺出版社,1995:328.
③ 马昌仪. 关公的民间传说:前言 [M]. 石家庄:花山文艺出版社,1995:329.

　　万历初，职方员外郎某，掌山海关事。一夕，梦关神降于庭，召而语曰："明日当午，有异色人抵关，载牛头七辆，必严禁之，不可纳也。"职方敬诺，惊而寤。及明，即严饬军士守关，戒无得妄入商人车辆。令下毕，日渐向午，果见有人推七乘辆车直抵关下。窥之皆牛头，与梦中神语符。于是守卫益密，固不容纳。垂晚，始推回车子，曰："此处不受，合载至西边人吃也。"黄埃一起，已失所在。是岁报西国中犯牛头瘟死者十之七，而蓟镇燕都畿辅之间，民获无患。乃知关神所默佑焉。相传山海关上有祠，英灵夙著，东北赖为干城，不虚矣。①

　　古代的民众医学知识不足，认为瘟疫的发生是由于鬼怪作祟。这则故事中，关公托梦显灵，命山海关的官员阻挡鬼怪入关，无形中避免了一场瘟疫。这个故事反映了民众对瘟疫的畏惧和他们希望神灵驱除瘟疫的美好愿望。

　　在小说《三国演义》中，关公曾为刘备统帅水军。他进攻襄阳时，曾经水淹七军，生擒于禁。民间传说中关公为乌龙转世，清人卢湛所编的《关圣帝君圣迹图志》中记载："汉桓帝延熹三年庚子六月廿四日，有乌龙见于村，旋绕于道远公之居，遂生圣帝。"② 所以，后世不少民间故事中，关公常在水灾中救护民众。又如王兆云的《客窗随笔》中记载：

　　隆庆间广平府淫雨匝月，山水暴涨。登城远望，见一物形似苍牛而无角，一足生尾后。遍身火焰照耀，声吼若雷，跋浪至城下，水又涨丈余，浸入东门。见者失色，满城悲号。益以怒涛声沸，闻更胆落。忽见城头阴雾中，关帝现身，一足踢到城门楼橹，

---

① 太原寒世子. 关帝灵感录［M］. 上海：上海道德书局，1937：160.

② 卢湛，辑. 关圣帝君圣迹图志全集：卷一［M］. 敦五堂藏版. 乾隆戊子季冬重镌.

门赖填塞，水不得入。顷之，帝腾水上，以刀柄击物首，物入水化黑雾而去。波恬风静，一城获全，男女焚香如云，欢声震霆。①

这则故事写河北广平府一带洪水泛滥之际，关公斩杀水怪，救护了民众。古代的民众在发生旱灾时，也常常前往关庙求雨。如《陕西通志》中记载："永寿县关帝庙，在县东五十里常宁镇，祷雨多应。"② 如《岱史》中记载："关王庙，在州西南下张集者，尤灵异。每遇大旱，郡人辇之来州，祷辄雨。"③ 又如，北京香山一带流传着一个《关公掘泉》的故事。传说咸丰年间，北京香山一带遭遇大旱，几个月没有下一滴雨。民众为了活命，跑到几里外的小河沟挑水。后来有人看到关公降临，"拿着他的青龙偃月刀劈开一块顽石，接着，一股清水就顺着他的刀印流了出来。他又连劈三刀，出现了三个清亮透澈的泉眼"④。民众为感谢关公，在此地建造了一座关帝庙。因为关公在民间被尊称为"关老爷"，所以这个河沟也被命名为"老爷沟"。这些故事反映的都是民众在面对灾难时的无奈，他们没有足够的能力对抗灾难，只能把希望寄托在虚无缥缈的神灵身上。

从现存的大量民间流传的关公显圣的故事中可以看出，中国古代的民众在很大程度上是把关公当作能够维护社会正义的神灵来崇拜的。在中国古代封建社会中，由于科学技术和社会生产力不发达、社会制度和思想观念落后，很多民众生活十分艰难困苦。特别是遇到自然灾害、战乱、政治腐败等问题时，很多民众难以得到有效的救助。这些民众无奈之下，只能祈求得到神灵的护佑。关公是宋代以来社会各阶层包括上层统治者、文人士大夫、民间艺术家、广大民众等共同塑造出来的神灵。关公这一形象包含了忠义、义气、情义、信义等各种传统美德，一身正气，所以自然而然

① 太原寒世子. 关帝灵感录［M］. 上海：上海道德书局，1937：153.
② 太原寒世子. 关帝灵感录［M］. 上海：上海道德书局，1937：81.
③ 太原寒世子. 关帝灵感录［M］. 上海：上海道德书局，1937：81.
④ 马昌仪. 关公的民间传说：前言［M］. 石家庄：花山文艺出版社，1995：337~338.

就成了大众心目中能够维护正义的神灵。关公的神灵形象，代表的是民众对公平、正义的社会秩序的强烈向往。

但是神灵毕竟是虚无的，它们是人类幻想、虚构出来的，向它们祈祷不可能改变我们的现实世界。马克思认为："宗教是被压迫生灵的叹息，是无情世界的情感，正像它是无精神活力的制度的精神一样。宗教是人民的鸦片。"① 神灵崇拜也像宗教一样，只能起到一种抚慰精神的作用。只有在马克思主义指导下，不断发展社会生产力，不断提高科学技术水平，才能建设一个文明、和谐的社会。中国古代的民众，将关公当作主持正义的神灵来崇拜，是一种无奈的选择，是因为他们无法改变现实世界。我们所处的是一个伟大的时代，在党的领导下，我们正在建设一个富强民主文明和谐的社会主义现代化强国，这才是真正的公平、正义。

① 马克思，恩格斯. 马克思恩格斯选集 [M]. 北京：人民出版社，2012：2.

第九章

关公崇拜中"义"观念的现代价值

　　三国至明清的一千多年间，在中国社会各阶层的共同推动之下，名将关羽逐步变成了全民共同崇拜的神灵。关公作为神灵，在中国古代社会中产生了深远的影响。但是在生产力发达、科学昌明、思想观念开放的现代社会，关公文化及关公崇拜中"义"观念是否还有存在的价值，是一个值得思考的问题。关公崇拜中无疑掺杂着不少落后的思想观念，但也包含着很多优秀的传统文化。对待关公文化的合理态度应该是取其精华、弃其糟粕，改造、吸收其中有价值的思想观念，让优秀的传统文化在现代社会中发挥其应有的价值。

第一节　从神灵到文化符号

　　中国古代一直是一个多神信仰的社会，民众所信奉的神灵多种多样、数量巨大。唐宋以来，关公被各阶层民众逐步神化，最终脱颖而出，成为影响最为广泛的神灵。特别是明清以来，上到王公贵胄，下到贩夫走卒，社会各阶层群体都非常崇拜关公。正如明代学者王嗣奭在《题沈泰灏辑关帝纪序》中说："吾勿论通邑大都暨穷乡委巷，若王侯荐绅以至仆赁妇孺，靡不习其姓字，伏其神圣，震悚钦承，永永无射者。吾先师尚已，帝后起而实与竞爽，何修而臻此哉。"① 文中的"先师"指的是孔子。这也可见，到明代后期，关公的影响力已经与孔子并驾齐驱了。这在中国古代的神灵中是极为罕见的。

关公之所以能够被逐步神化、成为全民崇拜的神灵，背后的原因极为复杂。这首先与历代统治者的大力宣扬有密切的关系。自宋代以来，历代帝王多次表彰、封赏关公，至明代他被封为"关圣帝君"，地位之高无以复加。全国各地都兴建关帝庙，举行隆重的祭祀活动。历代统治者封赏、祭祀关公的目的，也主要是为了借助关公的影响力宣扬"忠义"观念。中国自古以来就有"神道设教"的传统。自春秋战国以来，不少学者已经对鬼神抱有一种理性的、怀疑的态度。如《论语》中记载，"子不语怪力乱神"，孔子从不谈论鬼神怪异之事。孔子的学生子路曾经问孔子如何"事鬼神"，孔子回答："未能事人，焉能事鬼？"② 荀子更是认为，所谓的鬼神，是人内心疑惑、恐惧的产物，他说："凡人之有鬼也，必以其感忽之间疑玄之时正之。"③ 宋代是关公崇拜开始流行的时代，不过这一时代的不少著名学者对鬼神问题也都有着清醒、深刻的认识。如著名哲学家张载提出："鬼神者，二气之良能也。"④ 他认为鬼神就是宇宙间阴阳二气的往来变化，这个观点对后世的学者有很大的影响。虽然中国古代的许多学者对鬼神都有着较为清醒、理智的认知，但是他们也认识到鬼神在劝诫、教化民众中能够发挥重要的作用。孔子对鬼神的存在保持着一种怀疑的态度，但是他也说："祭如在，祭神如神在。"⑤ 祭祀祖先的时候，就好像祖先在那里。

---

① 卢湛, 辑. 关圣帝君圣迹图志全集: 卷一 [M]. 敦五堂藏版. 乾隆戊子季冬重镌.

② 杨伯峻. 论语译注 [M]. 北京: 中华书局, 2009: 112.

③ 楼宇烈. 荀子新注 [M]. 北京: 中华书局, 2018: 438.

④ 张载. 张载集 [M]. 北京: 中华书局, 2006: 9.

⑤ 杨伯峻. 论语译注 [M]. 北京: 中华书局, 2009: 27.

祭祀鬼神，就好像鬼神在那里。孔子之所以这样说，也是认为祭祀鬼神能够发挥教化人心的作用。《周易·观卦》中更是明确提出："圣人以神道设教，而天下服矣。"① 在古代的学者看来，鬼神的存在确实是值得怀疑的。不过，因为鬼神有惩恶劝善的作用，那就可以把它当作工具来教化民众。自宋代以来，历代的统治者都认识到关公崇拜中的"忠义"观念在教化民众忠君、爱国方面发挥着重要作用，所以都开始大力表彰、祭祀关公。后来的不少事实也证明，关公忠义精神确实在稳定统治秩序、宣扬忠君爱国理念方面发挥过不少作用。

关公之所以受到民众的广泛崇拜，也与中国古代社会落后的生产力、不完善的社会制度有很大的关系。古代的民众在遭遇洪水、旱灾、地震等自然灾害时，常常是无力抗拒的，在面对种种政治腐败、社会不公时，他们也常常无可奈何，这时他们也只能寄希望于神灵，希望得到神灵的救助。李泽厚认为，中国人思想上有一个突出的特点，就是"实用理性"。他认为中国人有这样的心理特点："不狂暴，不玄想，贵领悟，轻逻辑，重经验，好历史，以服务于现实生活，保持现有的有机系统的和谐稳定为目标，珍视人际，讲求关系，反对冒险，轻视创新……"② 虽然中国古代的民众也信仰很多神灵，但是他们对待神灵采取的也主要是一种"实用"的态度。中国古代的神灵是为了满足人们的各种社会需求而构想出来的，如城隍、土地、门神、灶神、泰山神、黄河神等，它们的职能和分工大都很明确。关公在所有神灵中是比较特殊的一位，他是战神、财神、水神，还掌管科举、司法等，职能非常全面。中国民间的神灵信仰有两个趋势，一个趋势是神灵职能的分工越来越细致，人世间的各个场所、各种事物，人类的各种需求，背后都有专门的神灵主宰。山有山神，水有水神，路有路神，

① 黄寿祺，张善文. 周易译注［M］. 上海：上海古籍出版社，2018：271.
② 李泽厚. 中国古代思想史论［M］. 北京：生活·读书·新知三联书店，2017：284.

门有门神，甚至厕所都有专门的厕神。人类有发财、治病、生育、教育等各种需求，这些在民间传说中都有专门的神灵负责掌管。还有一个趋势是宋元以后开始出现了一些集聚多种职能的神灵，关公就是其中最突出的代表。作为一位多职能的神灵，关公的影响力超越地域、阶层、行业的限制，有着极为广泛的影响力。古代的下层民众崇拜关公，也正是因为在他们面对种种自然灾害、战乱和社会不公时，希望关公能扶危救困，无私地救助他们。在流传于民间的各种关公显灵的故事中，关公或救民众于洪水，或助民众抵御敌寇，或惩治贪官、恶霸，这些故事所反映的也是古代民众困苦无助之际只能求助神灵的一种无奈的心态。

在科学日益昌明、生产力日益发达、社会制度逐步完善的当今社会，民众已经没有必要崇拜神灵、把人生的希望寄托在虚无缥缈的神灵身上了。不过，这也并不是说关公文化就没有存在的价值了。宋元以来中国社会各阶层民众共同塑造的关公形象，是一个以三国名将关羽为原型的"箭垛式人物"。人们把各种传统的道德观念、美好的愿望都堆叠在这一人物身上，塑造出了一个独特的神灵形象。关公形象以及它所反映出来的道德观念，曾经在中国社会中发挥过不少积极、正面的作用，所以我们不能轻易地否定、抛弃它。

在当代社会中，对待关公文化比较好的方式是把关公请下神坛，剥除附着在关公身上的那些神秘光环，将神灵关公转变为一个文化符号。符号就是表达某种意义的记号或标记，人类社会就是一个由各种符号体系所构成的世界。卡西尔认为："人是符号的动物"，他说："符号化的思维和符号化的行为是人类生活中最富于代表性的特征，并且人类文化的全部发展都依赖于这些条件"①。人类创造了各种各样的文化，也将这些文化符号化。那些经过历史积淀、蕴含特殊含义的符号载体，也就成了"文化符

① 恩斯特·卡西尔. 人论 [M]. 甘阳，译. 上海：上海译文出版社，1985：38.

号"。当代社会是一个信息爆炸的时代,人们每天面对着海量的图片、视频、建筑等,这些都使我们真切感受到我们所处的是一个符号的世界,我们也是通过符号来认知世界的。当我们向世界宣传中国文化时,首先也是推广一些最具中国特色的文化符号,如长城、故宫、孔子、功夫、熊猫等。关公文化在海内外一直有着很大的影响力,关公形象深入人心,关帝庙遍及世界各地。对于关公文化,我们完全可以祛除附着于关公身上的神灵崇拜,将关公转化为一个具有中国特色的文化符号。

关公这一形象经过了千余年的演变,已经逐渐转变为一个特色鲜明、内涵丰富的文化符号。宋元以来的大量戏曲、小说、民间传说,如《单刀会》《三国演义》等,将关公塑造成了一个英勇善战、义薄云天的英雄。同时,通过绘画、雕塑、戏曲等艺术形式创造出来的关公的肖像、造型,也有非常鲜明的特点,为广大中国民众所熟知。小说《三国志通俗演义》中,关公出场时是这样描写的:"身长九尺三寸,髯长一尺八寸,面如重枣,唇若抹朱,丹凤眼,卧蚕眉,相貌堂堂,威风凛凛。"① 其中"面如重枣"是指脸色很红,如颜色很深的红枣。后来,红面、丹凤眼、卧蚕眉成了关公画像的标准特点。在小说中,关公经常穿"绿锦战袍",喜欢读《春秋》,不少戏曲作品中有关公秉烛夜读《春秋》的情节,后世有不少画作、塑像表现这一内容。小说《三国演义》中,关公的坐骑名为赤兔马,武器名为青龙偃月刀,这些在中国家喻户晓、妇孺皆知。清代以后,不少年画作品生动地描绘了关公手持青龙偃月刀、身跨赤兔宝马的英雄形象。明清以后的戏曲表演中的关公形象也影响巨大,如周剑云的《关戏创作家》记载,清末著名徽班演员于四胜最擅长扮演关公,他出演《战长沙》时,"帘布一掀,横刀而出,运气上升,面如赤虹。观者千百人,见其威严

---

① 罗贯中. 三国志通俗演义 [M]. 上海:上海古籍出版社,1981:5.

持重，神采奕奕，不期同声一好。"① 通过这些特色鲜明的绘画、雕塑和戏曲表演，关公崇拜在广大中国民众中产生了广泛而深远的影响。在现代社会中，人们又通过影视、动漫、游戏等新的手段来呈现关公形象。如 1994 年中国中央电视台制作了著名的电视剧《三国演义》，其中陆树铭饰演的关公形象，深入人心。自二十世纪八九十年代以来，各种三国题材的电脑游戏、手机游戏风靡一时，中国、日本等各国的青少年通过电子游戏了解了三国历史人物，了解了关公的形象和事迹。通过各种艺术形式的加工、创造，关公已经变成了中国人乃至不少外国人熟悉的文化符号。

符号是传达意义的记号或标记，符号和意义二者是统一不可分的。正如赵毅衡所说："没有意义可以不用符号表达，也没有不表达意义的符号。"② 关公作为一个独特的文化符号，经历了一千多年的积淀，蕴含着非常丰富的内涵。文化符号都有着复杂的、深层的象征意义。关公这一文化符号中，传达着中国人的家国观念、道德伦理观念、英雄崇拜心理、审美追求等。关公是忠义的化身，是忠君爱国的典范，中国人的集体意识、爱国主义精神在他的身上有突出的体现。关公讲信义，重情重义，很好地代表了中国传统的道德观念。关公英勇善战、忠诚坚毅，是中国人心目中理想的英雄人物。关公的枣红脸、丹凤眼、赤兔马、青龙刀，艺术特色鲜明，代表了一种中国特色的审美文化。这些丰富的内涵，都很好地体现在了关公这一文化符号中。在关公文化中，"义"观念无疑占据着非常重要的地位。作为文化符号的关公，传达的主要还是一种中国特色的"义"观念。当今时代，关公文化在海内外依然有很大的影响力。关公可以像孔子一样，成为一个代表传统优秀美德、中国民族特色的文化符号。

---

① 朱一玄，刘毓忱. 三国演义资料汇编［M］. 天津：南开大学出版社，2012：687.
② 赵毅衡. 符号学［M］. 南京：南京大学出版社，2018：1.

第二节　从崇拜到批判继承

　　三国时期的名将关羽，虽然英勇善战、忠诚刚毅，但性格、德行上也存在一些不足，如他为人骄傲自大，陆逊批评他"矜其骄气，陵轹于人"①，陈寿也说他"刚而自矜"②。关羽北伐襄阳以失败告终，与他自负的性格有很大的关系。又如，关羽早年与曹操、刘备围攻吕布于下邳时，曾多次向曹操请求，希望城破之后能娶秦宜禄之妻，这也与后世文学作品中极力塑造的不近女色的关公形象大相径庭。

　　但自宋元以来，关公逐步被改造成了道德完美的神灵，成为万千民众崇拜的对象。特别是明代万历年间他被封为"关圣帝君"之后，成了与孔子并列的"关圣"。在儒家思想观念中，"圣人"就是道德高尚、完备之人。所以明清以来，关公的地位变得极为神圣，受到了万千民众的顶礼膜拜。清人郑二阳在《告关帝文》中说："彼童孺痴玩，甚至悍恶凶横之徒，一闻帝号，无不神悚心悸。"③ 明清的帝王多次加封关公，经常举行隆重的祭祀供奉他，甚至是关公的列祖列宗，也受到朝廷追封。清雍正五年，追封关公的曾祖为光昭公，祖父为裕昌公，父亲为成忠公。咸丰四年，又下诏晋封关公的曾祖为光昭王，祖父为裕昌王，父亲为成忠王。

　　正因为关公的地位如此崇高，他也就成了只能虔诚崇拜、绝不能触犯的神灵。元代以来，文人们创作了不少关公题材的戏曲作品，但是清代以

---

　　① 卢弼. 三国志集解［M］. 上海：上海古籍出版社，2012：3452.
　　② 卢弼. 三国志集解［M］. 上海：上海古籍出版社，2012：2534.
　　③ 卢湛，辑. 关圣帝君圣迹图志全集：卷五［M］. 敦五堂藏版. 乾隆戊子季冬重镌.

来，朝廷一度禁止演出关公题材的戏曲，以免亵渎神灵。焦循的《剧话》中记载："帝王圣贤之像，不许扮演，律有明条。牛太守翊祖知徐州时，犹有扮孔子者，牛立拿班头重惩之。吾郡江大中丞兰，每于公宴，见有扮演关侯者，则拱立致敬。"① 杨恩寿的《词馀丛话》中记载："关帝升列中祀，典礼綦隆，自不许梨园子弟登场搬演，京师戏馆，早已禁革。湖南自涂朗轩督部陈臬时，始行示禁。"② 后来禁令松弛之后，关公题材的戏曲又开始流行，演员扮演关公时，态度都极为庄重、恭敬。周剑云在《菊部丛刊》中说："寿亭侯关云长，儒将也，亦义士也。一生事业，磊落光明，俯仰无怍，史册流传，彪炳万古，下至妇人孺子，无不震其名而钦其德，今日馨香俎豆，庙食千秋，宜也。故关公戏乃戏中超然一派，与其他各剧，绝然不侔。"又说："伶界对于关公，崇拜之热度，无论何人，皆难比拟，群称圣贤爷而不名。"③

在民间传说故事中，触犯了关公的忌讳是非常严重的事情，如《关圣全书》中记载：

　　浦城道士张东海，万历初年于是邑降雷乩，书关帅临。旁观一妄人云："若号英雄，何失手于马忠。"乩即大书曰："马忠贼子今何在，关某威灵恰至今。"书毕，以笔于此人颈上一圈，其人即仆地，次日毙。颈中一带如绳痕云。④

① 焦循. 剧说 [M] //中国戏曲研究院. 中国古典戏曲论著集成：第八册. 北京：中国戏剧出版社，1982：208.
② 杨恩寿. 词馀丛话 [M] //中国戏曲研究院. 中国古典戏曲论著集成：第九册. 北京：中国戏剧出版社，1982：2264.
③ 朱一玄，刘毓忱. 三国演义资料汇编 [M]. 天津：南开大学出版社，2012：688.
④ 太原寒世子. 关帝灵感录 [M]. 上海：上海道德书局，1937：118.

马忠是三国时期的东吴将领，曾于章乡俘获关羽及其子关平。道士扶乩降神，关公降临之际，有人嘲笑他被马忠俘虏，这显然是对关公的严重冒犯，所以关公处死了他。如袁枚的《子不语》中记载，四川丰都县有一深井，民众每年焚烧钱帛入井，名为"纳阴司钱粮"，如果不这样做，必然会发生瘟疫。县令刘纲为免除百姓负担，亲自下井探查，他下井后进入阴间，见到阎罗包公，正与包公谈话之际，关公从天而降，文中写道：

> 语未竟，红光自天而下，包公起曰："伏魔大帝至矣，公少避！"刘退至后堂。少顷关神绿袍长髯，冉冉而下，与包公行宾主礼，语多不可辨。关神曰："公处有生人气，何也？"包公具道所以。关曰："若然，则贤令也，我愿见之。"令与幕客李，惶恐出拜。关赐坐，颜色甚温，问世态甚悉，惟不及幽冥之事。李素戆，遽问："玄德公何在？"关不答，色不怿，帽发尽指，即辞去。包公大惊，谓李曰："汝必为雷击死，吾不能救汝矣，此事何可问也？况于臣子之前，呼其君之字乎？"令代为乞哀，包公曰："但令速死，免致焚尸。"取匣中玉印方尺许，解李袍背印之。令与李拜谢毕，仍縋而出。甫至丰都南门，李竟中风而亡，未几暴雷震电，绕其棺椁，衣服焚烧殆尽。惟背间有印处不坏。①

在这个故事中，为民请命的刘县令仅仅因为在关公面前直呼刘备的名讳，就遭关公雷击而死。神灵关公的威严，也由此可见一斑。类似的故事还有不少。这些故事都极力渲染关公的威严神圣不可触犯，借以威慑崇拜关公的广大民众。所以，明清以来，在大多数中国古代民众的心目中，关

---

① 袁枚. 子不语 [M]. 上海：上海古籍出版社，2012：5.

公一直是至高无上的神灵，只能虔诚地崇拜他。中国各地有成千上万的关帝庙，每年节日之时都会举行隆重的祭祀、庙会活动，关公也受到无数民众的顶礼、供奉。

在科学发达的当今时代，我们已经完全没有必要把关公当作神灵来崇拜了。如果想要更好地继承关公文化，首先就必须要把关公请下神坛，批判关公崇拜中愚昧、落后的观念，继承其中优秀、精华的部分。无可讳言，关公崇拜中的"义"观念中也夹杂着不少封建糟粕。如宋元以来，历代统治者都大力表彰关公的"忠义"，这个"忠义"精神包含着忠君、爱国两层内涵，在封建专制社会中，皇帝就是国家政权的统治者，爱国自然也要忠君。但是，在古代传统道德观念中，忠君很多时候意味着要绝对地顺从君主。中国封建社会中有所谓的"三纲"，其中首先强调"君为纲"，君主与臣子的地位、身份有尊卑之分，臣子要顺从君主。古代不少士人在这种忠君观念的影响下，失掉个人应有的尊严，面对暴虐的君主也十分忠诚，成了愚忠之人。韩愈的诗歌《拘幽操》写殷纣王幽禁周文王的故事，他在诗中模仿周文王的口吻写道："臣罪当诛兮，天王圣明。"① 面对纣王这样的暴君还要谢罪，这也真是典型的愚忠了。有学者认为："关公的忠君意识是一种顺从观念，属于君尊臣卑的大框架。在这个框架内，臣民只能绝对服从皇帝的意志，接受帝王的赏罚，甘愿交出自己的肉体和灵魂，是地地道道的'奴'。"② 这个看法虽然较为偏激，但也有一定的道理。在当今中国的社会主义制度下，民主观念已经深入人心。社会中所有个体的地位和身份是平等的，没有什么尊卑之分。所以这样一种落后的忠君观念是应该受到严厉批判的。

---

① 韩愈，著. 韩昌黎诗系年集释［M］. 钱仲联，集释. 上海：上海古籍出版社，1984：1158.

② 刘承. 走出浮华与喧嚣：关公忠义文化"现代价值论"驳议［J］. 许昌学院学报，2021（4）：71.

　　明清以来，关公在不少传说故事中被视为正义的化身。在许多古代的民众看来，关公能在战乱、灾荒中扶危救困；能够帮助弱者洗雪冤情，伸张正义；能够惩治恶霸匪徒，维护社会秩序；还能够教导民众孝悌友爱，践行忠义，所以在民间流传着大量的关公显灵、显圣的故事。这些故事，一方面延续着儒家"神道设教"的传统，想要通过关公的影响力，劝诫人们遵循儒家的道德伦理；另一方面，古代社会中也确实有不少遭遇灾荒、战乱、社会不公的困苦民众，无奈之下只能把希望寄托在神灵身上。这些关公显圣的故事，一定程度上反映了古代困苦民众的悲惨境遇。实际上，造成这些民众悲惨境遇的真正原因，是古代社会落后的生产力和社会制度。现代的中国人民，通过先进的工程技术和医疗手段已经能够在很大程度上克服洪水、旱灾和瘟疫给人们带来的威胁。我们当今的中国社会更加民主开放，司法体系也更为完善，能够更好地实现公平、正义，我们已经没有必要，也不需要将希望寄托在像关公这样的神灵身上。

　　宋元以来，关公崇拜中的"义气"观念也曾经在中国社会中产生过很大的影响。"义气"是宋元以来下层游民群体所崇尚的一种道德理念，这些游民大多是一些漂泊于城市中的手工业者、商人、雇工、无业者等。他们脱离了乡村，无依无靠，所以彼此之间常常相互扶助。他们所崇尚的"义气"，内涵就是能够仗义疏财、无私地帮助他人。在这些游民看来，关公与刘备、张飞结为异性兄弟、生死相随，就是"义气"的典范。这种"义气"观念超越了宗法血缘限制，强调人与人的相互扶助，有一定的积极影响。但是这种观念来源于下层游民，古代的游民中有不少无赖、流氓等不法之徒，他们的道德意识、法律观念十分淡薄，拉帮结派，以"义气"自许，为非作歹，扰乱了社会秩序，产生了很多不良影响。特别是明清时期的一些帮会组织也崇拜关公，崇尚所谓的"义气"，对社会秩序造成了很大的危害。这样一种目无法纪的"义气"观念显然是不可取的，需要严厉批判、彻底清除。

关公文化产生于中国古代社会文化环境中，经历了千余年的积累、演变，其中不可避免地积淀着许多前工业时代落后、愚昧的观念。对待关公文化，我们首先需要认真地批判清理这些传统文化中的糟粕。关公文化中盲目的神灵崇拜、愚昧的忠君思想及目无法纪的义气观念，都是应当清除的文化毒素。这些落后的传统观念如果没有认真清理，将会给我们的社会带来许多负面、消极的影响。批判关公文化中的糟粕，目的不是要否定关公文化，而是为了更好地继承它，将之发扬光大。

第三节　从传统观念到现代思想

关公崇拜是产生于中国古代社会的文化，其中固然存在着一些封建糟粕，但也包含着许多优良的遗产。关公文化中的优秀传统，在当代社会中仍然有其独特价值。中国是一个历史悠久的民族，如果说中华民族和中国文化是一棵参天大树的话，那么传统文化就是大树的根。传统文化与现代观念的确有许多矛盾、冲突之处，但对待传统文化必须是在批判、改造中继承，不能一刀切地抛弃它。傅铿认为："传统是围绕人类的不同活动领域而形成的代代相传的行事方式，是一种对社会行为具有规范作用和道德感召力的文化力量，同时也是人类在历史长河中的创造性想象的积淀。因而一个社会不可能完全破除其传统，一切从头开始或完全代之以新的传统，而只能在旧传统的基础上对其进行创造性的改造。"① 美国学者希尔斯也认

---

① 傅铿. 传统、克里斯玛和理性化《论传统》：译序［M］//爱德华·希尔斯，著. 论传统. 傅铿，吕乐，翻译. 上海：上海人民出版社，2009：2.

为："传统不仅仅是沿袭物，而且是新行为的出发点，是这些新行为的组成成分。"① 这些观点都有很大的借鉴意义。

关公崇拜中的"义"观念蕴含着不少优秀的传统美德，如为国为民的"忠义"观念、讲诚信守正道的"信义"观念、重情重义的"情义"观念、坚守气节的"节义"观念等。千余年来，中国古代的各阶层民众将这些传统美德融入了关公这一形象之中。随着关公文化的广泛传播，忠义、信义、情义、节义等传统美德也在中国社会中产生了广泛的影响。

关公崇拜中的"忠义"观念，宣扬的是一种忠君爱国的道德情操。两千多年来，中国一直是一个皇权专制社会，皇帝是国家的象征，忠君是每一个臣民都必须遵循的规范。不过，忠君和爱国也不完全相同。爱国是要守护整个国家和民族，并不仅仅是忠于皇帝个人。关公之所以成为"忠义"的典范，并不仅仅是忠诚于刘备个人，更是因为他把恢复汉室、拯救苍生作为自己的人生目标。中国古代不乏忠诚节烈的爱国志士，像苏武、嵇绍、张巡、颜真卿、李若水、文天祥等著名忠臣，他们的事迹彪炳史册、流芳万古。中国古代的大量历史文献中，还记载着民间涌现出来的许多爱国的平民百姓，他们在国家危难之际挺身而出、舍生取义，也同样值得高度赞美。如《宋史·忠义传》中记载的李靓的事迹："李靓字彦和，吉州龙泉人。幼孤，母督之学，不肯卒业，母诘之，辞曰：'国家遭女真之变，宇县云扰，士当捐躯为国戡大憝，安能沾嚅章句间，效浅丈夫哉？'岳飞督师平虔寇，挺身从之。……绍兴十年，金遣其将翟将军犯境，靓与部曲当其锋，转战至西京天津桥南，俘翟将军，乘胜逐北。会金兵大至，遂死之，年三十一。"② 类似的平民中出现的忠义之士还有很多。这些忠义之士对国家、民族怀抱着强烈的忠诚与热爱，能够视死如归、为国捐躯，实在令人

① 爱德华·希尔斯. 论传统［M］. 傅铿，吕乐，译. 上海：上海人民出版社，2009：50.
② 脱脱，阿鲁图，等. 宋史［M］. 北京：中华书局，1977：13322.

钦佩。我们的民族历经无数磨难却能传承至今、再创辉煌，与一代又一代爱国志士的付出是分不开的。

现代的民族国家与古代的封建王朝已经有了很大的不同，我们也不再是皇权专制制度下的臣民，而是社会主义国家的公民。我们社会主义国家公民的爱国主义，是出于个体对国家民族的高度认同、自觉热爱。不过，中国数千年的文化传统一直延续至今，古人的爱国传统与今人的爱国主义精神是一脉相承的。爱国，实质上也是一种集体主义。中国文化历来重视集体，强调"天下兴亡，匹夫有责"，这也是我们的民族能够延续至今的重要原因。关公文化的"忠义"观念包含着中国古代传统的家国意识、爱国情怀，与现在我们所提倡的爱国主义是相通的。经过批判改造之后，关公"忠义"精神完全可以转变为对祖国、对民族的忠诚。继承和吸收古代的"忠义"精神之后，新时代的爱国主义精神也会更为厚重、更有历史文化底蕴，具有更强的感召力。

关公崇拜中的"情义"观念，产生于中国重血缘、重亲情、重人情的传统社会环境。这种"情义"观念，重视人与人之间心理、情感的沟通交流，也很注意人与人之间的相互帮助。宋元以后的文学作品塑造的关公形象是一个重情重义的英雄人物。他与刘备、张飞手足情深，他在华容道上放走曹操，也是要报答曹操昔日的恩情。这种重情义的传统观念，有利于拉近人与人之间的关系，形成一种温情、互助的社会氛围。但这种观念也容易造成一种走后门、拉关系的不良风气，影响社会的公平、正义。与传统社会相比，现代社会是一个高度理性化、商业化的时代，人与人之间大都是一种精心计算的经济关系。有学者认为："在现代都市主导性的标准化的货币经济中，都市人只能按严格的数字换算方式行动，这样才能抵御多样性和可变化性带来的困扰。"① 同时，受到个人主义思潮的影响，现代社会中的个体都很重视自己的个性、隐私，人与人之间的关系也越来越疏远，整个社会有了一种明显的原子化倾向，甚至家庭中的亲情关系都受到了很大的挑战。正是因为这样的原因，中国古代重亲情、重家庭、重情义的传统文化才显得弥足珍贵。《三国演义》中刘关张三人彼此心意相通、患难与共、生死相随的深情厚义，直至今日仍然能够感动无数读者。关公崇拜中的情义观念，在人际关系日益冷淡、疏远的现代社会中，无疑仍然有很好的借鉴作用。

关公崇拜中的"信义""节义"等观念，在现代社会中也仍然能够发挥很多积极的作用。"信义"是中国古代讲诚信、重道义的一种传统道德观念，这种美德与现代社会中通行的诚信、信用观念是完全一致的，可以在现代社会中发挥积极影响。关公崇拜中的"节义"观念则强调个人应当始终如一地坚守道德、气节。在小说、戏曲作品中，关公一直是一个德行高尚、气节坚贞的英雄，这样一种重视道德、气节的"节义"观念在当今时代依然有其独特的价值。在现代社会中，随着商业活动的日益发达，拜金主义、消费主义、泛娱乐化等观念开始流行。一些人受到这些思想观念的影响，变得唯利是图、消极颓废，道德观念日益淡薄。传统文化中重道德、重气节的观念，与社会主义核心价值观有不少相通之处。继承和吸收传统美德，对提高公民的道德修养、营造风清气正的社会氛围将会有很大的帮助。

关公文化历经一千余年的积淀一直传承到今天，在当代社会中仍有一定的影响力。全国各地至今还有不少关帝庙，每年节日之时都会举行隆重的庙会活动。海外的东亚、东南亚及欧美地区华人聚集的很多地方，都建

---

① 汪民安. 现代性 [M]. 南京：南京大学出版社，2012：22.

有关帝庙，关公文化已经成为联结海内外华人的重要文化纽带。关公崇拜中的忠义、义气、信义、情义等观念，仍然对人们的思想观念有一定的影响。关公文化产生于中国古代社会环境中，是各阶层民众共同的创造，其中既有一些封建糟粕，也包含不少中华民族的传统美德。毛泽东同志指出："中国的长期封建社会中，创造了灿烂的古代文化。清理古代文化的发展过程，剔除其封建性的糟粕，吸收其民主性的精华，是发展民族新文化、提高民族自信心的必要条件。"① 对待关公文化，也必须采取这样的方式，认真地批判其中愚昧、落后的观念，吸收其中的传统美德，为更好地构建社会主义先进的精神文明而服务。

---

① 毛泽东. 毛泽东选集：第一卷［M］. 北京：人民出版社，1991：707～708.

主要参考文献

古典文献

[1] 朱熹. 四书章句集注 [M]. 北京：中华书局，2016.

[2] 杨伯峻. 论语译注 [M]. 北京：中华书局，2010.

[3] 杨伯峻. 孟子译注 [M]. 北京：中华书局，2010.

[4] 杨伯峻. 春秋左传注 [M]. 北京：中华书局，2016.

[5] 刘尚慈. 春秋公羊传译注 [M]. 北京：中华书局，2010.

[6] 孙希旦. 礼记集解 [M]. 北京：中华书局，2010.

[7] 司马迁. 史记 [M]. 北京：中华书局，1982.

[8] 班固. 汉书 [M]. 北京：中华书局，1982.

[9] 范晔. 后汉书 [M]. 北京：中华书局，2011.

[10] 卢弼. 三国志集解 [M]. 上海：上海古籍出版社，2012.

[11] 房玄龄，等. 晋书 [M]. 北京：中华书局，2015.

[12] 欧阳修，宋祁. 新唐书 [M]. 北京：中华书局，1975.

[13] 脱脱，等. 宋史 [M]. 北京：中华书局，1977.

[14] 张廷玉，等. 明史 [M]. 北京：中华书局，1974.

[15] 司马光. 资治通鉴 [M]. 北京：中华书局，2018.

[16] 毕沅. 续资治通鉴 [M]. 北京：中华书局，2014.

[17] 王夫之. 读通鉴论 [M]. 北京：中华书局，2013.

[18] 赵翼. 廿二史札记 [M]. 北京：中华书局，2005.

[19] 赵翼. 陔余丛考 [M]. 北京：中华书局，2006.

[20] 朱彝尊. 经义考新校 [M]. 林庆彰等，主编上海：上海古籍出版社，2010.

[21] 永瑢，等. 四库全书总目 [M]. 北京：中华书局，2008.

[22] 马融，郑玄，注. 忠经集校 [M]. 邓骏捷，集校济南：山东人民出版社，2018.

[23] 上海古籍出版社. 唐五代笔记小说大观 [M]. 上海：上海古籍出版社，2000.

[24] 上海古籍出版社. 宋元笔记小说大观 [M]. 上海：上海古籍出版社，2012.

[25] 上海古籍出版社. 清代笔记小说大观 [M]. 上海：上海古籍出版社，2012.

[26] 孟元老，撰. 东京梦华录笺注 [M]. 伊永文，笺注北京：中华书局，2007.

[27] 洪迈. 容斋随笔 [M]. 北京：中华书局，2005.

[28] 洪迈. 夷坚志 [M]. 北京：中华书局，1981.

[29] 刘献廷. 广阳杂记 [M]. 北京：中华书局，1985.

[30] 顾炎武. 日知录集解 [M]. 著黄汝成，集解上海：上海古籍出版社，2006.

[31] 袁枚. 子不语 [M]. 上海：上海古籍出版社，2012.

[32] 徐珂. 清稗类钞 [M]. 北京：中华书局，2010.

[33] 觉罗石麟，等. 山西通志 [M] //影印文渊阁四库全书：第549册. 上海：上海古籍出版社，2012.

[34] 胡聘之. 山右石刻丛编 [M] //中国东方文化研究会历史文化分

会. 历代碑志丛书：第 15 册. 南京：江苏古籍出版社，1998.

[35] 王季思. 全元戏曲 ［M］. 北京：人民文学出版社，1999.

[36] 俞为民. 宋元四大南戏读本 ［M］. 南京：江苏古籍出版社，1988.

[37] 胡世厚. 三国戏曲集成 ［M］. 上海：复旦大学出版社，2018.

[38] 丁锡根. 宋元平话集 ［M］. 上海：上海古籍出版社，1990.

[39] 程毅中. 宋元小说家话本集 ［M］. 济南：齐鲁书社，2001.

[40] 罗贯中. 三国志通俗演义 ［M］. 上海：上海古籍出版社，1981.

[41] 罗贯中. 三国志通俗演义 ［M］. 万历万卷楼本. 上海：上海古籍出版社，1991 年。

[42] 罗贯中. 三国演义 ［M］. 毛宗岗，批评济南：齐鲁书社，1991.

[43] 施耐庵，罗贯中. 水浒传 ［M］. 北京：人民文学出版社，2016.

[44] 许仲琳. 封神演义 ［M］. 北京：人民文学出版社，1973.

[45] 陈梦雷. 古今图书集成：神异典：关帝圣君部 ［M］. 影印本. 北京：中华书局影印本，1934.

[46] 濮文起，莫振良. 关帝文献汇编 ［M］. 北京：国际文化出版公司，1995.

[47] 濮文起，袁志鸿. 关帝文献续编 ［M］. 北京：商务印书馆，2020.

[48] 贠创生. 关公全书 ［M］. 郑州：中州古籍出版社，2019.

[49] 胡琦. 关王事迹 ［M］. 北京：文物出版社，2015.

[50] 穆氏. 关帝历代显圣志传：古本小说集成 ［M］. 上海：上海古籍出版社，1992 年。

[51] 宋万忠，武建华. 解梁关帝志 ［M］. 太原：山西人民出版社，1992.

[52] 太原寒世子. 关帝灵感录 ［M］. 上海：上海道德书局，1937.

[53] 李一氓. 藏外道书 [M]. 成都：巴蜀书社，1992.

[54] 佚名. 三教源流搜神大全 [M]. 北京：中华书局，2019.

[55] 徐道. 历代神仙演义 [M]. 沈阳：辽宁古籍出版社，1995.

[56] 朱一玄. 明成化说唱词话丛刊 [M]. 郑州：中州古籍出版社，1997.

[57] 周燮藩. 中国宗教历史文献集成：民间宝卷 [M]. 合肥：黄山书社，2005.

[58] 童万周. 三国志玉玺传 [M]. 郑州：中州古籍出版社，1986.

现代研究著作

[1] 柴继光，柴虹. 武圣关羽 [M]. 太原：山西古籍出版社，1986.

[2] 郑土有. 关公崇拜 [M]. 北京：学苑出版社，1994.

[3] 梅铮铮. 忠义春秋：关公崇拜与民族文化心理 [M]. 成都：四川人民出版社，1994.

[4] 蔡东洲，文廷海. 关羽崇拜研究 [M]. 成都：巴蜀书社，2001.

[5] 刘海燕. 从民间到经典：关羽形象与关羽崇拜的生成演变史论 [M]. 上海：上海三联书店，2004.

[6] 胡小伟. 关公信仰研究系列：全五册 [M]. 香港：科华图书出版公司，2005.

[7] 胡小伟. 关公崇拜溯源 [M]. 太原：北岳文艺出版社，2009.

[8] 李新元. 跨越海峡的忠义之神：关公崇拜在台湾 [M]. 福州：福建教育出版社，2008.

[9] 阎爱萍. 关公崇拜与地方生活：以山西解州为中心的个案研究 [M]. 太原：三晋出版社，2012.

[10] 荆学义. 经典的传播：关羽形象传播研究 [M]. 北京：中央编译出版社，2014.

［11］秦建华，陈雪，雷英铎，等. 信义炳世：关公文化概略［M］. 太原：山西人民出版社，2014.

［12］王志远，康宇. 关公文化学［M］. 北京：中国社会科学出版社，2015.

［13］宋洁. 关公形象演变研究［M］. 北京：中国戏剧出版社，2017.

［14］濮文起. 关羽：从人到神［M］. 北京：商务印书馆，2020.

［15］江云，韩致中. 三国外传［M］. 上海：上海文艺出版社，1986.

［16］马昌仪. 关公的民间传说［M］. 石家庄：花山文艺出版社，1995.

［17］渡边义浩. 关羽：神化的《三国志》英雄［M］. 北京：北京联合出版公司，2017.

［18］田海. 关羽：由凡入神的历史与想象［M］. 北京：新星出版社，2022.

［19］盛巽昌. 三国演义补证本［M］. 上海：上海书店出版社，2019.

［20］石麟. 三国演义历史考证版［M］. 历史考证版. 武汉：崇文书局，2022.

［21］朱一玄，刘毓忱. 三国演义资料汇编［M］. 天津：南开大学出版社，2012.

［22］关四平. 三国演义源流研究［M］. 哈尔滨：黑龙江教育出版社，2001.

［23］周兆新. 三国演义丛考［M］. 北京：北京大学出版社，1995.

［24］李庆西. 三国如何演义：三国的历史叙事与文学叙事［M］. 北京：生活·读书·新知三联书店，2019.

［25］杨联陞. 东汉的豪族［M］. 北京：商务印书馆，2012.

［26］于迎春. 秦汉士史［M］. 北京：北京大学出版社，2000.

［27］何兹全. 三国史［M］. 北京：人民出版社，2018.

［28］阎步克. 波峰与波谷：秦汉魏晋南北朝的政治文明［M］. 北京：北京大学出版社，2009.

［29］陈振. 宋史［M］. 上海：上海人民出版社，2003.

［30］漆侠. 宋代经济史［M］. 北京：中华书局，2009.

［31］梁庚尧. 中国社会史［M］. 上海：东方出版中心，2016.

［32］王学泰. 游民与中国社会［M］. 北京：同心出版社，2007.

［33］平山周. 中国秘密社会史［M］. 北京：商务印书馆，2017.

［34］刘俊文. 日本学者研究中国史论著选：第一卷［M］. 北京：中华书局，1992.

［35］王日根. 中国会馆史［M］. 上海：东方出版中心，2018.

［36］许檀. 清代山东、河南等省商人会馆碑刻资料选辑［M］. 天津：天津古籍出版社，2013.

［37］李留澜. 晋商案例研究［M］. 北京：中华书局，2007.

［38］薛勇民. 走向晋商文化的深处：晋商伦理的当代阐释［M］. 北京：人民出版社，2013.

［39］山西省晋商文化基金会. 渠仁甫备忘录［M］. 太原：三晋出版社，2013.

［40］张正明. 明清晋商商业资料选编［M］. 太原：山西经济出版社，2017.

［41］萧一山. 近代秘密社会史料［M］. 长沙：岳麓书社，1986.

［42］宗力，刘群. 中国民间诸神［M］. 石家庄：河北人民出版社，1987.

［43］吕微. 隐喻世界的来访者：中国民间财神信仰［M］. 北京：学苑出版社，2001.

［44］李乔. 中国行业神崇拜［M］. 北京：中国华侨出版社，1990.

［45］饶宗颐. 中国史学上之正统论［M］. 北京：中华书局，2015.

［46］赵伯雄. 春秋学史［M］. 济南：山东教育出版社，2014.

［47］梁漱溟. 中国文化要义［M］. 上海：上海人民出版社，2005.

［48］蒙培元. 情感与理性［M］. 北京：中国社会科学出版社，2002.

［49］翟学伟. 人情、面子与权力的再生产［M］. 北京：北京大学出版社，2013.

［50］许烺光. 宗族·种姓·俱乐部［M］. 北京：华夏出版社，1990.

［51］本尼迪克特·安德森. 想象的共同体：民族主义的起源与散布［M］. 上海：上海世纪出版集团，2015.

［52］汤一介. 当代学者自选文库：汤一介卷［M］. 合肥：安徽教育出版社，1999.

后　记

　　童年时，我在河南的乡村长大，经常到村中的关帝庙游玩。庙里高大的关公塑像，庙墙上栩栩如生的关公故事绘画，仍历历在目。后来，我才知道关帝庙是中国数量最多的庙宇，遍布海内外，总数有数万座之多。我目前所在的山西运城市，就是关公的故乡。陈寿的《三国志》中记载："关羽字云长，本字长生，河东解人也。"其中所说的"解"地，就是今天山西运城市盐湖区解州镇。运城的解州关帝庙被誉为"武庙之祖"，是现存最早、保存最完整的关庙。关公的家乡解州常平村还有著名的常平家庙。运城市每年都举行隆重的关公文化节，展示当地的关公文化。运城市内以关公命名的商铺、商品，比比皆是。每年都有大量的海内外宾客来到运城，瞻仰关公文化相关的历史遗迹。关公文化的影响力之大，由此也可见一斑。

　　关公崇拜是一个很值得关注的文化现象，探究这一现象，对理解中国人的思想观念和民族心理很有助益。关公崇拜中的"忠义""信义"等观念，与社会主义核心价值观中的爱国、诚信等美德有不少相通之处，在当代社会中仍然发挥着积极正面的影响。近年来，关公崇拜受到了越来越多学者的关注，相关的研究论著大量涌现。特别是郑土有先生、胡小伟先生、濮文起先生等人的著作，对关公崇拜的来源、演变和影响做了深入的分析探讨，对后来的研究者有很大的启发。我的这部书从关公崇拜中的"义"观念入手，探究这一观念的历史来源及其思想内涵。书中试图揭示关公崇拜中"义"观念的复杂性，探讨如何取其精华、去其糟粕，使我们能够更好地继承和发扬关公文化这一民族遗产。关公文化相关的历史文献和文物遗迹数量庞大，需要认真整理研究。由于本人才疏学浅，接触关公文化的时间不长，书中难免存在不少疏漏，希望得到大家的批评指正。

本书写作过程中，得到了运城学院河东文化研究中心和运城学院中文系的大力支持，感谢李文老师、宋洁老师、张启耀老师。感谢关永利老师、史转康老师和宋海荣老师在本书写作过程中提供的帮助。本书还得到了运城市关公文化院的鼎力扶持，感谢傅文元院长、陈园园女士的支持。感谢多年来一直默默支持我的家人和朋友们。

作者

2022 年 5 月